LE CANADA, LES ÉTATS-UNIS ET LE MONDE

La marge de manœuvre canadienne

COLLECTION « POLITIQUE ÉTRANGÈRE ET SÉCURITÉ »

La collection « Politique étrangère et sécurité » rassemble des ouvrages destinés à approfondir nos connaissances sur les processus d'élaboration et les effets des politiques étrangères et de sécurité. Les publications relatives aux aspects contemporains concernant les acteurs, les processus, les causes et les effets des politiques étrangères et de sécurité internationale sont privilégiées. Ouverte aux diverses perspectives d'analyse, cette collection s'intéresse particulièrement aux ouvrages qui prônent l'approche scientifique, fondée sur les théories explicatives et les évaluations d'hypothèses par l'entremise d'études de cas, d'observations empiriques ou d'analyses quantitatives.

Collection fondée et dirigée par Jean-Sébastien Rioux
Chaire de recherche du Canada en sécurité internationale

Titres parus :

Legault, Albert, Frédéric Bastien et André Laliberté. *Le triangle stratégique Russie/États-Unis/Chine. Un seul lit pour trois*, 2004.

Hervouet, Gérard, Thomas Juneau et Frédéric Laserre (dir.). *Asie centrale et Caucase. Une sécurité mondialisée*, 2004.

Legault, Albert (dir.). *Le Canada dans l'orbite américaine. La mort des théories intégrationnistes*, 2004.

David, Charles-Philippe. *Au sein de la Maison-Blanche. La formulation de la politique étrangère des États-Unis*, 2e édition, 2004.

Rioux, Jean-Sébastien et Julie Gagné (dir.). *Femmes et conflits armés. Réalités, leçons et avancements politiques*, 2005.

LE CANADA, LES ÉTATS-UNIS ET LE MONDE

La marge de manœuvre canadienne

Sous la direction de
André DONNEUR

Les Presses de l'Université Laval
2005

Les Presses de l'Université Laval reçoivent chaque année du Conseil des Arts du Canada et de la Société d'aide au développement des entreprises culturelles du Québec une aide financière pour l'ensemble de leur programme de publication.

Nous reconnaissons l'aide financière du gouvernement du Canada par l'entremise de son Programme d'aide au développement de l'industrie de l'édition (PADIÉ) pour nos activités d'édition.

Conception de la page couverture
Charaf El Ghernati

Maquette de la page couverture
et infographie
Diane Trottier

Distribution de livres Univers
845, rue Marie-Victorin
Saint-Nicolas (Québec)
Canada G7A 3S8

Tél. :   (418) 831-7474 ou 1 800 859-7474
Téléc. :   (418) 831-4021
http://www.ulaval.ca/pul

Table des matières

Introduction

Il est évident, voire banal d'écrire que les relations avec les États-Unis revêtent une importance cruciale pour le Canada. C'est un fait avéré. Mais ces relations si importantes soient-elles ne sont pas toute la politique extérieure du Canada. Même après le 11 septembre 2001 qui a capté l'attention avec l'intensité que l'on connaît, le Canada est un acteur de la scène internationale qui a des responsabilités qui vont bien au-delà de ses rapports avec les États-Unis. Et on le voit agir souvent avec une originalité qui déconcerte ceux qui s'attendent à ce qu'il s'aligne automatiquement sur la politique américaine. On en a des exemples récents de l'Irak au bouclier anti-missile en passant par la Cour pénale internationale. Ces positions originales découlent de causes multiples, que nous avons l'occasion d'expliciter dans cet ouvrage. À part les causes internes, la position du Canada sur l'échiquier international entre en ligne de compte. C'est que le Canada, membre du G8, l'un des plus importants pays industrialisés, reste – n'en déplaise aux esprits chagrins – un acteur majeur, même s'il n'a pas toujours utilisé son potentiel ces dernières années, notamment en ne développant pas suffisamment les capacités nécessaires et en laissant son statut se déprécier.

Rappelons que, pour y voir de plus près, le Groupe de recherche sur la politique étrangère canadienne, formé par les professeurs Donneur, Legault et Roussel, a présenté dans le *Devoir*[1], puis dans *Le Canada dans l'orbite américaine*[2], des modèles de conduite de la politique étrangère canadienne. Ces modèles s'appliquent aux relations avec les États-Unis, mais conditionnent l'ensemble de la politique extérieure canadienne.

Ces modèles à l'état pur sont au nombre de quatre:

• continentaliste, qui privilégie sans condition les relations avec les États-Unis;

- multilatéraliste, qui se veut ouvert au monde et conditionne les relations avec les États-Unis au respect des normes internationales;

- souverainiste, qui privilégie la souveraineté du Canada et dit non aux États-Unis;

- intégrationniste de convenance, qui prévoit des accords sélectifs avec les États-Unis.

Voici le schéma qui résume ces modèles:

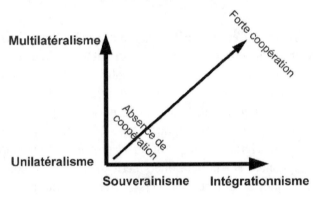

**La politique étrangère du Canada
Quatre modèles de base**

Coopération multilatérale seulement 1	Très forte coopération 2
Refus de coopération 3	Accords sélectifs et recherche de complémentarité 4

1 Les multilatéralistes purs :   **C'est oui, si...**
2 Les continentalistes fervents :   **C'est oui**
3 Les souverainistes purs :   **C'est non**
4 Les intégrationnistes de convenance
  ou les partenaires à coopération sélective **C'est selon...**

Dans la réalité, on est souvent en présence de modèles mixtes ; le plus courant est celui qui combine le multilatéralisme avec un intégrationnisme de convenance, soit des accords sélectifs avec les États-Unis. Ainsi, dans le domaine militaire, on est actif à l'OTAN et à l'ONU dans le maintien de la paix, tout en coopérant avec les États-Unis dans le NORAD et la production de matériel militaire. Le modèle mixte qui mêle multilatéralisme et souverainisme a été pratiqué par le gouvernement Chrétien quand il a dit non aux États-Unis quant à la participation à la guerre en Irak.

Nous avons aussi relevé en conséquence et dans la même veine que l'on ne peut s'en tenir aux théories traditionnelles de l'intégration, comme celle d'Ernest Haas ou celle de Léon Lindberg, largement dépassées et qui, même dans le cas de l'Union européenne, n'ont pas donné les résultat escomptés.

Les relations avec les États-Unis sont donc complexes et nous avons avancé l'hypothèse qu'elles se caractérisaient par une certaine interopérabilité que favorise la géographie de proximité, tout en permettant une marge de manœuvre. En effet, les échanges économiques intensifs ne conduisent pas par débordement (*spillover*) à une intégration politique, mais plutôt à une coopération politique. Une coopération avant tout pratique. Celle-ci est importante pour gérer le passage de la frontière commune et la défense commune. Le trafic intense de marchandises entre les deux pays nécessite, en effet, un passage rapide de la frontière. L'idée d'une frontière intelligente, émise par le Canada dans les années 90, était bien celle de faciliter le passage légal de cette frontière au flot de marchandises principalement transportées par camions. S'y ajoutent les flots maritime (conteneurs) et aérien. Mais la frontière intelligente implique largement aussi les personnes, notamment les gens d'affaires, qui sont appelées à circuler souvent entre les deux pays. Les gouvernements canadien et américain avaient mis en place alors des programmes pour faciliter la circulation des personnes (canpass, nexus).

Poursuivant notre réflexion, nous constatons que, somme toute, les événements du 11 septembre n'ont fait que dramatiser et médiatiser une situation qui était déjà largement existante.

Même la nécessité de renforcer le contrôle de sécurité à la frontière – cette fois à l'égard d'individus susceptibles de commettre des attentats – était apparue en 1999 avec l'affaire Ressam.

En nous inspirant du remarquable cube de Schwanen[3], que nous avons modifié selon notre propre approche, nous avons pu commencer à mesurer les degrés d'interopérabilité entre les activités se déroulant de part et d'autre de la frontière et à travers la frontière.

Nous avons noté, quant aux normes que, du point de vue canadien, sur les questions environnementales, il y a un degré de compatibilité faible avec les États-Unis sous l'actuelle administration de George W. Bush, alors qu'il est fort sur le plan multilatéral. Il en va de même de la maîtrise des armements et de la non-prolifération. Quant à l'harmonisation des visas et au statut des réfugiés, il est, à l'examiner de plus près, fort sur les plans bilatéral et multilatéral.

Nous constatons sur le plan économique la forte imbrication canado-américaine sur le plan sectoriel où des accords de coproduction existaient bien avant l'Accord de libre-échange (ALE) bilatéral et l'ALENA, que ce soit l'Accord de production partagée de la défense (1956), complété en 1963, ou celui sur l'automobile (1965). Il est significatif qu'après l'effort de diversification des années 70 et du développement d'entreprises canadiennes importantes comme Bombardier (aviation, transports), le Canada avait cherché d'abord à conclure de nouveaux accords sectoriels au début des années 80 avant de négocier des accords de libre-échange. Ceux-ci ainsi que la déréglementation ont développé de fait l'intégration sectorielle, tel que l'ont montré éloquemment les travaux de Michèle Rioux dans le domaine des télécommunications et d'Albert Legault dans celui du pétrole dans *Le Canada dans l'orbite américaine*. Nous constatons toutefois que dans l'ALENA le Canada garde un contrôle politique moyen.

À partir de ces constats, de ce premier état des lieux, nous avons poursuivi la réflexion et nos recherches. Nous les avons confrontées à l'actualité, sans courir après elle et aussi avec d'autres recherches. Il fallait aussi approfondir certains points déjà traités et explorer d'autres points spécifiques.

Nos travaux confirment le caractère élevé de contrôle que conserve le Canada sur sa politique à l'égard des États-Unis.

Dans son étude, Nelson Michaud montre que les valeurs canadiennes jouent un rôle déterminant dans les prises de position et l'élaboration de la politique étrangère du pays. Il considère qu'elles ne correspondent pas forcément à la nouvelle conjoncture internationale. En tout cas, les valeurs américaines sont bien distinctes, même s'il y a des convergences. Il y a une longue tradition de recherche qui montre ces différences. Il suffit de rappeler les travaux de Lipset pour en convenir. Des sondages récents montrent qu'il y a là une constante. En 2004, un sondage révélait que 68 % des Canadiens se considéraient différents des Américains[4]. Des études, moins systématiques que celle que nous publions mais révélatrices, montraient que les valeurs américaines étaient devenues plus conservatrices que les canadiennes dans les années 90 et 2000[5]. Ce qui amène un Daniel Drache à affirmer que « les États-Unis sont devenus profondément conservateurs socialement »[6] et que « c'est le Canada qui a adopté les valeurs républicaines d'équité et d'ouverture ». Il est donc plus qu'utile de bien suivre ce dossier. Il faut toujours se rappeler qu'une alliance ou une communauté n'implique pas une uniformité de valeurs. Et qu'il faut savoir être nuancé dans ce domaine. Tout cela va dans le sens d'un partenariat à base sélective.

Dans la sécurité non militaire, Valentin Chirica et André Donneur montrent encore que la frontière canado-américain reste bien distincte et que la coopération multiple et forte (frontières intelligentes) pour la contrôler, mais aussi faciliter son passage pour les relations légales si multiples se développe sans que l'on construise un véritable périmètre de sécurité. L'annonce récente d'un partenariat accru de l'ensemble nord-américain reste largement déclaratoire et n'empêche pas des mesures protectionnistes de la part du gouvernement canadien. On reste dans un partenariat fort à base sélective.

Résolument continentaliste, l'étude de Stéphane Roussel explore d'une manière prescriptive un renforcement des institutions nord-américaines en concluant des ententes sur une base sectorielle dans le domaine de la défense, en compartimentalisant les secteurs d'activité. C'est un exercice fort stimulant qui explore des possibilités qui restent en définitive sélectives.

La question du bouclier anti-missile est étudiée avec un soin méticuleux par Philippe Lagassé. Il en retrace les origines. La question de l'armement anti-missile est, en effet, ancienne : elle date de la guerre froide. Ce qui est particulièrement intéressant c'est de voir comment le gouvernement canadien a pris sa décision en suivant une logique de partenariat à coopération sélective ou d'intégrationniste de convenance.

On retrouve le même schéma dans l'étude fort poussée d'Albert Legault, Marilou Grégoire-Blais et Frédéric Bastien sur la décision de non-participation à la guerre en Iraq du gouvernement Chrétien. Comme pour le bouclier anti-missile et les diverses mesures de sécurité, le jeu subtil des différents acteurs de l'appareil étatique, des groupes de pression, des médias, des experts est mis en lumière. Mais en définitive, en tenant compte des différents facteurs, c'est le premier ministre qui prend la décision finale, en la justifiant dans la logique de partenariat à coopération sélective.

Nous ne prétendons pas dans cette présentation avoir épuisé la richesse des diverses interprétations des auteurs, mais il nous paraît que le Canada continue à jouer son rôle en Amérique du Nord avec plus de marge de manœuvre qu'on le pense souvent.

Ce travail n'aurait pas été possible sans l'aide financière du Conseil de recherches en sciences humaines du Canada (CRSHC). Qu'il en soit remercié, ainsi que l'ensemble des auteurs.

Avril 2005

NOTES

1.   28 octobre 2003, p. A7

2.   *Le Canada dans l'orbite américaine : la mort des théories intégrationistes ?* sous la direction d'Albert Legault, Québec Presses de l'Université Laval, 2004.

3.   Daniel Schwanen, « Let's Not Cut Corners: Unbuilding the Canada-US Relationship », *Options politiques*, vol. 24, n° 4, avril 2003, p. 12-19.

4.   Léger Marketing, *Les relations canado-américaines*, 15 mars 2004, p. 8.

5.   Michael Adams, *Fire and Ice*, Toronto, Penguin, 2003, par exemple p. 50 au sein de la famille.

6.   Daniel Drache, *Borders Matters : Homeland Security and the Search for North America*, Halifax, Fernwood, 2004, p. 85.

CHAPITRE 1

LA RÉPONSE CANADIENNE AUX ÉVÉNEMENTS DU 11 SEPTEMBRE 2001 : RÉPONSE À L'APPEL AMÉRICAIN OU REVENDICATION DES VALEURS CANADIENNES[1]

*Nelson Michaud**

INTRODUCTION

Lorsque les premiers ministres Jean Charest et Paul Martin ont fait savoir aux États-Unis que le Canada ne participerait pas à certaines de leurs initiatives liées aux questions de sécurité, leurs réponses présentaient des similitudes frappantes. Pour Jean Chrétien, le refus d'aller en Irak se justifiait ainsi : « Le Canada a agi selon ses principes en se tenant à l'écart de l'intervention militaire en Irak. [...] Je suis fier que cette Chambre se soit prononcée aussi clairement en faveur de nos valeurs »[2]. Pour Paul Martin, l'initiative de défense anti-missile ne présentait pas un environnement où le Canada pouvait évoluer puisque le Canada s'oppose à la militarisation de l'espace. Il justifiait son opposition par la tradition et se référait implicitement aux valeurs canadiennes : « Nous continuerons dans cette voie, dit-il, car c'est l'un des piliers de la politique étrangère du Canada »[3].

En un mot comme en cent et malgré les nombreuses différences qui séparent les deux hommes vis-à-vis des questions internationales, un fait demeure : la politique étrangère canadienne et les réponses que le Canada apporte aux États-Unis doivent tenir compte des valeurs canadiennes, comme c'est le cas pour l'ensemble de la politique étrangère.

Une première constatation s'impose donc : malgré l'omniprésence du géant américain, on ne peut dissocier les réponses qu'on lui offre de celles que le Canada réserve à l'ensemble du monde. Cette constatation se manifestait avec encore plus d'acuité auprès du gouvernement Chrétien qui, au cours d'au moins deux campagnes électorales[4], avait clairement établi que les États-Unis ne feraient l'objet d'aucune attention spéciale. Notre analyse de la réponse canadienne aux desiderata de Washington doit donc prendre en considération une optique politique beaucoup plus large et aborder la question sous l'angle plus général de l'ensemble de la politique étrangère du Canada, un sujet qui a été chaudement débattu au cours des dernières années.

Avant que le gouvernement ne publie son énoncé de politique en avril 2005, la politique étrangère du Canada avait en effet beaucoup attiré l'attention, non seulement des universitaires qui ont diffusé les résultats de leur recherche dans des revues scientifiques (aussi bien l'*International Journal* que *Politique étrangère du Canada* ont publié des numéros spéciaux consacrés à la question), mais aussi des observateurs[5], des analystes[6], et même des universitaires[7] qui ont publié des ouvrages et des essais questionnant l'avenir de la politique étrangère canadienne sous tous ses aspects : la diplomatie, la sécurité, l'aide, et le commerce. Les questions qu'ils ont posées ont très largement été inspirées, non seulement par la dégradation constante du leadership canadien en matière de politique étrangère, mais aussi par un nouveau contexte international marqué par une nouvelle variable dans la prise de décision en la matière : le terrorisme et la guerre qu'on lui a opposée. Toutefois, ne prendre que ce vecteur en considération détourne la question fondamentale que la plupart de ces auteurs se sont posée : vers où le Canada va-t-il ? Quel rôle et quelle position seront ceux du Canada dans l'environnement international nouvellement redéfini ? Ces questions pourraient évoquer une préoccupation générale et diffuse, mais tel n'est pas le cas.

Ceux qui ont suivi les tendances des dernières années dans l'évolution de la politique étrangère canadienne tirent d'autres conclusions : le gouvernement libéral du premier ministre Jean Chrétien (1993 – 2003) a nettement mis l'accent sur les questions purement intérieures, sinon locales. Ce gouvernement a en conséquence délaissé la plupart des questions de relations internationales et de politique étrangère, ce que même la nouvelle politique étrangère du Canada reconnaît candidement : « Depuis quelques années, la priorité étant accordée aux questions nationales, le Canada a moins prêté attention à ses instruments internationaux »[8]. En fait, un tel manque d'intérêt démontré par le premier ministre pour les affaires étrangères est unanimement souligné. L'exception à cette attitude généralisée consiste en quelques initiatives prises par des individus titulaires du portefeuille des Affaires étrangères.

Par conséquent, lorsque Paul Martin a succédé à Jean Chrétien au titre de premier ministre, il a trouvé sur son bureau plusieurs problèmes cruciaux qui avaient été négligés. En regardant autour de lui, il s'est aperçu que les conseils venant de l'intérieur de son gouvernement étaient minimaux. Comme pour se rendre les choses encore plus difficiles, le nouveau premier ministre a appelé une élection générale qui s'est tenue en juin 2004, et qui s'est soldée par sa réélection, mais cette fois à la barre d'un gouvernement minoritaire. Il doit donc compter pour sa survie sur le soutien d'au moins une partie de l'Opposition à la Chambre des communes. En conséquence, l'agenda des affaires étrangères, malgré les engagements publics pris par un premier ministre qui a voulu mettre en évidence ce secteur, est encore relégué, au mieux, au second plan des préoccupations gouvernementales. Des exemples récents du chaos dans lequel la politique étrangère canadienne se trouve incluse : le rejet par la Chambre des communes de projets de loi du gouvernement visant à la restructuration du ministère des Affaires étrangères, le rejet de la participation du Canada au bouclier anti-missile nord-américain et les interminables délais qui ont retardé la mise à jour de la politique étrangère. Des conférences rassemblant des universitaires et des praticiens se sont multipliées, de nouveaux articles ont été publiés, mais le gouvernement a longtemps donné l'impression qu'il ne serait pas en mesure de se ressaisir. Ce ne sont pas les conseils qui faisaient défaut et ce ne sont pas les problèmes qui manquaient. Alors pourquoi le Canada a-t-il eu tant de difficulté à définir sa position ?

La question mérite d'être posée, particulièrement dans le contexte d'un nouveau paradigme international qui a émergé de la réponse offerte par l'administration Bush face aux attaques du 11 septembre 2001. Il y a peu de gouvernements dans le monde qui n'aient pas reconsidéré leur rôle international et leur politique étrangère dans cette perspective. Dans ce contexte et étant au premier plan de l'influence américaine, la Canada aurait dû être prêt à réagir rapidement. En fait, il en a été tout autrement. Le Canada a soutenu ouvertement certaines des initiatives des États-Unis. Cependant, lorsque l'on regarde les réponses du Canada à la guerre en Iraq et à l'initiative du bouclier anti-missile auxquelles je faisais précédemment allusion, on obtient un portrait tout à fait différent.

Une position en apparence aussi confuse suggère que l'explication du Canada en réponse au 11 septembre reposait effectivement sur davantage qu'une simple affirmation du nationalisme canadien mêlée à une bonne dose d'anti-américanisme. Je suggère que la position incertaine que le Canada a adoptée et les messages confus qu'il a envoyés ne sont pas tant liés au nouveau paradigme international qu'ils proviennent d'une lecture erronée de défis internationaux auxquels le Canada doit faire face. Au cœur de ce comportement inexplicable, on trouve le rôle attribué à ces soi-disant « valeurs canadiennes » évoquées tant par Jean Chrétien que par Paul Martin. Elles sont au cœur même des cercles décisionnels habituels, de la plupart des déclarations de politique étrangère et des initiatives qui s'y rattachent. Comme nous le verrons dans ce chapitre, ces valeurs canadiennes, bien que pérennes, ne correspondent pas toujours à la nature des défis que le monde – et non seulement les États-Unis – présente au Canada. Tant et aussi longtemps que ce dilemme entre les défis à relever et les valeurs à professer n'a pas été résolu, la politique étrangère canadienne a stagné. L'impact d'une telle divergence n'est donc pas anodin et sans conséquence.

Afin d'en établir la portée, j'exposerai en premier le contexte dans lequel ces valeurs canadiennes entrent en jeu soit au moment de l'élaboration de la politique étrangère canadienne et j'étendrai l'analyse pour voir comment elles ont pu influencer la réponse immédiate du Canada suivant les événements du 11 septembre. J'examinerai ensuite les bases sur lesquelles la politique étrangère canadienne devrait reposer, en esquissant deux types de valeurs – celles perçues par la population et celles défendues par l'appareil propre à la politique étrangère canadienne – de même que les défis clés sur lesquels la plupart des analystes et des observateurs s'entendent. J'analyserai finalement un corpus de plates-formes de politiques étrangères, celles qui ont été mises de l'avant par les cinq partis politiques fédéraux à la suite des élections législatives fédérales de juin 2004. Ceci nous permettra de considérer si et comment les partis politiques canadiens peuvent influencer le type de réponse que le Canada est en mesure de donner, non seulement aux États-Unis, mais à un monde qui a considérablement changé depuis 1995, moment où le Canada a publié la politique étrangère qui devait marquer les dix dernières années. Enfin, un bref coup d'œil à la nouvelle politique annoncée en avril 2005 permettra de voir l'importance que revêt la rigidité d'un cadre qui privilégie les valeurs au détriment des défis.

1. MISE EN CONTEXTE

Les valeurs représentent une dimension très importante dans la politique étrangère canadienne. Pour bien comprendre leur nature et leur impact, il est important de les aborder d'un point de vue historique en nous attardant plus particulièrement aux développements récents, ceux marqués par les conséquences immédiates du 11 septembre 2001. Cette vue d'ensemble offrira un aperçu du rôle que jouent les valeurs dans l'élaboration de la politique étrangère canadienne. Elle permettra aussi d'esquisser ce qui différencie les politiques étrangères canadiennes et américaines et de fournir une première explication de la réponse qu'Ottawa offre à la politique étrangère de Washington. Enfin cette section nous aidera à comprendre l'écart entre valeurs et défis, élément que j'esquisserai dans la section suivante.

1.1 Valeurs et politique étrangère canadienne

La première question qui peut être soulevée quant à l'importance des valeurs dans la politique étrangère canadienne est leur singularité : après tout, si les valeurs occupent une place primordiale au Canada, n'est-ce pas également le cas dans la plupart des pays ? Pourquoi alors porter une attention particulière au Canada à cet égard ? La réponse est révélée par Graves : « Les valeurs sont les mêmes : elles n'ont pas la même importance aux États-Unis » et dans le monde, pourrions-nous ajouter[9]. La différence notée quant à la « distribution » des valeurs au Canada n'est pas un phénomène ponctuel. Il est ancré dans la perspective historique, à partir de laquelle on doit évaluer l'évolution de la politique étrangère canadienne.

Il faut d'abord remonter aux bases de la politique étrangère canadienne. Le domaine a évolué lentement dans toute la première partie du XXᵉ siècle, jusqu'à ce que le Canada obtienne sa pleine autonomie par le statut de Westminster en 1931. Concrètement, le pays ne s'est véritablement engagé sur la scène internationale qu'au moment où l'on sentait venir la fin de la deuxième guerre mondiale. Parmi les moments principaux qui, par la suite, ont structuré cet effort national, il faut compter la conférence Gray prononcée par Louis St-Laurent, le premier Secrétaire d'État canadien aux Affaires extérieures (soit le ministre des Affaires étrangères) qui n'était pas en même temps premier ministre[10]. Dans ce discours, St-Laurent fait référence aux valeurs canadiennes telles que la générosité et l'ouverture d'esprit et s'en sert comme leitmotiv au fil de ses réflexions[11]. Pour lui, il est clair qu'« aucune politique étrangère n'est constante ni cohérente pendant un certain nombre d'années à moins qu'elle soit basée sur une certaine conception de *valeurs* humaines » (mon emphase). Il déclare également qu'« une politique des affaires internationales, pour être vraiment efficace, doit reposer sur des principes généraux qui ont été éprouvés dans la vie de la nation et qui ont obtenu un appui général de la part de larges pans de la population ». Son message est sans équivoque : une politique étrangère doit refléter les valeurs partagées du pays. En conclusion, il identifie quelques « principes de base » pour la conduite de la politique étrangère au Canada : unité nationale, liberté politique – nous nous y référons aujourd'hui en faisant référence à la « démocratie » –, la règle de droit, la volonté d'accepter des responsabilités internationales. Pour St-Laurent, ces principes reflètent autant de valeurs canadiennes sur lesquelles le pays devrait établir ses actions à l'étranger et envers les autres pays. Il conclut en déclarant que « nous devons jouer un rôle dans les affaires du monde en accord avec les idéaux et les sacrifices des jeunes hommes de cette Université et de ce pays, qui sont allés faire la guerre. » Les valeurs sont assurément présentes tout au long de ce discours qui constitue la pierre angulaire de la politique étrangère canadienne.

La position de St-Laurent n'était toutefois pas totalement nouvelle. Lors des entretiens de Bretton-Woods qui devaient donner naissance au Fonds monétaire international, à la Banque mondiale, et au GATT, le Canada avait déjà utilisé ses compétences de négociateur international en puisant dans ses valeurs afin d'amener vers un consensus les fonctionnaires britanniques et américains qui voyaient les défis économiques de l'après-guerre sous des perspectives tout à fait différentes. Quelques années plus tard, les valeurs canadiennes étaient de nouveau interpellées, cette fois pour étayer la position du Canada lors des conférences qui ont mené à la formation des Nations Unies et de l'OTAN, deux organismes où se reflètent certaines « valeurs canadiennes », dont le multilatéralisme, qui ont prévalu au-delà de la dominance de l'hégémonie américaine.

Les acteurs impliqués alors étaient les mêmes qui devaient marquer ce qui est aujourd'hui connu comme étant « l'âge d'or » de la politique étrangère du Canada. St-Laurent, et d'une manière plus importante son sous-ministre, Lester Bowles Pearson, appuyés par des hauts fonctionnaires dévoués à la cause, étaient en effet les principaux architectes directement engagés dans l'élaboration d'une politique qui devait définir la place que le Canada allait occuper dans le monde. Leur influence directe devait être sentie pendant les vingt années à venir, et leur influence indirecte allait durer encore plus longtemps.

Cette influence s'est manifestée encore assez récemment alors que le rôle des valeurs est réapparu avec une incidence assez marquée sur la conception de la politique étrangère canadienne. Dans le Livre blanc de 1995, *Le Canada dans le monde*, le gouvernement canadien, sans aucun doute inspiré par l'approche de St-Laurent et Pearson, identifia « trois piliers » sur lesquels la politique étrangère canadienne reposerait. Puisque cette politique aura prévalu plus de dix ans à un moment crucial de l'histoire du monde, son importance ne peut pas être négligée par celles et ceux qui souhaitent comprendre ou expliquer les réponses du Canada aux États-Unis et dans l'environnement international de l'après 11 septembre. Ces trois piliers sont « la promotion de la prospérité et de l'emploi », « la protection de la sécurité dans un cadre mondial stable », et « la projection des valeurs et de la culture canadiennes »[12]. En fait, cette dernière section ne fait aucun mystère de l'importance des valeurs canadiennes, puisque d'entrée de jeu on y affirme que « la politique étrangère du Canada doit célébrer et promouvoir la culture et le savoir canadiens comme moyens privilégiés de favoriser nos intérêts dans les affaires internationales ». En d'autres termes, bien que troisième, ce pilier est essentiel pour rencontrer les objectifs fixés par les deux autres. D'ailleurs, ceci signifie qu'à partir de ce document, ces valeurs, non seulement constituent les assises de la politique étrangère du Canada comme c'était le cas autrefois, mais leur promotion devrait dorénavant être considérée en soi comme un objectif de politique étrangère. Ceci accroît assurément et de manière significative l'importance donnée aux valeurs dans la politique étrangère du Canada. Comme nous le verrons, une telle importance n'est toutefois pas gratuite.

La source de cette nouvelle impulsion donnée aux valeurs dans la politique étrangère canadienne est facilement identifiable. John Ralston Saul avait certes fait un vibrant plaidoyer en faveur de l'inclusion de la défense de la culture, lors des consultations préparatoire au Livre blanc de 1995. Mais c'est avec Lloyd Axworthy que les valeurs ont revêtu une telle importance comme composante de la politique étrangère. D'abord, en tant que critique libéral des affaires étrangères dans les années 80 et au début des années 90, Axworthy, en tant qu'auteur des propositions de politiques étrangères, était un acteur principal dans l'élaboration de la plateforme libérale de politique étrangère en vue des élections de 1993[13]. Le document, connu sous le sobriquet de « petit livre rouge », faisait référence à divers aspects liés aux valeurs. D'intérêt particulier pour cette étude – à tout le moins à titre de mise en contexte – nous pouvons considérer la position préconisée en vue des relations canado-américaines, puisque cette position pourrait teinter la réponse à apporter aux États-Unis. On y lit que: « Les Canadiens [...] ne veulent pas d'une politique étrangère dictée par des relations personnelles privilégiées [...] Sans faire de suivisme, les libéraux collaboreront avec l'administration américaine dans les domaines où les intérêts canadiens et américains convergent »[14]. Cette position sera réitérée lors de la campagne de 1997. Les libéraux affirment alors que:

> Contrairement au gouvernement précédent qui avait tendance à suivre de trop près les États-Unis, le gouvernement libéral a permis au Canada de redevenir maître de ses choix de politique étrangère [...] Tout en entretenant des rapports directs, francs et solides avec notre plus grand partenaire commercial, les libéraux croient que nous devons dégager une vision stratégique et voir loin, au-delà de l'Amérique du Nord[15].

Par ailleurs, le programme électoral libéral de 1993 présente d'autres éléments liés aux valeurs dont certains ont contribué à structurer l'utilisation de ces valeurs comme outils facilement identifiables pour la conduite de la politique étrangère. Je fais ici référence à la création du Centre canadien pour le développement de la politique étrangère.

Le Centre a été conçu comme un groupe de réflexion logé dans le bâtiment abritant le ministère des Affaires étrangères et son mandat principal était d'initier un travail de proximité auprès des Canadiens afin de recueillir leurs opinions au sujet de la politique étrangère. L'objectif était de « démocratiser » l'ensemble du processus d'élaboration de la politique étrangère. Ce faisant, le centre a agi à deux niveaux. Tout d'abord, il a aidé des personnes à être informées du processus de politique étrangère, en leur donnant l'impression que ce qu'elles pensaient et la manière dont elles percevaient les choses – en un mot, leurs valeurs – étaient les éléments importants à considérer pour définir la politique étrangère canadienne. En second lieu, les rapports et les études publiées par le centre ont aidé à valoriser l'importance, dans le processus d'élaboration de la politique, de telles valeurs canadiennes exprimées lors de forums organisés par le centre. Par conséquent et en conformité avec les choix politiques de Lloyd Axworthy lorsqu'il est devenu ministre des Affaires étrangères, le troisième pilier du livre blanc de 1995 s'est affirmé en tant que facteur incontournable auprès de ceux qui ont considéré les questions de politique étrangère au Canada.

Les ministres des Affaires étrangères qui ont succédé à Axworthy – notamment John Manley et Bill Graham – n'ont pas embrassé avec la même ferveur l'importance que les valeurs pouvaient revêtir dans la conception de la politique étrangère canadienne. En fait, après quelques frictions eu égard à des consultations menées simultanément par le Centre et le ministre au printemps 2003, Graham a accepté que soient coupés les fonds du Centre qui s'est retrouvé sans autre option que de fermer. Néanmoins, l'impression laissée au public canadien et aux décideurs au sujet de la place des valeurs dans la politique étrangère canadienne était là pour attester. Cela ne faisait aucun doute dans l'esprit de la plupart des personnes interpellées, le matin du 11 septembre 2001.

1.2 La réponse à l'immédiat du 11 septembre

Dès que les États-Unis ont été frappés par les actes terroristes du 11 septembre, le Canada a ressenti l'onde de choc. Assurément, le Canada était solidaire des victimes et était prêt à épauler les efforts pour contrer d'autres attaques. Par contre, le Canada a été négligemment laissé de côté par son voisin lorsque, de la Tribune de la Chambre des Représentants, le Président Bush a remercié plusieurs pays. Trois ans devaient s'écouler avant que le Président Bush reconnaisse officiellement l'aide immédiate apportée par le Canada à la suite des événements du 11 septembre. Ce faux pas commis par le Président était-il dû à ses relations alors ténues avec le premier ministre du Canada? Peut-être. Était-ce cette omission présidentielle qui a refroidi l'empressement du Canada à soutenir les efforts américains à venir? Probablement pas.

En fait, le Canada était prêt « à servir la cause » comme plusieurs exemples le démontrent: l'accueil des voyageurs laissés en rade, l'élaboration et la mise en œuvre du concept de « frontière intelligente », le resserrement des mesures de sécurité, y compris des amendements importants aux lois existantes et la refonte de certains ministères, etc. Ce qui doit être conservé à l'esprit est que d'abord, le Canada, depuis la fin de la première guerre mondiale, n'a jamais accepté d'être automatiquement impliqué dans quelque conflit que ce soit à partir d'une décision d'autrui. Il a exprimé de telles valeurs à l'encontre de la Grande-Bretagne en plusieurs occasions, en commençant par la crise de Chanak en 1925[16]. Il s'est également opposé aux États-Unis lors de la guerre du Vietnam et, à cet égard, le discours de Mike Pearson à l'Université Temple et l'accueil froid réservé par le Président Johnson au chef du gouvernement canadien le jour suivant à Camp David illustrent bien cet épisode[17]. Le fait est que, parmi les valeurs que le Canada veut promouvoir par sa politique étrangère, il y a l'affirmation de sa souveraineté et sa croyance inébranlable dans le multilatéralisme, de même que la valeur que St-Laurent a définie comme « la volonté d'accepter une responsabilité internationale ». Mais le Canada était-il prêt à accepter ces responsabilités internationales cette fois-ci?

Bien sûr, d'une part, c'était le cas. Après tout, la réponse du Canada aux opérations militaires en Afghanistan a été positive. Cette participation s'est appuyée sur les résolutions des Nations Unies et sur la réponse que les pays de partout dans le monde ont donnée à l'invitation des États-Unis. Ici, ce sont les valeurs liées au multilatéralisme qui ont joué, la volonté de la communauté internationale ayant incité le Canada à aller de l'avant, déployant jusqu'aux limites du possible ses ressources militaires. Dans ce contexte, c'était le maximum que le Canada pouvait faire, y compris le sacrifice de la vie de quatre soldats qui ont péri sous le feu « ami » des troupes américaines.

D'autre part, une réponse bien différente a été offerte, après de longues tergiversations, à la demande américaine de participation à la guerre contre l'Irak. L'initiative n'ayant pas reçu l'appui d'un forum multilatéral, elle n'a pas été approuvée par le Canada. Ce n'est pas que le Canada était nécessairement antipathique aux Américains dès le début. Il est vrai que le gouvernement canadien a subi beaucoup de pression populaire à décliner toute participation, ce qui n'a toutefois pas empêché le Canada de tenter, par une proposition tardive, de faire sa voie par les canaux du Conseil de sécurité de l'ONU. Ce fut en vain. À partir de ce moment, il était clair que les valeurs canadiennes liées au multilatéralisme ont constitué le facteur le plus important dans la balance lors de la prise de décision. Peu importe le processus suivi, ce qui comptait, c'était le résultat final : la guerre n'a été soutenue ni par l'ONU, ni même par l'OTAN. Par principe, en s'appuyant sur les valeurs multilatéralistes, le Canada a dû s'y opposer. Dans les faits, cependant, le Canada était déjà engagé dans le conflit puisqu'il maintenait des navires opérationnels dans le golfe Persique. Cet aspect a certes été signalé, mais personne n'y a vraiment prêté attention. Tout ce qui comptait pour le Canada, c'était de se dépeindre comme adhérant aux valeurs auxquelles on croit vraiment, en les défendant et en agissant en fonction de celles-ci. Voilà ce qui était au cœur de l'argumentation canadienne récusant toute participation à la guerre en Irak.

Ces épisodes sont utiles pour démontrer comment les valeurs canadiennes peuvent faire dévier le véritable débat entourant certaines questions. Politiquement, à un moment où le Canada était dirigé par un homme pour qui les sensibilités nationales et la politique intérieure étaient les raisons sacrées qui motivaient son action, il était difficile d'aller à l'encontre de ces « valeurs canadiennes ». Se soustraire de ce credo était encore plus difficile puisque les initiatives du Centre canadien pour le développement de politique étrangère avaient enraciné, dans l'esprit des Canadiens, l'importance de leur opinion dans l'élaboration de la politique étrangère. Aller à l'encontre de cette tendance aurait été anormal pour Jean Chrétien. Ceci étant établi, la question qui demeure nous fait nous interroger sur la conduite que prendra une nouvelle équipe qui favorise ouvertement un rôle plus actif pour le Canada sur la scène internationale.

2. FUTURES DIRECTIONS DE LA POLITIQUE ÉTRANGÈRE CANADIENNE : LES BASES

La réponse à cette question se trouve là où cette nouvelle équipe ancre sa politique étrangère. Ici, trois tendances potentielles peuvent être identifiées : ce que la population pense, ce que les décideurs politiques et administratifs pensent et ce qui, dans le contexte international, interpelle le rôle du Canada. D'un point de vue théorique, ces éléments sont justifiés par différentes approches. Si les facteurs décrits dans les deux premiers cas sont ceux qui influencent davantage les décideurs politiques, nous serions en présence d'une explication qui appartient davantage à l'école constructiviste, c'est-à-dire une politique qui est le résultat d'un construit social[18]. Ce construit serait initié, dans le premier cas, principalement par la société civile et, dans le second, par les décideurs en matière de politique internationale eux-mêmes. Ici, l'« acte de la parole », un élément caractéristique du monde constructiviste[19], est d'une importance primordiale puisque les valeurs qui exercent une influence ont d'abord été conceptualisées, formulées et véhiculées dans le discours de ceux qui souhaitent influencer le processus d'élaboration de la politique. Si c'est la troisième tendance, celle liée au contexte, qui devait avoir le plus d'influence, c'est l'approche néo-libérale qui serait l'outil analytique le plus utile pour disséquer les origines de l'élaboration de la politique étrangère canadienne. Dans ce cas, nous serions en présence de la défense d'intérêts nationaux dans un cadre où les États souverains ne sont pas les seuls acteurs et dans lesquels ces intérêts nationaux sont exprimés en termes de puissance ou sous l'angle de la sécurité. Une telle dynamique élimine, du coup, la possibilité d'une explication de type néo-réaliste[20].

2.1 Les valeurs psychosociales

J'ai regroupé le premier ensemble de facteurs potentiellement influents sous cette étiquette « psychosociale » parce qu'ils sont ceux qui structurent l'identité collective de la société canadienne. Ce sont les valeurs dont les Canadiens se réclament et par lesquelles ils se reconnaissent en tant que société. Leur importance vient de ce sur quoi elles reposent, un phénomène que Iyer décrit adéquatement : le Canada « est lié par des valeurs partagées plutôt que par des origines partagées »[21]. Il existe plusieurs sources qui peuvent nous informer quant à ces valeurs. Les sondages pourraient ici être utiles, mais ils constituent des instantanés souvent influencés par des évènements survenus au moment de l'enquête. Comme vont le démontrer les exemples que j'ai utilisés plus loin, cela peut déformer l'image qu'ils nous livrent. De plus, en règle générale, les tendances à long terme identifiées dans les sondages se trouvent aussi véhiculées dans les énoncés de politique de même que dans les analyses et c'est là que j'ai préféré puiser l'information à l'égard de ces valeurs psychosociales. La source principale qui permet d'identifier ces valeurs est l'article de Steve Lee publié dans *Politique étrangère du Canada*[22]. Lee était alors le directeur exécutif du Centre canadien pour le développement de la politique étrangère (CCDPE). Lee rapporte ici les conclusions des forums que son Centre a animés partout au pays, de 1996 à 2001. Selon les termes du directeur, ces forums « participent à l'avis public sur le développement à long terme de la politique étrangère canadienne »[23]. Chaque année, les forums ont permis aux participants de discuter d'un aspect de la politique étrangère du Canada : les communications, les relations Asie-Pacifique, les relations circumpolaires, la construction de la paix, l'ONU, l'Afrique, les Amériques, etc. De ces forums, des tendances générales ont émergé et ce sont ces tendances que Lee rapporte comme autant de valeurs qui « devraient guider la conduite des relations internationales du Canada »[24].

La première de ces valeurs concerne le ***respect de l'environnement***, un aspect dont l'importance est confirmée par la plupart des études. Ceci pourrait entrer en contradiction avec leur comportement dans une certaine mesure, mais il reste qu'un pays qui possède un lien si étroit et qui dépend tant de ses ressources naturelles ne peut pas ignorer cette question. D'où l'importance d'une sensibilité générale et la nécessité de faire comprendre au gouvernement canadien qu'il s'agit d'un sujet à débattre au niveau international et auquel donner un suivi. Cette valeur se traduit dans les appuis canadiens en vue de contribuer aux efforts tels que le protocole de Kyoto et les hésitations des Canadiens à soutenir des chefs politiques qui s'y opposent.

En second lieu, nous constatons que les Canadiens s'identifient à un engagement sans équivoque envers les ***processus de démocratisation*** dans le monde entier. Ceci ne se limite pas à la tenue d'élections libres et justes mais aussi à tous les principes de bonne gouvernance. Cette valeur est largement perçue comme une condition préalable à toutes relations extérieures dans lesquelles le Canada pourrait s'engager envers d'autres pays. Les Canadiens se perçoivent comme ayant un des meilleurs systèmes démocratiques dans le monde, bien que perfectible. Les initiatives de réforme électorale dans la plupart des provinces et l'inclusion d'une réforme démocratique à l'agenda du gouvernement Martin démontrent clairement l'importance de ce point. La bonne gouvernance est également un objectif que la plupart des Canadiens verraient comme une priorité que leur gouvernement devrait inclure dans son approche de politique étrangère. En fait, les interventions du Canada dans les pays manquant de compétences démocratiques, comme en Haïti, par exemple, sont justifiées et largement acceptées par les Canadiens en vertu de ce principe. Cette valeur s'est aussi placée au centre de la politique étrangère canadienne dans les Amériques comme en Afrique.

Troisièmement, j'identifierai sous l'étiquette « ***équité sociale*** » toutes les questions relatives au travail, aux affaires, aux lois, etc., qui assurent une participation égale à la construction civique, de tous les membres de la société. Ici, nous trouvons les politiques qui favorisent le bien-être de la société en s'assurant que non seulement la lettre, mais aussi l'esprit des lois sont conformes à ce principe d'équité et sont mis en application. Eu égard à la politique étrangère, ceci signifie que le Canada devrait explicitement favoriser la promotion d'une telle équité dans tous les domaines possible.

La quatrième valeur est étroitement liée à celles qui précèdent : nous pouvons nous référer ici aux ***droits de la personne, compris au sens large,*** dans leur plus grande acceptation et à ***la tolérance*** en général. Pour illustrer l'importance de cette valeur, on n'a qu'à songer aux visites que n'importe quel premier ministre canadien fait dans les pays où les droits de la personne ne sont pas respectés au niveau que nous escomptons – la Chine est le premier exemple qui nous vient à l'esprit. Les Canadiens ne comprendraient simplement pas si cette question n'était pas mise à l'ordre du jour des entretiens. Ceci étant dit, les droits de la personne constituent un sujet incontournable, mais qui demeure très vaste. Les Canadiens étendent leurs préoccupations à un niveau supérieur pour y inclure la tolérance, c'est-à-dire l'acceptation des différences, de l'expression individuelle et de la diversité tant culturelle qu'ethnique. Pour plusieurs, ceci est perçu comme une distinction importante entre les valeurs canadiennes et les valeurs américaines.

Enfin, on ne peut pas être étonné de trouver **l'engagement de la société civile** comme l'une des valeurs principales apparaissant dans un rapport produit par un groupe qui a un mandat clair de promouvoir un tel engagement. Qui plus est, ce rapport se réfère à des réunions où les représentants de la société civile ont eu la possibilité d'exprimer leur intérêt envers un tel engagement. En conservant ces possibles biais à l'esprit, il reste néanmoins que de plus en plus de Canadiens sentent qu'ils ont un mot à dire au sujet de l'ensemble des processus de politique et, bien que les question soient plus complexes que jamais, les Canadiens considèrent que ces dernières ne devraient plus être laissées entre les mains des seuls spécialistes. Cette perception s'étend désormais à la politique étrangère. Cette demande s'ajoute aux revendications du mouvement alter-mondialiste qui demande que la société civile ait son mot à dire dans la conduite des affaires du monde.

Les valeurs que Lee présente sont confirmées dans une certaine mesure par un sondage d'EKOS publié à la conférence « Le Canada dans le monde » tenue à Montréal en février 2005 : les Canadiens se voient comme des acteurs importants, responsables de construire un monde meilleur et leurs valeurs doivent être reflétées dans la politique étrangère du pays[25]. Cependant, si l'on consulte sur une autre étude, ces conclusions sont quelque peu contestées, pas nécessairement eu égard à la perception collective que les Canadiens se font d'eux-mêmes, mais par rapport aux objectifs de politique étrangère. Lors d'une récente conférence – « Defining the National Interests : New Directions for Canadian Foreign Policy » tenue à Ottawa en novembre 2004 – des résultats de sondage au sujet de cette perception que les Canadiens ont d'eux-mêmes dans un monde changeant ont été publiés. Les données d'Innovative Research montrent que, dans une forte proportion de 79 %, ils et elles s'opposent à l'imposition des valeurs canadiennes à l'étranger, ce qui va quelque peu à contre-courant du troisième pilier de la politique étrangère canadienne de 1995, alors en vigueur. D'ailleurs, les valeurs liées à la « qualité de vie », ce que préconise Lee comme étant au cœur de la perception canadienne en matière de politique étrangère, ne recueillent que 41 % d'appui chez les personnes sondées. Bien qu'une équation directe ne puisse être faite entre ces deux images du Canada dans le monde, il semble difficile d'ignorer complètement l'écart qui apparaît ici entre ces deux types de perceptions. Ceci, en soi, nous fait nous questionner sur l'impact final que les valeurs psychosociales pourraient avoir sur l'élaboration de la politique étrangère canadienne et, par conséquent, invitent à regarder ailleurs si d'autres sources d'influence existent et prévalent, ce que nous ferons dans la seconde partie de cette section du chapitre.

Pour l'instant, il faut souligner que les valeurs psychosociales sont exprimées ailleurs. Je songe, entre autres, au Comité permanent de la Chambre des communes sur les Affaires étrangères et le Commerce international. Leur rapport de mai 2003 « Une contribution au dialogue sur la politique étrangère » fait lui aussi ressortir certaines valeurs identifiées par Lee : la démocratie, la bonne gouvernance, les droits de la personne. Le rapport met aussi en lumière le « pluralisme » comme étant « le grand point fort du Canada »[26], une valeur qui peut être associée à ce que nous avons identifié comme étant la tolérance chez Lee. Le rapport ajoute – et insiste même sur – l'aide internationale à titre de valeur de la politique étrangère canadienne. Je n'ai pas retenu cet élément ici puisque, comme en fait état le rapport, il s'agit d'une valeur émanant des autorités gouvernementales qui ont comparu devant le Comité. J'en tiendrai donc compte dans la partie suivante de ce chapitre.

Une dernière source attire notre attention. Il s'agit du « Dialogue sur la politique étrangère » mis en œuvre par le ministre Bill Graham au printemps 2003. L'exercice voulait permettre aux Canadiennes et aux Canadiens de faire valoir leur point de vue en matière de politique étrangère. Dans son *Rapport à la population canadienne*[27], le ministre revient aux valeurs identifiées par Lee : l'environnement et le développement durable, la démocratie, la justice sociale et l'équité économique, les droits de la personne et l'acceptation de la diversité. Il est intéressant de souligner que ces dernières valeurs de même que celles rattachées à la démocratie avaient déjà été suggérées par le biais des questions posées par le ministre dans le document de consultation qui avait servi d'amorce au dialogue[28]. Le rapport met toutefois une autre valeur à l'avant-scène, soit le maintien de la paix. Toutefois, comme il s'agit d'une valeur émanant originalement des autorités gouvernementales, tout comme l'aide, elle sera prise en considération dans la section suivante.

Mais avant de ce faire, il reste une question à laquelle répondre. En quoi ces valeurs nous renseignent-elles sur les réponses que le Canada pouvait apporter aux États-Unis ? Le premier élément à considérer, c'est que ces valeurs émanent essentiellement de l'aile progressiste de la société canadienne, bien que la plupart des Canadiens s'y reconnaissent sans doute. Néanmoins, leur origine suggère en soi une certaine distance par rapport à un agenda politique qui serait trop conservateur. Elles expliquent notamment l'aversion exprimée vis-à-vis de la position adoptée par les États-Unis quant au protocole de Kyoto. Par ailleurs, s'il peut y avoir un terrain d'entente sur les valeurs démocratiques, on comprend la frilosité canadienne face aux Guantanamo de ce monde et des réticences exprimées par les soldats canadiens à remettre des prisonniers de guerre aux autorités américaines. L'équité sociale et l'engagement de la société civile dans le processus d'élaboration de la politique étrangère, quant à eux, sont assurément exprimés différemment au Canada et aux États-Unis, mais il n'y a pas d'évidence apparente de divergence en matière de politique étrangère basée sur ces facteurs. En fait, plus important que l'incidence individuelle, il faut voir, comme nous le faisons dans la troisième partie de ce chapitre, l'impact que cet ensemble de valeurs aura sur la formulation d'une politique globale canadienne.

2.2 Les valeurs politico-opérationnelles

Le prochain groupe de valeurs n'est pas moins important. Son rapport à l'élaboration de la politique étrangère est très étroit puisque ce sont des valeurs qui ont été conceptualisées et mises en application par les décideurs en matière de politique étrangère eux-mêmes. Elles reflètent donc des orientations de politique et des cibles opérationnelles que la politique étrangère canadienne cherche à atteindre depuis ses débuts. D'où leur appellation de « politico-opérationnelles ». Ces valeurs peuvent être retracées tout au long de l'histoire de la politique étrangère du Canada. Leurs évocations les plus récentes et les plus influentes pour l'objet de notre étude sont inscrites dans le livre blanc de 1995, *Le Canada dans le monde*, et dans les discours des ministres du gouvernement et du premier ministre, y compris les discours du Trône, qui constituent les directives politiques utilisées dans l'administration fédérale canadienne. La plupart de ces valeurs sont bien connues et chères à la plupart des Canadiens.

La première valeur canadienne que le décideur en matière de politique étrangère promeut, c'est la ***règle de droit***. Ceci signifie qu'au bout du compte tous sont responsables de leurs actions devant les tribunaux, ces actions étant conduites à l'intérieur d'un cadre juridique préalablement défini. La plupart des pays démocratiques se réfèrent à cette valeur dans un sens absolu et c'est aussi le cas au Canada. Au Canada, cependant, la règle de droit est mise en opposition avec la « règle du plus fort », qui affirme que, lorsqu'un pays a les moyens d'imposer sa volonté, il le fait. En d'autres termes, le Canada étend à l'arène internationale, par ailleurs anarchique, une approche que la plupart des pays ne considéreront applicable que par et pour leur gouvernement national. Ce faisant, le Canada ne préconise pas nécessairement la fin du système westphalien, mais il favorise les actions qui sont soutenues par un consensus au sein de la communauté internationale et il travaille à la mise en œuvre d'un système de cour internationale. En cela, le Canada va clairement à l'encontre de la vision américaine du monde.

Cette première valeur appelle immédiatement un autre point auquel le Canada croit : ***le multilatéralisme***. Keating[29] voit en lui la signature distinctive de la politique étrangère canadienne. D'abord une pratique, le multilatéralisme est maintenant perçu en de nombreux cercles comme une « valeur » que le Canada devrait maintenir. Cet appel aux « pays sur la même longueur d'onde » a en effet été une approche favorisée de longue date par le Canada dans la conduite de sa politique étrangère. Le multilatéralisme était déjà présent lorsque le premier ministre Robert Borden participait à la Conférence impériale de guerre lors de la première guerre mondiale ; il a assuré la réputation du Canada aux conférences de Bretton-Woods, de San Francisco (création de l'ONU) et de Washington (création de l'OTAN), et il est encore ce que les leaders canadiens évoquent lorsqu'ils souhaitent recourir à une institution pour résoudre des problèmes internationaux, que ce soit l'environnement, les armes interdites, ou la guerre contre le terrorisme. Tandis que les États-Unis préfèrent affirmer leur suprématie sur une base bilatérale, le Canada « joue avec les grands » dans la plupart des cercles mondiaux en s'associant à d'autres acteurs internationaux qui partagent les mêmes soucis et les mêmes attitudes.

Un résultat direct de cette approche internationaliste est le legs de Pearson au monde : *le maintien de la paix* et, de nos jours, la négociation de la paix et le rétablissement de la paix. Ces valeurs font maintenant partie de celles par lesquelles le Canada est le plus reconnu. En fait, au Canada, beaucoup de gens pensent toujours que le pays se range parmi les principaux contributeurs au maintien de la paix. C'est sans doute le cas en termes d'expertise, mais en termes d'effectifs, au 31 janvier 2005, le Canada se classait au 33e rang mondial derrière plusieurs pays africains et asiatiques[30]. Néanmoins, maintenir notre monde sécuritaire et contribuer à ce maintien sont encore vus comme des objectifs primordiaux aussi bien que des valeurs clés dans l'élaboration de la politique étrangère canadienne.

Une telle importance trouve son explication dans la prochaine valeur : *la sécurité canadienne dépend de la sûreté et de l'équilibre du monde*. Ceci indique en soi un raisonnement pour le moins intéressant : bien que « personne ne veuille nuire au Canada », compte tenu de sa proximité avec les États-Unis, le pays est assurément une cible potentielle. Il est donc dans le plus grand intérêt canadien de contribuer à la stabilité du monde. On considère qu'il s'agit de la meilleure protection que le Canada puisse s'offrir et, par conséquent, on espère que la sécurité canadienne n'aura pas besoin de protection plus spécifique. Ceci ne ressemble-t-il pas à un défi que le Canada doit relever plutôt qu'à une valeur canadienne ? Si l'on se tourne vers les représentations officielles qui sont faites de ce contexte souhaité, on s'aperçoit que la stabilité du monde est véhiculée comme une valeur canadienne.

Ceci étant dit, les questions de sécurité n'ont pas, au Canada, la même résonance qu'aux États-Unis. Là, les politiciens institutionnalistes se mettent facilement d'accord avec les universitaires réalistes offensifs comme John

Mearsheimer[31] : la sécurité prime sur l'économie. Au Canada, le rapport est vu d'une autre manière : la prospérité vient en premier lieu et la **sécurité est un ingrédient nécessaire pour assurer la prospérité**. Cette valeur plonge profondément ses origines dans l'histoire canadienne : le commerce a été dès le XVIIe siècle une partie intégrante du développement du Canada. Cet angle est important à considérer lorsque vient le temps de renforcer les mesures de sécurité comme ce fut le cas après le 11 septembre 2001 : les leaders ont seulement eu à évoquer que la santé économique du Canada dépendait d'une meilleure sécurité, et qu'il était par conséquent nécessaire de faire intervenir des mesures de sécurité plus sévères, pour réussir à les mettre en œuvre. Cela n'aurait probablement pas été aussi facile sans l'évocation de cet élément.

La valeur finale qui apparaît sous le présent chapitre est **le développement par le biais de l'aide internationale**. Au cours des dix dernières années, l'aide monétaire disponible du Canada a continuellement diminué, pour atteindre un ratio de 0,25 % du PIB, loin de l'objectif de 0,7 % fixé par l'ONU. Non seulement ce bas niveau pose problème, mais la dispersion de l'aide vers trop de cibles et l'aide liée – c'est-à-dire les conditions de réinvestissement de l'aide dont bénéficie l'économie canadienne – sont également fortement critiquées. Néanmoins, l'aide est partie intégrante de la politique étrangère canadienne et, bien que la population du Canada n'approuve pas chaleureusement lorsque des sommes importantes en provenance des impôts sont dirigées hors du pays, la plupart des Canadiens sont fiers de ce qu'ils perçoivent d'un leadership canadien, qui ne s'avère pas aussi présent qu'on le croit.

Comme nous pouvons le constater, la plupart de ces valeurs politico-opérationnelles bénéficient d'une connaissance confuse du contexte international et du véritable rôle du Canada en ce domaine. L'élaboration de la politique étrangère, à partir de ces valeurs, pourrait être salutaire pendant un certain temps : d'abord, elle recueillera un appui général au sein de la communauté politique étrangère, puisque c'est elle qui a conceptualisé et a socialement construit cet « actif » canadien en termes de valeurs ; puis, ces valeurs favorisent en même temps un rôle réconfortant et une contribution pas si exigeante pour le Canada, deux facteurs de grande importance afin de recevoir le soutien populaire des initiatives de politique étrangère ; enfin, comme je l'ai souligné au passage, la quasi-totalité de ces valeurs permettent au Canada de se distinguer des États-Unis en soutenant des positions différentes de celles qui ont la cote à Washington. Cependant, comme ces valeurs tirent bénéfice d'un appui qui ignore plusieurs éléments du contexte réel, elles pourraient se révéler être une bombe à retardement politique, en termes de confiance, pour ceux qui ne les emploieraient pas avec la plus grande précaution, parce que tôt ou tard il faudra mettre ces valeurs au second plan pour faire face aux défis que l'environnement international ne cesse de générer.

2.3 Les défis

Ce problème, révélé dans les deux ensembles de valeurs, réclame que soit effectuée une autre évaluation de ce sur quoi la politique étrangère canadienne peut se reposer. Pour ce faire nous pouvons nous tourner vers le contexte international – et particulièrement le contexte international redéfini après le 11 septembre – ce qui nous révèle un environnement quelque peu différent de ce que les valeurs de politique étrangère canadienne, à la fois psychosociales et politico-opérationnelles, nous présentent. Les divergences résident, pour la plupart, dans la nature des défis que ce nouvel environnement offre. Dans cette section, je passerai en revue ces défis que j'ai identifiés en termes d'organisation de la politique étrangère, de respect du rôle autonome canadien dans le monde, des priorités qui doivent être mises en évidence, et de la nécessité d'inclure de nouveaux acteurs dans le processus.

J'ai identifié ces dix défis d'abord à partir d'une lecture des tendances politiques et économiques mondiales et du degré de préparation du Canada à y répondre. J'ai également pris en considération les nombreux avis et analyses qui ont été exprimés au cours de ces dernières années, par des analystes, des observateurs, des praticiens, et des universitaires. Enfin, j'ai aussi puisé de l'information dans les travaux de nature académique parus dans des revues scientifiques telles que l'*International Journal*, et *Politique étrangère du Canada* ou dans la collection *Canada Among Nations*, ainsi que dans de récents travaux publiés par des universitaires.

Organisation

Sous ce premier groupe, j'ai identifié les défis qui touchent à deux aspects fondamentaux de l'organisation de la politique étrangère : l'identification d'un problème et comment organiser la réponse à y apporter. Les aspects fondamentaux de la politique étrangère canadienne se trouvent dans ces quatre premiers défis. Non pas que les autres éléments seront de peu d'importance, mais ces quatre premiers points doivent être considérés avant que toute autre mesure soit prise.

La plupart des valeurs auxquelles je me suis référé précédemment sont profondément enracinées dans les succès internationaux du Canada. Cependant, bien que la gloire de « l'âge d'or » diplomatique du Canada offre une pensée réconfortante aux membres de la communauté de politique étrangère, les recettes qui prévalaient à cette époque ne constituent plus le meilleur moyen d'obtenir des résultats comparables. Par conséquent, un premier défi émerge : **le besoin** de la politique étrangère canadienne **de s'adapter** à un environnement international en pleine évolution. Ce besoin est présent dans tous les aspects de la politique étrangère. Il est facile de constater que les États-Unis ne sont plus le voisin qu'ils étaient ; le maintien de la paix n'est plus fait de la même manière qu'il l'était ; le commerce international obéit aujourd'hui à de nouvelles règles ; de nouveaux acteurs émergent à la fois sur la scène internationale (de l'Union européenne aux organismes non gouvernementaux transnationaux) et sur le plan national (ONG, société civile, les provinces, etc.). Le Canada doit tenir compte de toutes ces nouvelles variables.

En soi, ce nouveau contexte pose généralement le défi darwinien de la faculté d'adaptation, mais il remet également en cause l'opportunité de s'appuyer sur des pratiques anciennes en matière de politique étrangère. Ici, le premier élément qui vient à l'esprit est que le Canada doit **réévaluer** sa pratique fétiche du **multilatéralisme**. Le Canada n'est certes pas engagé que dans des relations multilatérales : les rapports Canada-États-Unis, aujourd'hui, et Canada-Royaume-Uni, déjà, viennent à l'esprit immédiatement comme exceptions aux règles générales du multilatéralisme. Les options à considérer ne remettent pas totalement en cause le multilatéralisme ; mais il faut voir s'il y a possibilité d'endosser le multilatéralisme à un bilatéralisme plus étendu. Ainsi, le Canada explorera-t-il les avantages de meilleurs rapports bilatéraux, disons dans le domaine de l'aide – une meilleure compréhension des besoins exprimés par les pays bénéficiaires ne devrait pas faire de mal – ou encore dans les domaines de la diplomatie, de la sécurité – l'interopérabilité et la conjugaison des efforts pourraient en tirer bénéfice – et du commerce où des entretiens de libre-échange sont plus efficacement menés par les canaux bilatéraux comme l'illustrent les épisodes du libre-échange avec les États-Unis comparativement à la ZLEA ? Aussi, le rôle toujours croissant des ONG internationales fait naître de nouveaux acteurs qui se joignent à la table internationale et, si le multilatéralisme est parfois la bonne manière de les approcher, il ne peut pas être considéré comme la seule, en raison de la nature éclectique de cette nouvelle famille.

Considérés ensemble, ces deux éléments définissent un autre défi. D'une manière générale, la politique étrangère est un monde où l'importance des pratiques antérieures comme fondement de toute action future est un principe de base. Très nettement, les politiques à long terme sont la norme. En considérant le cas du Canada, une telle attitude d'attention et de respect pour des pratiques établies est décuplée par l'aura qui entoure toujours ce célèbre « âge d'or » caractérisé par l'internationalisme pearsonien à son meilleur. Toutefois, du nouvel environnement mondial dans lequel nous vivons, surgit un besoin évident d'épouser de nouvelles approches. Ici, le vrai défi se situe dans la réponse bureaucratique qui sera donnée aux nouveaux efforts de politique étrangère dans lesquels le Canada doit s'engager. En d'autres termes, l'influence de la culture politique bureaucratique est sans aucun doute présente dans la manière dont le Canada met en œuvre sa politique étrangère, mais cette culture doit être changée pour répondre à une nouvelle réalité. S'accrocher à des politiques établies au fil d'actions passées peut être réconfortant, mais cela induit un manque de flexibilité, une qualité qui est maintenant absolument nécessaire. L'innovation dans l'élaboration de la politique étrangère offre donc matière à réflexion, mais le vrai défi repose sur la recherche du bon équilibre entre des pratiques passées réussies dictées par la culture politique bureaucratique et porteuses de succès, et ce besoin d'innover. En d'autres termes, le Canada doit **résoudre le dilemme héritage/innovation**.

Une telle innovation pourrait provenir, notamment, de la participation d'autres ministères dans la conduite des affaires étrangères. Une des raisons qui avait inspiré Wilfrid Laurier à créer une division d'affaires étrangères dans son gouvernement était justement d'assurer la cohésion des mesures prises sur la scène internationale par différents ministères. Nous pourrions bientôt revenir au point de départ puisque de plus en plus de sujets « appartenant » à des ministères sectoriels sont traités au niveau international. En conséquence, de nos jours, la plupart des ministères à Ottawa abritent une division internationale. Il y a donc un besoin certain **de définir le rôle que ces autres ministères joueront et d'établir comment intégrer leurs efforts dans une action gouvernementale véritable** – et non pas dans une somme anarchique d'initiatives individuelles. Sachant les guerres de territoire qui sans aucun doute caractériseront une telle harmonisation, ceci, en soi, représente tout un défi à relever.

Répondre à l'invitation lancée par ces quatre premiers défis pourrait permettre de poser les bases d'une communauté de politique étrangère mieux organisée. Si on apporte à ces défis une réponse adéquate, ils fourniront au Canada des outils utiles et nécessaires. Ceci étant dit, moins de la moitié de la route vers une politique étrangère améliorée et mieux adaptée a jusqu'ici été parcouru. Le prochain groupe de défis, ceux liés au respect que le Canada doit regagner dans la communauté internationale, apportera un complément important en termes d'influence sur laquelle le Canada doit pouvoir compter s'il veut tirer son épingle du jeu mondial.

Respect

À maints égards, le Canada ne se classe pas parmi les plus grands pays du monde. Il a gagné son statut autoproclamé « de puissance moyenne » au fil de plusieurs années de travail sur la scène internationale. N'étant plus une puissance militaire, le Canada joue pourtant toujours un rôle important dans la formation des forces armées d'autres pays – y compris les États-Unis – et les résultats obtenus dans les théâtres d'opération, comme ce fut le cas en Afghanistan, sont considérés par tous comme rien de moins que remarquables. N'étant plus une puissance économique majeure, le Canada joue pourtant toujours dans la cour des grands (notamment le G8), en utilisant son influence pour orienter les principales discussions économiques. Loin de respecter les cibles fixées sur la scène internationale, l'aide canadienne est pourtant recherchée, non seulement parce qu'elle est nécessaire, mais parce qu'elle vient d'un pays qui n'y attache aucune intention cachée. Mais toutes ces actions, tout comme la position du Canada dans le monde, sont basées sur des gloires passées. Le Canada a déjà joui d'un fort capital en termes de crédibilité ; mais au cours des années il a encaissé tous les intérêts que ce capital pouvait lui apporter et aujourd'hui, on a déjà commencé à rogner sur le capital. Il est donc extrêmement important que le Canada regagne une partie de sa crédibilité internationale et du respect qu'on lui a un jour porté. Ceci sera fait si le Canada relève trois défis spécifiques, mais liés entre eux, des défis qui nous amènent au cœur de la réflexion proposée par cet ouvrage.

La plupart des pays du monde envient la relation du Canada avec les États-Unis. Le Canada a souvent défendu ses propres intérêts, tout en conservant le respect de son voisin méridional. Un exemple suffira pour illustrer la nature de cette relation unique : il est bien connu qu'aucun Américain ne servira sous un commandement de défense étranger. La seule exception réside avec le Canada, au sein de NORAD. Ceci impressionne maints pays qui souhaiteraient pouvoir faire de même. Qui plus est, lorsque le Canada réussit à convaincre le président américain à combattre la ségrégation en Afrique du Sud, d'autres pays regardent le Canada comme un agent crédible dans le monde des relations internationales. Par conséquent, la plus grande part du poids international du Canada dépend de la nature et de la qualité de sa relation avec les États-Unis. C'est pourquoi le facteur « respect », celui qui procure au Canada son capital politique international, repose en grande partie sur la bonne santé de cette relation.

Du point de vue national, la plupart des Canadiens sont mal à l'aise quand les choix du Canada sont trop proches des politiques américaines. La célèbre publicité de bière « Je suis Canadien » pourrait être une preuve anecdotique d'une telle sensibilité, mais il reste que *le Canada doit établir une différence claire entre ses politiques et les politiques des États-Unis*. Cette réalité vaut à la fois du point de vue national et du point de vue international.

En soi, ceci pose un défi. Les économies canadiennes et américaines sont déjà inextricablement liées. Depuis le 11 septembre 2001, les inquiétudes en matière de sécurité sont analysées dans une même perspective, c'est-à-dire d'un point de vue continental. Mais le multilatéralisme – quand on en fait bon usage – la résolution post-conflit, préservation de l'environnement, et ainsi de suite sont des domaines dans lesquels le Canada peut se différencier des États-Unis et il ne devrait pas en être autrement. Non pas qu' Ottawa devrait être snob ou être indifférent à Washington. Aucun pays – et encore moins le Canada pour les raisons susmentionnées – ne le devrait. C'est tout à fait l'opposé qui devrait prévaloir.

En effet, être différent des États-Unis ne signifie pas pour autant être in-différent à ce qui est décidé à Washington. En fait, plus les États-Unis tiennent compte des initiatives canadiennes, meilleur c'est pour le Canada. Et ceci est possible seulement quand les deux capitales sont sur la même longueur d'onde. En raison de son statut de « puissance moyenne » et de sa prédilection pour une approche dite « soft power »[32], le Canada a besoin de déployer quantité d'énergie et de ressources afin d'atteindre ses objectifs internationaux. Lorsqu'il réussit à convaincre les États-Unis, le Canada ajoute beaucoup de poids de son côté de la balance. C'est pourquoi le Canada peut avoir les moyens de se différencier des États-Unis, mais il n'a pas pour autant les moyens d'ignorer complètement la position de son voisin. La seule manière dont le Canada peut réussir à mainte-nir le difficile équilibre entre des choix politiques indépendants et l'appui amé-ricain est si le Canada gagne le respect de Washington. À cet égard, les hésitations trop nombreuses qui ont précédé le non-appui canadien aux initiatives améri-caines (que ce soit en Irak ou avec l'initiative de bouclier anti-missiles) font plus de mal qu'un refus clair et net à l'invitation reçue. Le Canada doit donc **rega-gner le respect de Washington** s'il veut aussi regagner le respect partout ailleurs dans le monde.

Mais qu'en est-il alors de la souveraineté, diront plusieurs. La souverai-neté est en danger lorsque des pressions exogènes sont exercées sur l'autonomie d'un gouvernement. La souveraineté, comme Krasner[33] l'a démontré, est un concept aux facettes multiples. J'ai eu l'occasion d'analyser ailleurs les aspects de la souveraineté canadienne qui ont été mis au défi à la suite des événements du 11 septembre 2001[34]. Historiquement, il est à remarquer que toutes les fois où le Canada a eu ses entrées à la Maison-Blanche, sous King comme sous Mulroney, la souveraineté canadienne n'a jamais été mise en péril. Pourquoi les États-Unis menaceraient-ils la souveraineté d'un si bon ami ? Si tel était le cas, ils augmenteraient considérablement les soupçons et l'inconfort de leurs autres alliés. À l'inverse, lorsque le Canada ignore les États-Unis, pourquoi ces der-niers porteraient-ils attention au Canada ? Assez curieusement, c'est lorsque le

Canada garde trop ses distances d'avec son voisin que sa souveraineté est le plus en danger. L'impact de cette équation est clair : c'est quand Washington montre plus de respect pour la souveraineté canadienne que le Canada gagne plus de respect dans le monde. Le défi est donc que le ***Canada doit protéger sa souveraineté en gardant une relation saine avec les États-Unis***.

Ces trois défis, tous inscrits dans le cadre de la relation Canada-États-Unis, sont au cœur des questions soulevées dans cet ouvrage. Il est primordial qu'ils soient relevés non seulement pour répondre aux défis continentaux du point de vue économique et de sécurité, mais surtout si le Canada désire engranger le capital politique nécessaire pour présenter des réponses efficaces aux problèmes incontournables d'un monde qui se redéfinit sans cesse.

Donner la priorité

Déjà, on a un sens de l'énorme tâche que représente la réponse à apporter à ces premiers défis. Mais par où commencer? Cette question porte en elle-même deux autres défis importants que le Canada doit relever. D'abord, il sera impossible au Canada de répondre en même temps à toutes les exigences. L'histoire récente a vu le Canada passer d'un leadership (celui de Jean Chrétien) qui n'a pas démontré beaucoup d'intérêts envers la politique étrangère, à un leadership (celui de Paul Martin) qui considère tout comme important : les sommets internationaux ; la création de nouvelles institutions internationales (notamment le L20) ; le rétablissement de la paix au Moyen-Orient ou en Haïti ou au Darfour ; la Libye ou l'Asie, et naturellement, une relation revampée mais vite rabrouée avec les États-Unis. Tout semble avoir attiré également l'attention du nouveau premier ministre. Le problème est que le Canada n'a pas les ressources pour aller dans toutes les directions à la fois. D'ailleurs, la dissémination d'efforts fragmentaires ne permettrait pas d'obtenir quelque succès que ce soit du point de vue de l'importance ou de l'efficacité. À ce rythme, la totalité de la politique étrangère canadienne court le risque de rejoindre le destin qui a longtemps été celui de l'aide internationale canadienne : être disséminé dans trop de directions sans avoir un impact bien défini. Il y a donc un besoin certain d'***établir la priorité des actions du Canada*** dans le monde. Il s'agit d'un défi qui exige une attention immédiate.

Cependant, il y a un danger à définir trop hâtivement des priorités, celui d'ignorer où se situent les intérêts réels et les besoins urgents du Canada. Pour éviter un tel piège, le ***Canada doit se définir en tant qu'acteur global***. Ceci signifie que le Canada doit établir sa place et son rôle vis-à-vis des objectifs nouveaux qui, inévitablement l'amèneront à renouveler sa politique étrangère. Parmi eux, nous devons citer le Nord qui sans aucun doute devient, avec la fonte de la calotte polaire, un secteur économique important qui sera contrôlé au niveau international ; il y a le Moyen-Orient où tant de facteurs liés à la paix dans le monde sont en jeu et où le Canada a, par le passé, déjà joué un rôle principal (qui ne se souvient pas de Suez et de Pearson ?) ; il y a la nouvelle Europe avec sa force continentale plus évidemment de nature économique, mais aussi avec une politique étrangère et de sécurité – la PESC, le second pilier de la construction européenne – en plein développement ; il y a l'Asie et son ascension économique ininterrompue ; il y a l'Afrique envers laquelle le Canada s'est engagé avec un appui qui doit être renforcé ; sans compter qu'il y a beaucoup de nombreux autres objectifs de politique étrangère en regard desquels le Canada doit définir son rôle international et sa personnalité.

Comme nous pouvons le constater, ces deux derniers défis exigent que l'action canadienne à l'échelle mondiale soit l'objet d'une mise en priorité. L'élément important à conserver à l'esprit est toutefois qu'en établissant des priorités, le gouvernement canadien se munira d'une meilleure orientation pour sa politique étrangère. Sans cela, tout autre effort visant à relever les précédents défis aurait beaucoup moins de chance de succès. Après avoir considéré tous ces facteurs aux provenances multiples, il ne nous reste qu'à considérer un dernier élément qui, lui, se trouve plus près de nous.

Inclusion

Cet élément est lié aux pressions endogènes qui jouxtent les pressions exogènes auxquelles je faisais plus tôt référence. Dans les deux cas, l'autonomie du gouvernement est mise au défi. Cette fois cependant, le défi vient des acteurs nationaux qui ne souhaitent pas laisser au seul gouvernement fédéral la conduite des relations internationales et le cadrage de sa politique étrangère. Ces acteurs viennent principalement de trois domaines : une société civile qui a vu son besoin collectif d'être étendu, être reçu favorablement par les récents gouvernements ; des intérêts corporatifs exprimés à la fois par le monde des affaires et par certaines ONG et qui font pression pour voir leurs projets favoris accéder au statut de priorité gouvernementale ; et les provinces qui voient, jour après jour, l'impact de la mondialisation envahir leurs champs constitutionnels de responsabilité.

En raison de la complexité croissante des questions à traiter au niveau international, le gouvernement canadien devrait tirer bénéfice de l'établissement de bons rapports avec ces nouveaux acteurs. Cependant, l'inclusion n'est pas quelque chose de naturel dans la chasse gardée des décideurs en matière de politique étrangère. En soi, ***mettre ces ressources nationales au service d'un effort commun de politique étrangère*** est, d'une part, inévitable, et d'autre part un défi qui ne peut pas être laissé au gré de considérations futures.

Le prix à payer si ce défi devait être négligé serait celui d'une politique étrangère fragmentaire doublée d'initiatives éphémères, ce qui résulterait immanquablement en un grave déficit au niveau de la crédibilité politique.

Cette liste de défis est impressionnante. Elle couvre la plupart des aspects qui entrent en jeu lors de l'élaboration de la politique étrangère. Elle donne aussi une bonne idée d'où se situe présentement le type de réponse que le Canada peut apporter aux États-Unis et au monde. Au-delà de la longue route à couvrir si l'on veut donner à cette réponse tout le poids et l'influence qu'elle doit exprimer, il est un élément encore plus important à retenir. Il s'agit de la complexité de la situation, due en grande partie à l'étroit rapport qui lie tous les défis. Afin de faire face à un monde redéfini après les événements du 11 septembre, le Canada a besoin d'outils, de puissance, de capital politique, d'orientations appropriées et devrait pouvoir compter sur des partenariats adéquats. Tous ces éléments sont traduits dans les défis identifiés ici. Est-ce que ceux-ci prévaudront dans l'esprit de ceux qui influenceront l'élaboration de la politique étrangère au Canada et sa mise en œuvre?

3. PLANIFIER LES RÉPONSES FUTURES

La question à se poser alors nous amène à explorer les facteurs décisionnels pouvant influencer la formulation de la politique étrangère canadienne. Si nous admettons que, de par sa nature, la politique étrangère est un champ de l'action gouvernementale qui est fortement politique, nous tourner vers des déclarations politiques pourrait être une manière efficace de trouver notre réponse. L'utilisation des programmes politiques pour étudier l'élaboration de la politique est une approche bien connue, utilisée à la fois dans la recherche qualitative et la recherche quantitative. Dans cette dernière section du chapitre, mon but est de voir quels sont, parmi les valeurs et les défis identifiés précédemment, ceux auxquels les partis politiques font le plus appel. Ceci étant établi, nous pourrons projeter quel type de politique étrangère pourrait être mise en œuvre par le gouvernement, en prenant comme postulat que les programmes politiques reflètent les intentions véritables des acteurs. Dans le cas d'un gouvernement minoritaire comme c'est le cas au Canada au moment où cette recherche est conduite, nous devons considérer non seulement la plateforme du parti au pouvoir, mais les plateformes de tous les partis ayant des députés à la Chambre des communes. Selon la coalition qui pourrait être établie, même le Parti vert pourrait avoir une certaine influence.

Le corpus que j'ai retenu comprend les plateformes des cinq partis fédéraux canadiens: le Parti libéral[35], le Parti conservateur[36], le Bloc québécois[37], le

Nouveau Parti démocratique[38], et les Verts[39]. Pour la plupart de ces partis, la version du site Web de leur plateforme électorale a été consultée. La seule exception est pour les conservateurs. Le parti été formé, à quelques semaines des élections, de la fusion de ses deux factions principales (l'Alliance canadienne et le Parti progressiste conservateur du Canada). Le nouveau parti n'a pas eu le temps d'adopter sa propre plateforme avant que l'élection soit déclenchée, ce qui lui a valu nombre de problèmes liés aux déclarations impromptues de candidats qui n'avaient pas de véritables « lignes directrices » à leur disposition. Leur programme électoral a été fait d'articles issus des programmes politiques des deux factions et fusionnés dans un simple document acceptable des deux parties. Tout ce qu'il a été possible de retracer était un sommaire de cette « plateforme » vite concoctée, affichée au site Web du nouveau parti. Toutes les enquêtes directes faites auprès des organisateurs conservateurs et des législateurs ont abouti à la même conclusion : le sommaire sur le site Web était le seul document disponible pour l'électorat à l'heure de l'élection. J'ai donc procédé à l'analyse à partir de ce document.

Un dernier point de méthodologie doit être clarifié. Afin d'obtenir une meilleure compréhension de la manière dont les partis politiques canadiens pourraient influencer la formulation de la réponse que le Canada donnera aux États-Unis et au monde, j'effectuerai un analyse de contenu par laquelle les références aux valeurs et aux défis propres à la politique étrangère canadienne dans les différentes plateformes seront relevées. Ceci nous permettra de déterminer à quelles orientations de politique étrangère les partis politiques fédéraux canadiens sont plus sensibles. Concrètement, toutes les fois qu'une déclaration dans la plateforme se rapporte à une valeur ou à un défi identifié plus tôt, je compterai ceci comme traduisant la présence de « sensibilité politique » à la valeur ou au défi en question. Les données ainsi obtenues ont été organisées dans un tableau qui montre des « patrons de sensibilité » placés dans la perspective de l'ensemble des valeurs et des défis. Il faut noter que toutes les plateformes ont été consultées dans leur version française. Ceci ne présentera pas pour autant un biais induit par la traduction puisque le travail n'est pas effectué sur le vocabulaire utilisé, mais bien plutôt sur les concepts définis par chacune des valeurs et chacun des défis.

3.1 Les plateformes politiques : qu'indiquent-elles ?

Le premier point à considérer est la sensibilité des partis politiques aux valeurs psychosociales, celles portées principalement par la société civile. Nous pouvons poser comme hypothèse que, dans une perspective électorale, les partis politiques sont assez sensibles au discours de leurs clientèles électorales. Ceci ne signifie pas que tous les partis auront la même volonté de répondre de façon identique à toutes les valeurs psychosociales; une certaine identification idéologique liée à la nature des valeurs pourrait entrer ici en ligne de compte. Par exemple, on peut s'attendre à une sensibilité des Verts envers les questions environnementales. Les résultats de l'analyse de contenu des plateformes électorales des cinq partis politiques sont compilés dans le tableau 1.

Tableau 1

Valeurs psychosociales exprimées dans les plateformes électorales canadiennes

	Libéraux	Conservateurs	Bloc québécois	Nouveau Parti démocratique	Verts
Environnement				X X	X X
Démocratisation	X X				X
Équité sociale		X X X	X X X	X X	X
Droits de l'homme/tolérance	X X		X X X	X	X X X
La participation de la société civile					X

Le premier élément qui saute aux yeux ici est que les partis ne portent pas le même niveau d'attention à la façon dont la société canadienne se perçoit en termes de valeurs liées à la politique étrangère. À un bout du spectre, nous trouvons les conservateurs qui semblent porter peu d'attention à cette dimension et, à l'autre extrémité, nous trouvons les Verts qui prennent tous les éléments en ligne de compte alors que les néo-démocrates se rangent tout juste derrière. Au moins trois explications pourraient être avancées face à une telle divergence. La première se situe dans la sphère idéologique. En règle générale, la société civile s'exprime davantage à partir du côté gauche de l'échiquier politique. Puisque les valeurs évaluées ici émanent en très grande partie de la société civile, les partis qui affichent une idéologie plus à gauche s'identifient probablement mieux à ces valeurs. C'est du moins ce que révèle un soutien solide des Verts et du NPD plus à gauche, et un faible soutien des conservateurs plus à droite. De plus, la source principale à partir de laquelle ces valeurs ont été identifiées consiste en une organisation conçue et mise en œuvre par un ministre, Lloyd Axworthy, dont l'allégeance était clairement inscrite auprès de l'aile progressiste du Parti libéral du Canada; d'ailleurs, elle a été dirigée par un homme, Steve Lee, qui a passé sa vie antérieure comme conseiller principal du chef du parti néo-démocrate. L'apparente corrélation idéologique est certainement fondée. Enfin, il faut remarquer que les partis rompus à l'exercice du pouvoir (conservateurs et libéraux), exercice qui exige un pragmatisme qui met les desiderata populaires en perspective, sont plus réservés vis-à-vis de ces demandes.

Il y a certains résultats évidents tels que les Verts, qui préconisent forte-ment la valeur d'environnement, un élément que nous avions prévu. Dans cette même catégorie des résultats prévisibles, nous voyons qu'aucun parti, excepté celui des Verts, ne se réfère à une meilleure inclusion de la société civile dans le processus de représentation des intérêts ; cela s'explique par une question simple : pourquoi un parti politique devrait-il encourager la concurrence avec son propre rôle de promotion et de défense des intérêts ? Enfin, les valeurs telles que l'équité sociale et les droits de la personne recueillent le consentement quasi unanime de tous les partis quant à leur importance, les partis à tendance de gauche (Bloc, NPD, Verts) y démontrant toutefois un appui plus soutenu que celui démontré par les partis de tendance centriste ou de droite (libéraux et conservateurs).

D'une manière générale, les valeurs psychosociales sont donc bien prises en compte, comme on pouvait s'y attendre. Aussi bien le facteur idéologique semble jouer un certain rôle dans leur inclusion dans la plateforme électorale, quel que soit le parti politique. Est-ce qu'une répartition semblable se dessine du côté des valeurs politico-opérationnelles ?

En fait, ce deuxième ensemble de valeurs devrait recueillir, si un telle chose était possible, un appui plus universel de l'ensemble des partis. Deux rai-sons justifient cette prévision. D'abord, puisque ces valeurs viennent principa-lement de la communauté définissant la politique, en principe, elles ne sont pas idéologiquement motivées ou elles le sont beaucoup moins. Ceci signifie que l'explication principale évoquée concernant les divergences dans l'appui offert au premier ensemble de valeurs ne tient plus. Une plus grande incidence de ces valeurs devrait donc être prévisible et la répartition devrait être moins polari-sée. En second lieu, il faut compter que, pour la plupart des partis, l'exercice d'élaboration des plateformes électorales est mené en grande partie à proximité des édifices du Parlement, c'est-à-dire exactement à l'endroit où se trouve la concentration la plus élevée de personnes préconisant ces valeurs. Il ne serait donc pas étonnant qu'un effet d'influence de proximité se fasse ici sentir.

Tableau 2

**Valeurs politico-opérationnelles
exprimées dans les plateformes électorales canadiennes**

	Libéraux	Conservateurs	Bloc québécois	Nouveau Parti démocratique	Verts
Règle de droit		X	X	X	X
Multilatéralisme	X X	X	X X	X	X X
Maintien de la paix	X	X	X X	X X	X X
La sécurité nationale dépend de l'équilibre mondial	X X	X X X	X		
Sécurité pour assurer la prospérité	X	X X X	(x)		
Développement international	X	X X	X	X X X X	X

Les résultats de l'analyse de contenu des plateformes électorales confirment ce qui était prévisible d'un point de vue théorique. Presque tous les partis sont prêts à défendre presque toutes les valeurs. Cependant, la dimension idéologique évoquée précédemment n'est pas totalement absente ici. Ainsi, les valeurs qui se rapportent à un ordre mondial ou qui affirment que la priorité devrait être donnée au commerce ne trouvent aucun intérêt ou inscrivent un intérêt négatif (indiqué par les parenthèses) comme dans le cas du Bloc québécois, dans le groupe de partis situés du côté gauche de l'échiquier politique. La seule conclusion véritablement surprenante dans ce module est l'absence de référence explicite à la règle de droit dans la plateforme libérale.

Le dernier ensemble de variables que j'ai considéré dans cette étude se rapporte aux défis posés au Canada et à la politique étrangère canadienne. Un parti qui est sensible au « monde réel » devrait afficher un haut score sur tous les éléments ou, au moins, offrir une bonne couverture de la plupart des éléments présentant un défi pour le Canada. Cela étant dit et la politique étant en partie l'art de la séduction des personnes de qui on cherche à obtenir l'appui électoral, on peut se demander qui est véritablement intéressé à dépeindre la situation telle qu'elle se présente réellement ? Bien que ce facteur électoral puisse très bien se retourner contre sur ceux qui lui donneront trop d'importance – il y a des limites aux choses que l'on peut maquiller pour plaire à l'électorat – il peut néanmoins être assez présent. S'il y avait abus de rose dans le portrait dépeint, l'échec qui guette les partis trop prêts à épouser cette avenue consiste en la promotion d'une politique étrangère déconnectée des besoins réels du Canada. Naturellement, quand on considère que très peu d'élections au Canada moderne ont été gagnées ou perdues sur un aspect de politique étrangère, ce prix peut, à première vue, sembler minime. À moyen terme, voire à long terme, cependant, si le parti persiste à vouloir mettre en œuvre sa vision étriquée, c'est la position du Canada dans le monde qui pourrait en souffrir. Si au contraire, il met en place une politique cohérente avec les besoins, mais différente de celle pour laquelle il s'est fait élire, ses adversaires n'insisteront pas sur l'adéquation de la politique, mais mettront volontiers en lumière ses volte-face.

Tableau 3

Défis internationaux identifiés dans les plateformes électorales canadiennes

	Libéraux	Conservateurs	Bloc québécois	Nouveau Parti démocratique	Verts
Le besoin de s'adapter					
Multilatéralisme ?					
Pratiques établies contre l'innovation		X	X X		X
Intégration d'autres départements			X X X	X	
Distinction entre les politiques canadiennes et américaines		X			
Gagner le respect des É.-U. : différent, mais pas indifférent		X X		(X) (X)	(X) (X)
Pressions exogènes : la souveraineté	X	XX	X		X X
Définition des priorités			X	X	X X X
Intérêt national en tant qu'acteur global					
Pressions endogènes : nouveaux acteurs	X	X			

Lus avec cette mise en contexte théorique à l'esprit, les résultats indiqués dans le tableau 3 ne sont pas totalement étonnants. Ils tendent tout d'abord à confirmer le manque général de sensibilité politique dont les partis font preuve à l'égard des défis internationaux que le Canada doit relever et auxquels sa politique étrangère doit répondre en ce monde redéfini. Les fondements de la question que j'ai posée au début de ce chapitre trouvent dans cette section leur signification véritable. Force est d'admettre que les partis ne portent pas beaucoup attention aux défis que le Canada doit relever. À cet égard, ce sont les conservateurs qui montrent la plus large sensibilité à l'égard de ces défis. À l'opposé, les libéraux montrent très peu de sensibilité face à ces questions. Ce constat est en soi étonnant, car ce sont les libéraux qui sont à la barre du gouvernement et ce, depuis les douze dernières années. Dans leur cas, c'est de loin à partir des valeurs politico-opérationnelles qu'ils préfèrent opérer. Nous pouvons aussi constater que deux partis – le Bloc québécois et les Verts – se concentrent sur des agglomérats de défis. Dans le cas du Bloc, les défis appartenant à la catégorie d'organisation marquent le plus haut score, alors que pour les Verts, c'est un mélange de respect et de définition de priorité qui prévaut.

Au moins un défi recueille un large appui : c'est l'identification des pressions exogènes qui appellent à la défense de la souveraineté canadienne. Les résultats de l'analyse de contenu ne laissent planer aucun doute ; il s'agit d'ailleurs d'une question que la mondialisation a mise en exergue et avec laquelle la plupart des Canadiens sont familiers. Tout d'abord, vivant aussi près d'un géant, c'est presque une question de survie pour les Canadiens de ne pas oublier cette dimension. D'ailleurs, cette sensibilité est également ressentie par la plupart des États membres de l'Union européenne, puisqu'en Europe les défis à la conduite de la politique intérieure sont constants. C'est ce que rapportent les médias canadiens qui, du coup, exacerbent probablement la sensibilité canadienne à l'égard de cette dimension.

À l'opposé, certains défis ne recueillent l'attention d'aucun parti. C'est le cas avec la nécessité de s'adapter, les interrogations posées au multilatéralisme comme outil premier de la mise en œuvre de la politique étrangère, et la définition de l'intérêt national comme acteur global. Les deux premiers points sont fondamentaux et il est tout à fait inquiétant qu'aucun parti ne reconnaisse au moins la présence de ces facteurs. Le troisième point, qui réclame une définition précise des nouveaux objectifs de politique étrangère, est en conformité avec les deux premiers puisque chacun des trois a identifié des défis se rapportant à la nécessité de voir que le monde a fondamentalement changé, ce qu'aucun parti ne semble prêt à identifier comme base de son action potentielle de politique étrangère.

En conformité avec ce manque de sensibilité face aux changements mondiaux, nous voyons que les libéraux et les néo-démocrates ignorent également la présence du dilemme héritage vs innovation qui caractérise le troisième défi. Je pourrais risquer une explication ici, mais elle devrait être confirmée par le biais d'entrevues. J'avancerais comme hypothèse que, du point de vue libéral, l'explication pourrait très bien se retrouver dans la forte perception que le legs pearsonien – après tout, un héritage libéral – constitue un atout international canadien, inattaquable et pérenne. Il est intéressant de voir que la coalition naturelle et historiquement avérée entre les libéraux et le NPD s'accorde sur la non-reconnaissance de ce défi. De l'autre côté, les conservateurs, le Bloc, et les Verts sont plus sensibles à ce dilemme.

Les résultats de l'analyse de contenu démontrent aussi que l'appel pour une intégration d'autres ministères dans le processus définissant la politique étrangère n'est évoqué ni par les libéraux ni par les conservateurs qui ont tous deux déjà eu à former le gouvernement, mais est fortement évoqué par le Bloc et plus succinctement par le NPD qui n'ont pas bénéficié de l'expérience du pouvoir. Par conséquent, l'expérience gouvernementale serait-elle ou non, ici aussi, un facteur à considérer quant à la reconnaissance de ce défi ? Dans ce cas-ci encore, davantage de recherche est nécessaire pour valider cette hypothèse, particulièrement à la lumière du manque d'expérience politique des Verts qui laissent également ce point de côté. Cependant, la répartition des intérêts vis-à-vis de ce défi nous indique que la coalition qui pourrait être intéressée à le défendre ne pourrait pas, numériquement, mettre en danger un gouvernement minoritaire, qu'il soit libéral ou conservateur. Par conséquent, nous devons douter de voir ce défi faire surface.

Les deux défis directement liés à la relation Canada-États-Unis présentent une lecture stimulante. Non seulement nous ramènent-ils à l'essence même de cet ouvrage, mais dans les deux cas les libéraux et le Bloc, cette fois, s'abstiennent de l'aborder. En regardant l'origine géographique de la majorité des représentants élus de ces deux formations politiques, c'est comme si le centre du Canada – Ontario et Québec – ne considère pas ces questions comme des éléments clés à la conduite de la politique étrangère du Canada. D'ailleurs, nous trouvons ici un clivage idéologique clair entre les partis de tendance de droite et les partis de tendance de gauche : les conservateurs conviennent qu'être différent des États-Unis – un défi auquel ils sont les seuls à répondre – ne signifie pas être indifférent de ce qui se déroule à Washington. Ici, il faut noter qu'autant le NPD que les Verts mentionnent ce dernier aspect, mais s'ils le font, c'est pour insister sur le fait que le Canada devrait prendre ses distances des États-Unis.

Parmi les découvertes inquiétantes que cette analyse met en évidence, nous constatons que, d'une part, les deux partis qui pourraient très probablement former le gouvernement ne montrent aucune sensibilité vers la nécessité de structurer l'ordre de priorité des actions de la politique étrangère du Canada. Est-ce un défi si évident qu'il ne vaut pas la peine de le mentionner ? D'autre part, les partis qui ne parviendront pas au pouvoir dans un avenir prévisible identifient un tel besoin.

Le même genre d'alignement apparaît aussi, mais autour d'un autre point, quand vient le temps de discuter de l'inclusion des nouveaux acteurs dans le processus d'élaboration de la politique étrangère. La relation quant à la sensibilité est toutefois inversée, celle-ci étant présente chez les libéraux et chez les conservateurs. Ceci est très surprenant, car ce point ferait plutôt appel, semble-t-il et pour les raisons discutées dans la section des valeurs, aux partis affichant une tendance plus à gauche. Serait-ce que ces derniers partis se considèrent les mieux placés pour défendre les intérêts de nouveaux acteurs nationaux – encore une question de parts de marché politique – tandis qu'en même temps les

« vieux » partis souhaitent plaire à un électorat qui, sur ce point, irait naturellement à leurs concurrents ? La question vaut la peine d'être explorée dans le cadre d'une recherche spécifique.

De la lecture de cette grille, deux conclusions générales peuvent être tirées. D'abord, il est évident que, d'une manière générale, les défis n'obtiennent pas autant d'attention que les ensembles de valeurs en ont recueilli. Il semble donc que les partis s'abstiennent d'aborder des questions de politique étrangère d'un point de vue qui est près de la réalité. L'idéalisme des valeurs a assurément la cote, à tout le moins dans le discours électoral. D'ailleurs, on ne peut sous-estimer ce facteur lié à la nature des documents analysés, ceux-ci étant conçus pour générer l'appui électoral. Ce facteur peut expliquer en grande partie une telle désaffection pour une approche qui tient compte de l'environnement réel. Les inconvénients évoqués plus tôt et caractéristiques d'un tel biais se manifesteront-ils ? Seul le temps nous le dira.

Quant à la deuxième conclusion générale que nous pouvons tirer, elle indique que la différence de sensibilité des partis face à ces défis pourrait atténuer l'impact du revers de fortune associé à une mauvaise lecture qu'on chercherait à mettre en œuvre. Ceci étant dit, il demeure que, si les questions de politique étrangère finissaient par capter l'attention des Canadiens, cet impact pourrait être beaucoup plus important, par exemple, pour le Parti libéral qui démontre un bas niveau de sensibilité, qu'il ne serait pour le Parti conservateur qui présente une sensibilité plus grande vis-à-vis de la nécessité d'élaborer une politique étrangère qui tienne compte des défis qui se présentent au Canada. Il ne saurait toutefois être question d'une politique étrangère qui ne tienne compte que de ces défis, chacun des trois ensembles de facteurs influents devant être considéré avant de tirer toute conclusion. C'est cet aspect que la prochaine section analyse.

3.2 Évaluation d'ensemble

Ce que nous trouvons ici c'est en fait trois réalités : une réalité civique définie par des valeurs psychosociales ; une réalité administrative définie par des valeurs politico-opérationnelles ; et une réalité objective définie par les défis que le monde pose à la politique étrangère canadienne. Un élément important que l'on ne peut négliger dans l'analyse de ces grands vecteurs est que très peu d'indicateurs appartenant à un ensemble donné se trouvent aussi présents dans un ou dans les deux autres ensembles. Par exemple, on pourrait prétendre que le multilatéralisme est évoqué à la fois dans les valeurs politico-opérationnelles et dans les défis posés à la politique étrangère canadienne, mais dans le premier cas, il s'agit d'une affirmation de la pratique tandis que, dans le second, l'accent est mis sur les interrogations liées à l'application de cette pratique.

Par ailleurs, de manière générale, les résultats de cette analyse démontrent clairement que les partis politiques sont beaucoup plus conscients et sensibles aux valeurs politico-opérationnelles qu'ils ne le sont aux deux autres ensembles de facteurs influents. Puisque les valeurs politico-opérationnelles viennent principalement de la bureaucratie et des décideurs en matière de politique étrangère, et puisque, par conséquent, elles sont en grande partie basées sur des pratiques fermement établies, l'innovation ne peut pas être en tête de liste des priorités d'aucun parti. Et, dans les faits, c'est exactement ce que nous révèle la sensibilité que les partis affichent à l'égard de la « nécessité de s'adapter » et, dans deux cas révélateurs, du défi « dilemme héritage/innovation ».

Aussi, nous constatons qu'en dépit d'un discours qui, sous certains aspects, ouvre larges les portes à l'inclusion de la société civile et à une meilleure représentation démocratique, les partis semblent être moins enclins à inclure cette même approche dans le domaine de la politique étrangère. Nous trouvons une indication de ce malaise à deux niveaux. Tout d'abord, lorsque nous nous penchons sur les taux de sensibilité à la valeur psychosociale qui fait appel à l'engagement de la société civile, nous observons des résultats très bas. Et lorsque cet élément est considéré comme un défi qui consiste à ouvrir le processus d'élaboration de la politique étrangère pour y inclure non seulement la société civile, mais aussi d'autres acteurs, l'appui est également minime. Pour l'instant donc, il semble que le désir d'engager toutes les parties intéressées est au mieux un élément de rhétorique dont l'image convient mieux au processus et à d'autres domaines que ceux de la politique étrangère.

Quant au le rôle que le Canada devrait jouer dans le monde et la place qu'il devrait occuper, un consensus émerge autour des questions liées à l'équité sociale et aux droits de la personne. Le maintien de la paix et l'aide internationale font également partie de cette image de bienfaiteur du monde que les Canadiens semblent avoir d'eux-mêmes, malgré les efforts faits depuis Pierre Trudeau pour ajouter de la couleur à ce portrait. Sur ce point, tous les partis sont toutefois d'accord avec la population quant aux valeurs à promouvoir. Ils conviennent également de la façon dont cela doit être fait. Le multilatéralisme obtient un haut score comme valeur politico-administrative tandis que son interrogation, comme défi, n'est évoquée par personne.

Où les efforts devraient-ils alors être dirigés ? Ici, nous ne trouvons aucun accord parmi les partis, ni sur la relation Canada-États-Unis, ni sur la nécessité de mettre de l'ordre dans les priorités d'intervention. Le seul accord qui se dégage démontre que personne ne prête attention à la nécessité de redéfinir les champs d'intérêt du Canada. En considérant ces conclusions et en les juxtaposant au fort soutien que recueille l'aide internationale en tant que valeur, nous pourrions très bien nous trouver avec une politique d'aide qui manque toujours des directions et qui est disséminée au point où cela qui entrave son efficacité.

Une dernière lecture comparative est ici nécessaire. Quel type de paysage politique ces résultats révèlent-ils ? Très peu de modèles définis émergent de ces données. Le NPD, les Verts et le Bloc présentent sur cet aspect un front plus homogène. Cependant, dans l'état actuel de la répartition des sièges à la Chambre des communes, cette coalition ne peut ni bloquer les initiatives gouvernementales de politique étrangère, ni aider à former un gouvernement. Il pouvait en conséquence être attendu que le gouvernement libéral pouvait organiser sa politique étrangère, principalement avec des valeurs politico-opérationnelles et une petite dose de valeurs psychosociales, tout en ne prêtant que peu d'attention aux défis. Enfin, les conservateurs qui, par le rôle qui leur est dévolu par les règles du parlementarisme, ont besoin de s'opposer au gouvernement afin d'exprimer les inquiétudes de la minorité et ne peuvent pas trouver beaucoup d'appui de leur position dans les rangs des autres partis d'opposition ; par la seule force qui peut conférer une situation de minorité parlementaire, ils seraient incapables de faire changer d'avis le gouvernement sur une question de politique étrangère. La seule exception qui pouvait aller à l'encontre de cette conclusion surviendrait si les conservateurs décidaient de troquer l'inclusion d'un élément de leur programme de politique étrangère en échange d'un appui à une initiative gouvernementale contre laquelle une opposition forte pourrait autrement être exprimée, une opposition qui pourrait même amener une défaite du gouvernement. En conséquence, nous aurions pu nous attendre à une tendance très faible en faveur d'une politique étrangère innovatrice de la part du gouvernement Martin puisqu'il n'avait à payer pratiquement aucun prix politique immédat pour une telle faiblesse. Puisque, dans une situation de gouvernement minoritaire, le prix politique constitue l'aune à laquelle la plupart des questions sont évaluées, c'est probablement la conclusion la plus inquiétante qui pouvait se dégager de cette étude.

Au début de ce chapitre, je demandais : pourquoi le Canada n'est-il pas en mesure de définir une position de politique étrangère ? En considérant ce qui précède, je crois que nous pourrions avoir trouvé la réponse : le gouvernement n'avait aucune incitation à présenter une politique qui se démarque. L'exercice en soi devenait une tentative infinie de redéfinir ce qui existait déjà.

ET POURTANT...

Au moment d'aller sous presse avec le présent manuscrit, le gouvernement du Canada annonçait finalement sa politique étrangère[40]. Son contenu va en très grande partie à l'encontre des conclusions que je viens de tirer. Ce n'est pas la première fois qu'une évaluation prédictive en sciences sociales ne se trouve pas confirmée. Ce qui importe alors, c'est de comprendre pourquoi il en est ainsi.

J'ai conçu cette analyse au cours de l'été et du début de l'automne 2004, dans les jours qui ont suivi l'élection fédérale de juin et la réaffirmation, à l'automne, par le gouvernement Martin, de procéder à la publication d'une nouvelle politique étrangère pour le Canada. J'ai d'ailleurs eu l'occasion de discuter des conclusions auxquelles je suis arrivé lors de diverses conférences, que ce soit à Ottawa en novembre, avec plus d'une centaine de praticiens, d'observateurs et d'analystes de la politique étrangère canadienne, à Montréal, en janvier, dans un forum plus restreint d'universitaires – forum dont les travaux ont donné naissance à ce livre – à Honolulu, en mars, dans le cadre des travaux de l'International Studies Association et à Québec, en avril, dans le cadre d'une conférence en administration publique. Les commentaires qui m'y ont été transmis par divers intervenants ont certes aidé ma réflexion et je leur en suis reconnaissant. Mais rien au cours de ces échanges de haut niveau ne laissait entrevoir ce qui a été livré dans l'énoncé du gouvernement Martin. Certes, dans certains discours du premier ministre et à partir de la réforme proposée à l'ACDI, il aurait été possible d'extrapoler quelques bribes, mais l'orientation générale de la nouvelle politique ne pouvait, à mon avis, être prévisible dans le contexte politique qui nous était connu.

Si nous prenons cette politique et que nous la lisons à partir des trois grilles que nous avons utilisées tout au long de ce chapitre, nous nous apercevons que le portrait qui s'en dégage est en effet fort différent de ce qui nous était apparu à la lecture des programmes politiques. Ainsi, au chapitre des valeurs psychosociales, nous nous apercevons que toutes sont mentionnées et que quatre des cinq valeurs trouvent un écho favorable, que ce soit le respect de l'environnement, les processus de démocratisation et de bonne gouvernance, l'équité sociale ou les droits de la personne et la tolérance. La seule de ces valeurs pour laquelle une attention moindre est apportée, c'est l'inclusion de la société civile. On la mentionne certes à titre de partenaire du développement (p. 26), mais la perception que l'on a de son rôle en tant qu'acteur dans la formulation de la politique étrangère est plutôt mitigée : « Les États restent les principaux acteurs sur la scène internationale, mais ils sont de plus en plus ancrés dans les liens transnationaux qui transmettent en partie le pouvoir en amont à des cadres supranationaux et en aval à la société civile. Les particuliers jouent un rôle plus important que jamais dans les affaires internationales, avec des résultats tant positifs que négatifs » (p. 29). Il s'agit en fait d'une évaluation qui tient compte à la fois de l'apport potentiel de la société civile et des problèmes que des acteurs aux intérêts individuels – alors que les États représentent des intérêts collectifs – peuvent induire dans le processus. Cela tient aussi assurément compte des casses et de la violence que l'opposition de la société civile a parfois induites (que l'on pense à Seattle ou à Gênes), de même qu'à la nature de chasse gardée qui empreint encore par moment le domaine de l'élaboration de la politique étrangère.

Par ailleurs et étant donné la forte incidence de celles-ci dans ce que nous avons précédemment analysé, on pouvait s'attendre à trouver dans le document une présence assez dense des valeurs politico-opérationnelles. C'est le cas puisqu'elles s'y trouvent toutes. Le désir de voir un monde « réglementé et prévisible » (p. 30) s'accorde bien avec la promotion de la règle de droit sur la scène internationale et le fort plaidoyer en faveur du multilatéralisme ne surprend guère. Toutefois, certains éléments innovent. Ainsi, le maintien de la paix, quoique présent, est inclus à l'intérieur de composantes beaucoup plus larges, que ce soit au niveau de la démocratisation ou de la réforme des mandats confiés aux forces armées canadiennes. Par ailleurs, la valeur voulant que la sécurité du Canada dépende de l'équilibre mondial a été ramenée à une dimension continentale ; le fait que les menaces à la sécurité soient aujourd'hui moins liées à de grandes plaques idéologiques qui s'entrechoquent et davantage associées à des actes plus ciblés et aux origines plus circonscrites explique en très grande partie cette nouvelle lecture d'une valeur depuis longtemps affirmée. Ceci démontre clairement que le gouvernement du Canada a compris qu'il fallait adapter sa politique étrangère à un nouvel environnement – défi auquel nous reviendrons sous peu. Dans la même optique, on constate que l'énoncé voulant que la sécurité soit un ingrédient nécessaire pour assurer la prospérité est toujours présent, mais, fait notoire, on donne maintenant la priorité à la sécurité, la prospérité étant reléguée au second rang. De plus, les questions de sécurité ne se limitent pas aux dimensions traditionnelles, mais incluent d'autres secteurs tels la santé et l'environnement cybernétique. Enfin, le développement international est certes présent, mais on le retrouve totalement revu et corrigé, en accord avec les annonces précédentes faites par le gouvernement. Tel que prévu, les valeurs politico-opérationnelles sont donc présentes, mais on ne peut manquer de remarquer qu'elles ont été singulièrement mises au goût du jour en fonction du nouvel environnement international.

La présence des éléments appartenant à ces deux groupes de valeurs confirme en quelque sorte que les valeurs canadiennes ont toujours un poids important dans la politique étrangère. Le document affirme même que celles-ci « guident » toujours l'action internationale du Canada (p. 4). Là où mon analyse levait un drapeau rouge, c'était lorsque le Canada ne les mettait pas en perspective en ne prenant pas suffisamment en compte les défis qui se posent dans un contexte international redéfini. Or, avec cette politique, ce n'est plus le cas.

En effet, l'ensemble des défis identifiés précédemment dans ce chapitre a retenu l'attention des rédacteurs de la politique. Autant au niveau de l'organisation que du respect à retrouver, que de la priorisation, le document abonde d'exemples qui confirment qu'ils trouvent un écho favorable chez les décideurs qui semblent désireux de les relever. Même face au sacro-saint multilatéralisme, le gouvernement avoue qu'il « ne peut se montrer complaisant » et que « la réforme du système de gouvernance multilatérale du monde sera certes une priorité, mais [qu']elle ne peut devenir une fin en soi » (p. 30).

Le seul défi auquel on apporte une réponse moins enthousiaste, c'est celui qui vise l'inclusion de nouveaux acteurs. Ceci est en conformité avec ce que l'on a vu par rapport à l'attitude affichée vis-à-vis de la société civile. Tant que l'on reste à l'intérieur des structures gouvernementales – le défi posé par l'intégration du rôle des autres ministères – cela ne semble pas poser de problème. Mais, bien que l'on reconnaissance l'incontournable présence de « nouveaux acteurs » sur la scène internationale, on n'annonce pas très clairement la place que l'on est prêt à leur accorder. Cela est particulièrement vrai par rapport à l'action internationale des provinces canadiennes dont il n'est nullement fait de mention explicite. En fait, le document portant sur la diplomatie se lance même sur un terrain miné. On y affirme que « la politique étrangère et la gestion des relations bilatérales supposent que nous nous exprimions et que nous agissions d'une seule et même voix sur la scène internationale », réduisant du coup le rôle des provinces à celui de conseillers à l'élaboration de la politique, au même titre que les ONG et les municipalités[41]. Si le gouvernement s'en tient à la lettre de cette proposition, cela signifierait non seulement un recul important pour le Québec, mais aussi pour des provinces comme le Nouveau-Brunswick ; mais surtout, cela représente un déni important d'un défi majeur que la politique étrangère canadienne doit relever.

Quant au sujet d'étude de cet ouvrage, la réponse que le Canada peut apporter aux États-Unis, nous constatons qu'une attention particulière y a été apportée. Ainsi, et tel que déjà annoncé, le premier ministre se garde le privilège de la direction de cette politique. Par ailleurs, mon analyse avait regroupé l'essentiel des défis reliés à cette question sous le concept de respect international que le Canada devait reconquérir. Le document, en très large part, abonde dans le même sens. Il consacre certes toute la première partie de la réflexion proposée à la « nord-américanité » du Canada, plaçant la relation canado-américaine dans un contexte plus large, où le Canada est présenté comme ayant tout avantage à mieux se faire connaître et reconnaître par ses partenaires continentaux. Mais surtout, il est déclaré que « nous devons tracer notre propre voie et faire notre part » (p. 3), affirmation qui répond très directement aux défis que nous avons identifiés comme étant les besoins de différence (« tracer notre propre voie ») et de non-indifférence (« faire notre part »). Quant à la question de souveraineté, l'affirmation est aussi sans équivoque, notamment par rapport à sa protection dans les régions septentrionales du pays.

Deux défis en particulier constituaient des pierres d'achoppement majeures en vue d'une réforme de la politique étrangère du Canada et ces deux éléments étaient mis en lumière dans les pages qui précèdent. Je les rappelle pour mémoire : le besoin d'adaptation et l'urgence de résoudre le dilemme héritage/innovation. Tous deux trouvent réponse dans le document et c'est en se penchant sur ceux-ci que l'on peut du coup trouver une explication potentielle de ce résultat. Qu'est le contenu de la nouvelle politique étrangère du Canada, un résultat imprévisible à partir de l'angle que j'avais privilégié.

Assurément, des analyses plus poussées, notamment lorsque les minutes du Cabinet seront rendues accessibles dans 25 ans, permettront de trouver l'explication la plus précise possible quant à cette politique et surtout quant à son « imprévisibilité ». Par ailleurs, il faut admettre que mon analyse n'a pas tenu compte d'un facteur important : alors qu'elle soulignait l'importance d'innover, elle a tenu pour acquis que l'élaboration de la politique se ferait de manière traditionnelle, à partir des cadres connus et, surtout, engagerait les décideurs habituels auxquels j'ai ajouté la teinte politique, dû au contexte de gouvernement minoritaire.

Or, tant et aussi longtemps que nous demeurons à l'intérieur de ces balises opérationnelles bien définies et du milieu politique que nous avons ici analysé, l'explication fournie au constat d'impasse et évoquée à la fin de la section précédente peut prévaloir. Toutefois, pour finaliser la conception de la présente politique, le gouvernement a fait appel, au grand dam des classes politiques et surtout administratives, à une ressource externe, Jennifer Welsh, professeure à Oxford et dont l'ouvrage, *At Home in the World*, a semblé avoir plu au premier ministre. De coup, le barrage posé par le dilemme héritage/innovation était brisé, la ressource n'étant pas autant liée par la dimension héritage que ne pouvaient l'être les rédacteurs habituels de ce genre de document. Ce faisant, un regard neuf était apporté, un recul était pris et l'évaluation des éléments dont on devait tenir compte pouvait être faite sous des angles nouveaux, voire peut-être même insoupçonnés des décideurs trop familiers avec la pratique dans le domaine.

En extirpant le processus des enceintes politiques et administratives, on répondait du coup, et à sa base même, au besoin d'innovation. Cela a littéralement fait voler en éclat l'embâcle que mon analyse avait permis d'identifier. L'apport d'une ressource externe a aussi permis d'établir une priorisation des actions – autre défi d'importance – que les luttes bureaucratiques (chacun veut son bout de politique dans le document final) et le manque de courage politique (on ne veut pas se mettre à dos une clientèle électorale donnée) empêchent souvent d'établir.

Je soumets donc que les résultats obtenus dans le cadre de la politique annoncée ne pouvaient l'être tant que l'on demeurait à l'intérieur du cadre d'élaboration de politique tel que préalablement déterminé. Il a fallu en sortir pour en arriver à cette approche qui tient compte d'un plus grand nombre de facteurs qu'on ne le faisait auparavant, conservant l'importance des valeurs, mais ajoutant judicieusement la nécessité de répondre aux défis qu'un environnement international redéfini présente au Canada.

CONCLUSION

Ce chapitre a commencé par une question directe. Aux lendemains des événements tragiques du 11 septembre, le monde a été redéfini, globalement, par un appel américain à la guerre contre le terrorisme. Ce nouveau paradigme conduit la plupart des pays du monde à revoir leur position et à réévaluer leurs choix de politique étrangère. Au Canada, où des valeurs ont été perçues, dépeintes, et employées en tant que balises pour la politique étrangère pendant des années, un choix difficile devait être fait : le Canada sera-t-il sensible au monde défini par les États-Unis ou continuera-t-il à préconiser ses propres valeurs comme étant le noyau de ses initiatives de politique étrangère ?

Pour répondre à cette question, j'ai examiné trois ensembles de facteurs influents : les valeurs psychosociales, les valeurs politico-organisationnelles, et les défis que le nouvel ordre mondial pose à la politique étrangère du Canada. Ces trois ensembles se sont révélés très peu liés, chacun d'eux dépeignant une réalité différente. Une analyse du contenu des plateformes électorales des cinq partis politiques fédéraux ayant réussi à faire élire des représentants à la Chambre des communes a été menée. Ceci nous a fourni une lecture du niveau de la sensibilité que chaque parti a affichée à l'égard de chaque facteur.

Les résultats auxquels je suis parvenu démontrent l'importance très élevée donnée aux règles et aux pratiques établies, soit ce qu'expriment les valeurs politico-opérationnelles. Ils montrent aussi clairement qu'il y a relativement peu d'attention porté aux défis que la politique étrangère canadienne rencontrera, tôt ou tard. Ils indiquent finalement qu'il existe peu de convergence entre les différents partis lorsque l'on considère les éléments qui leur semblent les plus importants. Dans le contexte d'un gouvernement minoritaire, ce manque de convergence pouvait laisser la politique étrangère dans un vide qui ne peut favoriser l'émergence de nouvelles politiques. En d'autres termes, la probabilité était grande que chaque acteur politique demeure sur sa position, au détriment d'un débat qui aurait pu bonifier l'éventuelle politique.

La voie privilégiée par Paul Martin a toutefois complètement déjoué ces calculs. En faisant appel à une ressource externe, le premier ministre a sans doute désavoué son ministre Pettigrew, mais il a dénoué l'impasse qui empêchait la venue d'une politique novatrice. Dès lors, les considérations évoquées au fil de cette étude, et qui expliqueraient le cul-de-sac dans lequel se trouvait la politique étrangère, devaient faire place à un nouveau contexte qui, lui, a délaissé la priorité donnée aux valeurs, pour conjuguer valeurs et défis et présenter du coup une politique étrangère qui répond à la très grande majorité des facteurs que j'ai identifiés.

Du point de vue théorique, nous avons des indications de ce qu'une approche constructiviste pourrait apporter à des explications intéressantes à l'évolution de la politique étrangère canadienne jusqu'en avril 2005. La nouvelle politique pourrait cependant suggérer une réponse plus nuancée. Ceci reste cependant à examiner et je laisse à une future recherche le soin de dégager les conclusions qui s'imposeront à cet égard. Une autre recherche future pourrait inclure un examen complet des motivations de chacun des choix politiques des partis comme reflétés dans les diverses plateformes. Enfin, le temps nous dira vers où iront les appuis à la nouvelle politique, une fois que la fièvre électorale du printemps 2005 se sera estompée. C'est d'ailleurs à cette enseigne que loge l'« espérance de vie » de la nouvelle politique.

La discussion sur l'avenir de la politique étrangère canadienne est donc loin d'être terminée. La question des ressources ou du manque de ressources a recueilli beaucoup d'attention au cours de cette discussion, mais ce n'est pas le seul aspect à considérer. J'ai d'ailleurs souligné l'importance qu'une volonté politique accompagne ces ressources[42] et les premières indications laissées par la nouvelle politique du gouvernement canadien semblent aller dans ce sens. Étant donné le climat politique, toutefois, l'avenir demeure incertain. Cette recherche ajoute à l'appel et à la nécessité de regarder droit devant vers le monde dans lequel le Canada évolue, plutôt que vers l'arrière en se consolant des gloires passées.

NOTES

1. L'auteur souhaite remercier le Conseil de recherche en sciences humaines du Canada (CRSH) et l'École nationale d'administration publique pour leur appui financier à cette recherche. Il désire aussi souligner l'apport important de Mathieu Parenteau, étudiant à l'ÉNAP, dont les talents de chercheur ont contribué aux résultats de cette étude.

*   Professeur agrégé et Directeur du Groupe d'Études, de Recherche et de Formation internationales (GERFI) à l'École Nationale d'administration Publique.

2. Chambre des communes, A Contribution To The Foreign Policy Dialogue. Report of The Standing Committee On Foreign Affairs And International Trade, 2003. http://www.parl.gc.ca/InfoComDoc/37/2/FAIT/Studies/ Reports/faitrp06/faitrp06-f.pdf

3. Chambre des communes, Debats, Ottawa, 2004. http://www.parl.gc.ca/38/1/parlbus/chambus/hous/debates/037_2004-12-02/ques37-F.htm#1050720

4. Parti libéral du Canada, *Liberal Foreign Policy Handbook*. Ottawa, Parti libéral du Canada, 1993. *Idem, Pour la création d'emplois et la relance de l'économie. Le plan d'action libéral pour le Canada*, Ottawa, Parti libéral du Canada, 1993. *Idem, Bâtir notre avenir ensemble. Le plan d'action libéral 1997*, Ottawa, Parti libéral du Canada, 1997.

5. Andrew Cohen, *While Canada Slept. How We Lost Our Place In The World*, Toronto, McClelland & Stewart Ltd, 2003.

6. Michael Ignatieff, « Canada in the Age of Terror – Multilateralism Meets a Moment Of Truth », *Policy Options*, vol. 24, n° 2, 2003, p. 14-18.

7. Jennifer Welsh, *At Home in the World : Canada's Global Vision for the 21ˢᵗ Century*, Toronto, Harper Collins, 2004 ; Denis Stairs, « Myths, Morals and Reality in Canadian Foreign Policy », *International Journal*, vol. 58, n° 2, 2003, p. 239-256 ; Kim Richard Nossal, « Canada : Fading Power or Future Power » *International Journal*, vol. 58, n° 2, 2003 ; Graham F. Walker, *Independence in an age of empire : assessing unilateralism and multilateralism*, Halifax, N.S., Centre for Foreign Policy Studies, Dalhousie University, 2004.

8. Gouvernement du Canada, Fierté et influence : notre rôle dans le monde, Ottawa, Gouvernement du Canada, 2005, p. 2. http:///www.dfait-maeci.gc.ca/cip-pic/ips/ips-fr.asp

9. Franck Graves, « Navigating Risk and Opportunity in a Closer World : Public Perspectives », Montréal, EKOS Research Associates, 2005, p. 8. http://www.ekos.com/media/files/FGravesMcGill.pdf

10. Depuis la création du ministère en 1909, seulement deux hommes (Charles Murphy – 1909-1911 – dans le gouvernement Laurier et William James Roche – 1911-1912 – dans le gouvernement Borden) ont tenu le portefeuille tout en n'étant pas en même temps premier ministre. Il est important de noter cependant que c'était dans les tout débuts du département ; dès que le premier ministre Borden a vu une occasion d'impliquer le Canada internationalement, il s'est assuré que le premier ministre était l'acteur impliqué. Un tel arrangement a continué jusqu'au très âgé Mackenzie King – il a démissionné deux ans plus tard après 24 ans à la barre – partageant la tâche avec Louis St-Laurent en 1946.

11. Secrétariat d'état aux Affaires extérieures (SEAE), *Statements and Speeches*, Microform, 1947.

12. Ministère des affaires étrangères et du commerce international, *Canada in the World*, 2005 http//www.dfait-maeci.gc.ca/foreign_policy/cnd-world

13. Parti libéral du Canada, *op. cit.*, 1993 ; Lloyd AxwORTHY, « Canadian Foreign Policy : a Liberal Party Perspective » dans *Canadian Foreign Policy*, vol. 1, n° 1, 1993, p. 7-14.

14. Parti libéral du Canada, *Liberal Foreign Policy Handbook*, Ottawa, Parti libéral du Canada, 1993, p. 100, 102.

15. Idem, *op. cit.*, 1997, p. 93, 92.

16. Nelson MICHAUD, *L'énigme du Sphinx : regards sur la vie politique d'un nationaliste (1910-1926)*. Sainte-Foy, Les Presses de l'Université Laval, 1998.

17. Greg DONAGHY, *Tolerant Allies : Canada & the United States 1963-1968*. Montréal and Kingston, McGill Queen's University Press, 2002.

18. Emanuel ADLER, « Seizing the Middle Ground : Constructivism in World Politics » dans *European Journal of International Relations*, vol. 3, n° 3, 1997 ; John Gerard RUGGIE, *Constructing the world polity : essays on international institutionalization*, New York, Routledge, 1998 ; Jeffrey T. CHECKEL, « The Constructivist Turn in International Relations Theory » dans *World Politics*, vol. 50, n° 2 (janvier), 1998, p. 324-348.

19. Michael WILLIAMS, « Words, Images, Enemies : Securization and International Politics », *International Studies Quarterly*, vol. 47, n° 4, 2003, p. 511-532.

20. Robert O. KEOHANE and Joseph S. NYE, Power and Interdependence, 3ʳᵈ edition, New York, Addison Wesley Longman, 2001 ; Robert O. KEOHANE, *After Hegemony. Cooperation and Discord in the World Political Economy*, Princeton, Princeton University Press, 1984 ; Ruth W. GRANT and Robert O. KEOHANE, « Accountability and Abuses of Power in World Politics », *American Political Science Review*, vol. 99, n° 1, 2005, p. 29-44.

21. Pico IYER, « Canada : Global Citizen » dans *Canadian Geographic*, Special 75ᵗʰ Anniversary Issue, 2004, p. 60.

22. Steve LEE, « Canadian values in Canadian foreign policy » dans *La Politique étrangère du Canada* vol. 10, n° 1, 2002, p. 1-9

23. *Ibidem*, p. 5.

24. *Ibidem*, p. 1.

25. Franck Graves, *op. cit.*

26. Chambre des communes, A Contribution To The Foreign Policy Dialogue. Report of The Standing Committee On Foreign Affairs And International Trade, 2003, p. 12. http://www.parl.gc.ca/InfoComDoc/37/2/FAIT/Studies/Reports/faitrp06/faitrp06-f.pdf

27. Ministère des affaires étrangères et du commerce international, *A dialogue on Foreign Policy*, 2003. *Report to Canadians*. http://www.dfait-maeci.gc.ca/cip-pic/participate/FinalReport.pdf

28. Ministère des affaires étrangères et du commerce international, *A dialogue on Foreign Policy. Consultation Paper*, 2003. http://www.dfait-maeci.gc.ca/cip-pic/participate/fpd-en.asp

29. Tom KEATING, *Canada And World Order : The Multilateralist Tradition In Canadian Foreign Policy*. Toronto, Oxford University Press, 2002.

30. Organisation des Nations unies, *Ranking of Military and Civilian Police Contributions to UN Operations*. 2005. http://www.un.org/Depts/dpko/dpko/contributors/2005/January2005_2.pdf

31. John J. MEARSHEIMER, *The tragedy of Great Power politics*, New York, Norton, 2001.

32. À ce sujet, voir Joseph S. NYE, *Soft Power. The Means to Success in World Politics*. New York, BBS Public Affairs, 2004.

33. Stephen D. KRASNER, *Sovereignty : Organized Hypocrisy,* Princeton, Princeton University Press, 1999.

34. Nelson MICHAUD, « Souveraineté et sécurité : Le dilemme de la politique étrangère canadienne dans l'« après 11 septembre », *Études internationales*, vol. 33, n° 4, 2002, p. 647-665.

35. Parti libéral du Canada, *Aller droit devant : Le plan de Paul Martin pour atteindre nos buts*, 2004. http://www.liberal.ca/pdf/platform_fr.pdf

36. Parti conservateur du Canada, *Les dossiers*, 2004. http://www.conservative.ca/french/issues.asp

37. Bloc québécois, *Plate-forme électorale, campagne 2004.* http://www2.bloc.org/archivage/plate-forme.bq.2004.pdf

38. Nouveau Parti démocratique, *Jack Layton NDP, une force nouvelle, un choix positif*, 2004. http://www.ndp.ca/uploaded/20040527091503_Fed.NDP.Platform.fra.sm.pdf

39. Parti vert du Canada, *L'avenir c'est maintenant*, 2004. http://www.greenparty.ca/anonymous/PVC_2004.pdf

40. Gouvernement du Canada, Fierté et influence : notre rôle dans le monde, Ottawa, Gouvernement du Canada, 2005. http://www.dfait-maeci.gc.ca/cip-pic/ips/ips-fr.asp

41. *Ibidem*, Diplomatie, p. 34.

42. Nelson MICHAUD, « Canada's Foreign Policy in the 21st Century : The Meaning of Having the Means » dans Graham F. Walker, dir., *Independence in an Age of Empire : Assessing Unilateralism and Multilateralism*, Halifax, Centre for Foreign Policy Studies, 2004, p. 50-62.

CHAPITRE 2

LA SÉCURITÉ NON MILITAIRE DANS LES RELATIONS ENTRE LE CANADA ET LES ÉTATS-UNIS : MYTHES ET RÉALITÉS

André DONNEUR et Valentin CHIRICA*

INTRODUCTION

La politique extérieure canadienne semble avoir souvent oscillé entre l'internationalisme et le continentalisme. Ce phénomène illustrerait le dilemme de sécurité d'un acteur important mais plus faible face à la superpuissance. Les attentats du 11 septembre ont entraîné une reconceptualisation de la sécurité en Amérique du Nord, qui a imprimé une nouvelle poussée intégrationniste.

Le Groupe de recherche sur la politique étrangère du Canada préfère à cette dialectique manichéenne quatre modèles théoriques plus nuancés, qui se résument à quatre phrases :

• Les multilatéralistes purs qui diront aux États-Unis « oui, si » (si la coopération bilatérale reste ancrée dans un cadre multilatéral) ;

• Les continentalistes purs qui diront toujours « oui » aux États-Unis ;

• Les souverainistes purs qui diront toujours « non » aux États-Unis ;

• Les intégrationnistes de convenance ou « partenaires à la coopération sélective » qui diront « oui » aux États-Unis à la condition que tous y trouvent leur compte, donc « c'est selon »[1].

Ces modèles sont loin d'être exclusifs : s'inscrire dans une coopération multilatérale et accepter en même temps une coopération bilatérale forte ou encore rechercher une coopération multilatérale consensuelle, complétée par des accords bilatéraux sélectifs sont deux approches assez représentatives de la politique étrangère canadienne[2].

Même le concept de continentalisme renferme des ambivalences. Selon David Haglund et David Grondin, le « continentalisme » représente un « mythe » avec une connotation essentiellement négative et dénaturée, que la plupart des commentateurs emploient sans en connaître le sens[3]. Selon ceux-ci, une politique de type « continentaliste » entraînerait la disparition physique ou ontologique du Canada. Pour Susan Crean, par exemple, le continentalisme est tout simplement « une trahison »[4].

Pour certains, le continentalisme représente une forme d'isolationnisme parce que limité aux relations avec les États-Unis, mais son rejet est aussi isolationniste parce qu'il implique une « renationalisation » de la politique étrangère canadienne, même si elle est souvent dissimulée derrière des arguments internationalistes. Pourtant, entre le continentalisme et l'internationalisme il peut n'y avoir aucune incompatibilité : « Le continentalisme, dans une grande stratégie, évoque un moyen d'atteindre des objectifs internationalistes et cela parce que les États sont dépendants de la coopération à l'intérieur d'un cadre continental »[5].

D'autres politologues comme Peter Katzenstein voient le Canada comme étant « le pays postmoderne par excellence » : « l'identité canadienne, en ce qui a trait aux questions de sécurité, est définie en termes de maintien de la paix plutôt que de défense de la souveraineté nationale »[6].

David Dewitt observe lui aussi que les Canadiens ne pensent pas les problèmes de sécurité en termes nationaux, mais plutôt internationaux :

> *Contrairement à d'autres, les Canadiens n'utilisent pas le langage d'« une politique de sécurité nationale parce qu'ils présument que leur compréhension des événements est partagée, que leurs préoccupations sont des préoccupations partagées, et que leur rapport aux défis de sécurité se reflètent dans les normes, règles et institutions qui existent depuis la fin de la Deuxième Guerre mondiale et qui continuent d'évoluer, selon les conditions et le contexte ». Mais « et c'est peut-être le point fondamental, les Canadiens ont été capables, par conviction et nécessité, de différencier entre situations unilatérales et multilatérales ». La défense nationale anticipe les menaces contre ou à l'intérieur des frontières et implique donc une politique de préparation, souvent unilatérale, mais souvent dans le contexte d'une alliance en réponse à des menaces directes. La sécurité internationale est associée à des défis à la paix et au bien-être plus diffus, souvent indirect et distant, dans une situation dans laquelle beaucoup peuvent être affectés. Il appelle à un effort coopératif[7].*

Mais déjà avant le 11 septembre, il devenait difficile de classer les menaces dans défense nationale ou sécurité internationale.

Pour synthétiser, selon Bruce Muirhead, « la politique canadienne était multilatérale par préférence, bilatérale par nécessité et continentale manifestement par défaut »[8].

Les rapports entre le Canada et les États-Unis ont toujours été structurés autour de deux axes : l'interdépendance et l'autonomie. Si la première est déjà consacrée sur le plan économique et en partie sur le plan de la défense, le Canada reste soucieux de préserver l'autonomie de sa marge de manœuvre et de mener une politique étrangère fidèle à ses valeurs. C'est ce que notre chapitre veut montrer.

1. PÉRIODISATION

La politique extérieure canadienne dans le contexte de la « lutte au terrorisme » n'a pas toujours suivi une trajectoire cohérente. Trois ans et demi après les événements du 11 septembre 2001 on peut déjà distinguer trois étapes dans les démarches antiterroristes canadiennes.

Une première étape est celle du rapprochement avec les États-Unis (11 septembre 2001 – décembre 2002). L'arrivée de John Manley aux Affaires étrangères a amélioré les rapports avec les États-Unis, plutôt tendus sous Axworthy. La coopération bilatérale en matière de lutte antiterroriste, commencée plusieurs années auparavant, s'est intensifiée et le Canada a adopté une législation antiterroriste et d'immigration que plusieurs spécialistes ont qualifiée d'« harmonisation législative » avec les États-Unis[9]. Pourtant, comme nous l'avons démontré dans une autre publication[10], la législation antiterroriste canadienne tient compte des valeurs canadiennes et s'inscrit dans un long héritage sur l'importance de l'immigration pour la société canadienne. Sur le plan externe, le Canada s'est impliqué pleinement dans la guerre en Afghanistan, menée avec l'aval des Nations unies.

Même dans cette période de résurgence du continentalisme, la dimension multilatérale est très présente. Pendant le sommet du G8 à Kananaskis, Jean Chrétien met l'accent sur son agenda de sécurité humaine, héritage axworthien, sous la forme d'aide au développement pour l'Afrique[11].

Une deuxième période est celle du refroidissement, à la fin de l'année 2002[12] et au cours de l'année 2003, qui atteint son sommet au mois de mars 2003, quand Jean Chrétien a refusé d'engager le Canada, aux côtés des États-Unis, dans la guerre en Irak sous le motif bien fondé que cette intervention n'avait pas été approuvée par les Nations Unies. Pour Chrétien, un alignement sur l'unilatéralisme américain à ce moment-là aurait eu la signification d'un abandon clair du principe du multilatéralisme qui représente un pilier de la politique étrangère canadienne. Ce désir de protéger cet environnement favorable à l'action internationale du Canada pouvait trouver aussi assise chez des fonctionnaires canadiens[13]. L'arrivée de Bill Graham à la tête du ministère des Affaires étrangères a joué un rôle important dans cette dynamique.

Pour certains il s'agirait moins d'une position de principe que de la pression exercée par l'opinion publique et particulièrement par celle du Québec, où il y avait des élections en 2003, influencée par ses médias, plus sensibles au point de vue de certains pays européens. Le manque de reconnaissance de la part des États-Unis face à la mobilisation exemplaire du Canada le 11 septembre pourrait aussi avoir contribué au renforcement de l'idée qu'un rapprochement sans discernement avec les États-Unis coûterait en termes de souveraineté et de conséquences politiques et ramènerait bien peu en échange.

Sur le plan législatif et institutionnel il n'y a plus d'évolution ; le projet de loi de 2002 sur la sécurité publique est retiré suite aux nombreuses critiques qu'il suscite. L'ère Chrétien se distingue en général par une prééminence de la politique intérieure sur la politique étrangère, bien que cette dernière reste une priorité pour le gouvernement. Certaines caractéristiques retiennent l'attention : consolidation des liens économiques avec les États-Unis malgré une détérioration des relations politiques, intervention limitée lors de crises humanitaires, soutien à la démocratie représentative en Europe centrale et en Amérique latine, dominé toutefois par les préoccupations économiques[14].

Finalement, **une troisième étape**, celle d'un nouveau resserrement des relations avec les États-Unis, est inaugurée par l'arrivée de Paul Martin à la tête du gouvernement canadien en décembre 2003. Un réaménagement institutionnel est mis en place, une politique de sécurité nationale est annoncée, la loi sur la sécurité publique est adoptée avec certains amendements au projet de 2002 et un examen de la politique étrangère et de défense est amorcé.

C'est également une période durant laquelle la politique étrangère l'emporte sur la politique intérieure dans l'activité du nouveau premier ministre qui s'est attiré bien des critiques à cet égard[15]. Certains l'accusent d'un alignement grandissant sur la politique étrangère américaine, inquiétudes éveillées par exemple par le changement dans la façon de voter du Canada sur les résolutions touchant Israël. Depuis 1983, suite à l'intervention israélienne au Liban, le Canada s'est abstenu ou a toujours voté pour les résolutions qui sont critiques de la politique israélienne sur les droits de la personne, mais à la fin de novembre 2004, le Canada a voté contre une telle résolution, tout comme les États-Unis[16].

Pourtant, M. Martin ne peut pas faire abstraction, lui non plus, de l'opinion publique, qui se prononçait en majorité contre le bouclier antimissile américain (63 % selon certains sondages) et de la situation minoritaire précaire de son gouvernement. Ainsi, au mois de février 2005, le Canada rejette la participation au controversé projet de défense.

En même temps, le multilatéralisme reste un choix fondamental du Canada. Dans un discours prononcé devant le Conseil des relations internationales de Montréal, entre autres M. Martin a proposé la création d'un L20 sur le modèle du G20 qu'il a présidé comme ministre des Finances. Ce L20 intégrerait, aux côtés des membres du G8, des puissances montantes comme l'Inde, la Chine et le Brésil et examinerait un éventail de questions internationales allant du terrorisme au sida. Le Canada a toujours essayé de faire impliquer le plus de partenaires possibles afin de réduire les inconvénients liés à l'asymétrie avec les États-Unis.

Martin annonçait à la même occasion la formation de Corps Canada pour soutenir la création d'institutions dans les pays en voie de développement. « Notre politique étrangère, a-t-il déclaré, doit reconnaître que les nouvelles frontières du monde ne sont plus celles des États mais plutôt celles de l'ignorance, de l'intolérance et de l'injustice »[17].

2. LES FACTEURS STRUCTURELS ET LES FACTEURS DE PRESSION

Les facteurs structurels posent le problème récurrent concernant les contraintes, les moyens et les possibilités dans l'élaboration de la politique étrangère canadienne. Certains facteurs favorisent une intégration plus poussée, comme les facteurs économiques, d'autres s'y opposent, comme les facteurs psychoculturels. Les facteurs structurels sont importants aussi parce qu'ils permettent de situer le Canada dans le monde.

D'autre part, l'analyse des facteurs de pression est importante parce qu'elle permet d'expliquer pourquoi le Canada ne s'est pas aligné sur la politique étrangère américaine et pourquoi il a adopté un cadre législatif et une architecture institutionnelle qui lui est particulière. En effet, sous la pression des intervenants divers, issus de la communauté épistémique, du milieu multiculturel et politique, le Canada a resserré avec nuances sa coopération avec les États-Unis, sa législation antiterroriste et d'immigration et son cadre institutionnel.

2.1 Les facteurs structurels

Nous prendrons en considération trois types de facteurs structurels : politico-stratégiques, économiques et psycho-culturels. Les premiers tiennent à l'orientation de la politique étrangère dans son ensemble, qui s'inscrit dans une logique multilatérale ou unilatérale selon les priorités fixées par les organismes bureaucratiques de l'élaboration des politiques. L'identification d'une nouvelle menace ou une nouvelle définition d'une menace qui existait auparavant peut détourner le cours de la politique étrangère d'un pays ou accélérer un processus déjà amorcé. C'est ce que s'est passé avec les États-Unis après les attentats du 11 septembre, dont la politique étrangère a pris un cours de plus en plus unilatéral, en allant de pair avec la sanctuarisation du territoire national et avec une définition réductionniste de la menace de laquelle on a évacué tout ce qui n'est pas relié au terrorisme. Et même si on accepte que le terrorisme soit le plus grand défi auquel les sociétés occidentales sont confrontées, il n'y a pas une définition claire du terrorisme qui introduit une distinction entre ce dernier et la lutte de libération nationale[18].

L'importance des facteurs économiques est déterminée par la structure des secteurs économiques et des échanges bilatéraux. Ainsi, concernant les rapports avec les États-Unis, tandis que 25 % des exportations américaines sont dirigées vers le Canada, pas moins de 87 % des exportations canadiennes sont à destination des États-Unis. En d'autres mots, 40 % du PIB canadien dépend des exportations vers les États-Unis, tandis que seulement 2,5 % du PIB des États-Unis est lié aux exportations vers le Canada[19]. Cela explique pourquoi ces facteurs sont plus importants pour le Canada, tandis que les États-Unis mettent l'accent sur les facteurs politico-stratégiques.

Même si des concessions politiques canadiennes dans le domaine sécuritaire n'amèneront pas en contrepartie des concessions économiques américaines, comme l'a démontré l'acharnement américain dans le contentieux sur le bois d'œuvre ou, au contraire, l'absence de conséquences économiques de la décision canadienne de non-participation à la guerre en Irak, un ralentissement des échanges commerciaux entre les deux pays, dû au manque de sécurisation du côté canadien de la frontière commune, aurait pu surgir et aurait eu des conséquences catastrophiques sur l'économie canadienne. Pourtant, nous estimons qu'il n'y a pas toujours d'impact économique direct sur les décisions politiques à cause de la compartimentalisation des relations canado-américaines, en d'autres mots, qu'il n'y a pas de « linkage » entre différents domaines, et à cause de l'interdépendance qui lie les deux pays surtout au niveau économique[20].

Finalement, les facteurs psycho-culturels, reliés aux craintes du Canada quant à la perte de sa souveraineté et au désir des États-Unis d'affirmer ses propres valeurs (qui sont en partie communes et en partie différentes de celles du Canada[21]) expliquent les difficultés d'arriver à une entente entre les deux pays même lorsque leurs intérêts ne sont pas fondamentalement opposés. En ce sens, l'ancien ambassadeur du Canada aux États-Unis, Derek Burney, soutient que pendant les dix dernières années le Canada s'est distancé de Washington en mettant de l'avant des valeurs canadiennes présentées « comme des vertus en soi », « une attitude qui nous aurait fait perdre de vue nos intérêts vitaux, tout en érodant la pertinence de nos prises de position et le respect suscité par notre pays dans les domaines où il pourrait justement exercer une réelle influence »[22]. Andrew Cohen le complète : « Vertueux Canada. Il croit compter par le seul fait d'exister »[23]. Cela stimulerait une diplomatie romantique qui n'est pas très caractéristique d'une politique réaliste. Or le Canada aurait besoin d'une nouvelle « mise en contexte »[24].

Il importe de préciser qu'il y a une distinction entre la souveraineté d'un État et son autonomie politique, ce qui représenterait la distance entre la conception juridique de l'ordre étatique et la réalité des rapports de pouvoir politique. L'autonomie serait une notion traduisant « la capacité relative d'un État de conduire ses propres affaires malgré les contraintes économiques, sociales et stratégiques imposées par le contexte international »[25]. Elle exprimerait le pouvoir des gouvernements d'agir d'une manière indépendante dans la conception et la réalisation de leurs objectifs de politique intérieure et de politique internationale[26]. Ainsi, les États sont autonomes lorsqu'ils agissent selon leurs intérêts et valeurs. C'est ce que fait le Canada dont la politique étrangère ne peut pas être accusée d'être calquée sur le néoconservatisme en vogue à Washington.

2.2 La communauté épistémique. Revue de la littérature spécialisée

La communauté épistémique au sens large est formée par les chercheurs, les universitaires et les journalistes. Leurs avis, leurs prises de positions et leurs publications représentent un facteur de pression important à l'égard du gouvernement. Leurs opinions sont extrêmement diversifiées et partagées sur la marge de manœuvre de la politique étrangère canadienne dans l'après 11 septembre, comme nous allons le voir dans cette section. Même si tous s'entendent que la souveraineté du Canada doit être préservée, les avis divergent quant aux moyens et aux chemins pour la réconcilier avec les nouvelles exigences en matière de sécurité.

Devant une politique étrangère relativement confuse et ambivalente, plusieurs chercheurs on fait valoir que pour que le Canada mène une politique étrangère et de sécurité cohérente, il doit d'abord définir son intérêt national[27]. Selon Norman Hillmer, la politique étrangère du Canada a toujours été liée d'abord à la Grande-Bretagne, ensuite aux États-Unis, mais pour affirmer son indépendance à l'égard de l'un et de l'autre pays, le Canada a soutenu son adhésion au multilatéralisme. Pourtant, cette position est « pure fiction, un rêve sans rapport avec la réalité des intérêts canadiens » : « À proportion de

85 %, observe Hillmer, notre politique étrangère se résume à nos liens avec les États-Unis. Telle est la vraie réalité, et tels sont les intérêts que nous protégeons avec le plus de zèle et d'efficacité »[28].

Ainsi, on observe que le Canada met l'accent sur le multilatéralisme d'une manière plutôt formaliste et traditionaliste qu'adaptée aux nouveaux défis de la « guerre au terrorisme ». Dans cette perspective, le multilatéralisme, tant prôné dans les documents officiels, dans les déclarations et dans les discours des praticiens, est encore perçu comme une espèce de parapluie contre l'influence grandissante des États-Unis[29]. Selon Allan Gotlieb, ancien ambassadeur canadien aux États-Unis, la politique étrangère canadienne est caractérisée par l'ambivalence. Ainsi tout en s'engageant dans la voie du multilatéralisme, le Canada a également visé des objectifs unilatéraux, en étendant ses eaux territoriales et en appliquant un programme commercial bilatéral avec les États-Unis[30].

D'autre part, l'inconséquence d'une politique extérieure de type « grande puissance », que le Canada essaye encore de promouvoir, se voit dans la diminution des ressources destinées aux ministères des Affaires étrangères et de la Défense, ce qui provoque une perte de visibilité et de crédibilité à travers le monde[31]: déclin de la réputation et de la pertinence canadienne auprès des États-Unis, déclin du leadership canadien en développement, portée déclinante des efforts canadiens de maintien de la paix et de sécurité internationale en général[32]. Or, la qualité de la diplomatie est un facteur de puissance[33].

Ainsi, selon Denis Stairs, J. L. Granatstein, Kim Nossal, l'Europe tend à penser l'Amérique de Nord comme une « entité intégrée dans laquelle ce sont seulement les États-Unis qui comptent »[34]. D'autres spécialistes, comme Stephen Clarkson, estiment que c'est même le cas de certaines institutions internationales, comme l'ALENA ou l'OTAN, qui ont fait du Canada « a crusader by association »[35].

Selon certains spécialistes, au contraire, la distance entre le Canada et les États-Unis augmente. Richard Gwyn observait dans le *Toronto Star* que le discours de l'ancien premier ministre Jean Chrétien devant le Chicago Council of Foreign Relations en février 2003 est passé inaperçu, sans être mentionné dans des articles importants aux États-Unis[36]. Dans un autre article publié dans *National Post,* Andrew Coyne estime que le même discours démontre à quel point l'importance du Canada a chuté[37]. Andrew Cohen analyse dans un livre controversé, *While Canada Slept : How We Lost Our Place in the World,* le déclin de l'importance du Canada dans le monde[38], tandis que Kim Nossal s'interroge sur la capacité de Paul Martin de rétablir l'influence du Canada à Washington et demeure sceptique à cet égard[39]. Selon Tom Axworthy, ancien secrétaire principal de Pierre Elliott Trudeau, le Canada a pris un grand retard en matière de défense et sur le plan diplomatique, il fait piètre figure par rapport au Mexique et à ses 63 consulats aux États-Unis. L'auteur propose un programme axé sur les quatre « d » : défense, développement, diplomatie et démocratie[40].

Pour sa part, Denis Stairs estime que le Canada est devenu une puissance confinée au continent. Selon Stairs, la politique extérieure du Canada est trop enracinée dans le désir de se différencier de la politique américaine. Les différences de politiques doivent être basées sur des principes solides et des intérêts clairement définis, et non pas être un but en soi[41]. Étant donné que le Canada est dépendant économiquement et militairement de son voisin du Sud, l'auteur nous indique que le rôle du Canada devrait être plus restreint et concentré sur les relations bilatérales avec les États-Unis, d'autant plus que les États-Unis sont en train de réaménager leurs relations avec leurs anciens alliés[42]. Ainsi, tout en réduisant sa marge de manœuvre, l'influence canadienne auprès de Washington pourrait augmenter. Au contraire, Stephen Clarkson rejette cette thèse[43]. Selon lui, la solution serait d'harmoniser les mesures de sécurité sélectionnées dans différents pays puisque certains aspects de sécurité interne sont devenus de plus en plus des questions transnationales, vu la ramification et la mobilité des regroupements terroristes. La porosité des frontières fait en sorte qu'un attentat peut être planifié et financé dans un autre pays que celui où il sera organisé[44]. Dans le même sens, pour Frank J. Cilluffo, le véritable défi serait de trouver des mesures de sécurité distinctes et efficaces dans chaque pays capable en même temps de renforcer la sécurité collective[45].

Pour Charles Barrett et Hugh Williams, une approche progressive qui mettra ensemble les questions bilatérales dans un contexte d'objectifs stratégiques clairs pourrait donner au Canada la meilleure opportunité de renouveler les relations entre les deux pays[46]. Les auteurs croient en une approche pragmatique étape par étape qui devrait renforcer la coopération bilatérale et rendre fluide le trafic commercial. Considérant les différences dans les politiques des deux pays, les auteurs soulignent que le Canada doit chercher plutôt l'harmonisation que la différenciation[47]. L'économiste montréalais William Watson recommande aussi au premier ministre Paul Martin des politiques « transformationnelles ». Selon lui, le Canada devrait envisager sans réticences plusieurs politiques communes avec les États-Unis pour accroître sa prospérité : marché commun avec les États-Unis, une politique d'immigration commune, union douanière, union monétaire ou taux de change fixe. Avant tout, il recommande le maintien d'une politique économique libérale ouverte[48]. Sidney Weintraub croit, lui aussi, que les discussions sur différents projets comme l'union monétaire nord-américaine sont très utiles. « Les nations, écrit l'auteur, font souvent des progrès quand elles débattent d'enjeux majeurs »[49].

George Haynal, ancien diplomate canadien ayant œuvré aux États-Unis, fait ressortir que depuis les attentats du 11 septembre les Américains sont surtout préoccupés de sécurité et d'« intelligence » des frontières, ce qui a repoussé l'échéance d'une intensification des liens commerciaux[50]. « La sécurité nord-américaine étant un besoin commun, souligne l'auteur, elle devrait faire l'objet d'un projet commun ». Haynal propose un programme canadien d'intégration ambitieux en quatre points : interopérabilité réglementaire, notamment sur les marchés financiers, sécurisation des ressources naturelles, intégration des marchés de l'emploi et approche continentale de la sécurité[51].

Concernant le dernier point, un rapport du Groupe de travail indépendant sur l'avenir de l'Amérique du Nord, organisme sous l'égide du Council of Foreign Relations, coprésidé par l'ancien vice-premier ministre canadien John Manley, l'ancien gouverneur de Massachusetts, William Weld, et l'ancien ministre des finances du Mexique, Pedro Aspe, propose la création d'ici 2010 d'un périmètre de sécurité nord-américain, « une communauté en vue d'accroître la sécurité, la prospérité et l'égalité des chances de tous les Nord-Américains »[52]. Un des volets serait la libre circulation des personnes entre les trois pays, moyennant un système de laissez-passer.

Deborah W. Meyers et Kevin O'Neil du Migration Policy Institute de Washington s'interrogent eux aussi sur les questions d'immigration et observent que, depuis le 11 septembre 2001, la sécurité des frontières a devancé en importance le facteur de l'immigration. « Il faudra régler ces deux questions avant d'étendre l'intégration nord-américaine au-delà des échanges de biens », soulignent les auteurs, en ajoutant qu'il reste à définir un cadre politique global. « Une vaste réforme de l'immigration américaine permettrait de modifier la trajectoire de l'intégration, concluent les auteurs, pour répartir à l'échelle du continent les avantages de la coopération sur les questions migratoires »[53].

Howard Leeson examine, lui aussi, les rapports canado-américains et s'interroge pour savoir si le Canada peut encore jouer un rôle différent de celui des États-Unis dans le monde. Selon lui, le Canada a trois options après les événements du 11 septembre[54] :

1. Malgré les craintes du gouvernement et du public, le Canada devrait appuyer les initiatives de Washington puisque de toute façon une plus grande intégration est probablement inévitable. Cette option présuppose une sécurité commune, une coopération politique plus large, une intégration militaire partielle et, en perspective, une intégration politique sur le modèle européen.

2. Le Canada pourrait appuyer généralement les États-Unis, tout en faisant valoir la position canadienne sur des aspects ponctuels. Un retour au

statu quo ante sera privilégié dès que les « agitations » seront éteintes. Selon cette option, le Canada doit garder le plus d'options ouvertes pour l'avenir et chercher à contourner la politique unilatérale américaine à travers une coopération renforcée avec d'autres États, notamment en Europe. C'est une option qui sépare la politique et la sécurité des aspects économiques.

3. La troisième option est de renforcer la coopération dans tous les domaines avec les États-Unis pour accélérer l'intégration économique, mais le Canada doit aussi esquisser une politique alternative qui pourrait donner une plus grande flexibilité dans l'avenir. Il s'agit d'une alternative réaliste qui consiste en une stratégie à court terme et une autre à long terme et c'est en effet ce que le Canada semble adopter.

Pour Bob Rae, la politique canadienne en matière de défense, de commerce et d'affaires étrangères continuera à traduire en pratique les valeurs du Canada pendant le gouvernement Martin même si, croit l'ancien premier ministre de l'Ontario, l'intégration économique de l'Amérique du Nord est devenue inévitable[55]. Dans le même sens, Bill Dymond et Michael Hart notent que les Canadiens semblent surtout s'interroger sur la distance plus ou moins grande qui devrait séparer le Canada des États-Unis. Mais ce questionnement ne « fournit d'orientation politique sur aucun enjeu critique », estiment ces deux experts de la politique commerciale canadienne, en ajoutant que l'idée selon laquelle ces valeurs « peuvent et doivent nous guider » pose fatalement un problème de part et d'autre de la frontière. « Quoi qu'il en soit, les relations canado-américaines ne sont la création, et moins encore la créature, d'aucune politique étrangère »[56].

Dans un autre article, les mêmes deux auteurs comparaient la politique étrangère canadienne des dix dernières années aux villages en trompe-l'œil de Potemkine, une multiplication de déclarations creuses sur les « valeurs canadiennes » et des rappels nostalgiques du rôle de puissance moyenne du Canada dans un monde révolu – le monde bipolaire de la Guerre froide où le Canada servait d'intermédiaire entre les États-Unis et leurs partenaires de l'OTAN au sein de l'Alliance atlantique. En tant que premier ministre, jugent les auteurs, « Paul Martin aura l'occasion d'en finir avec cette politique étrangère en trompe-l'œil pour prendre acte des nouvelles réalités qui, tout en réduisant notre marge de manœuvre, nous offrent la double chance de regagner notre influence auprès de Washington et de renouer avec notre rôle historique, qui consiste à expliquer le monde aux États-Unis et les États-Unis au monde »[57].

Des anciens praticiens de la politique étrangère canadienne envisagent un resserrement des relations entre le Canada et les États-Unis. Lors d'un discours prononcé à l'Institut canadien des affaires internationales, à Calgary, l'ancien vice-premier ministre et ministre des Affaires étrangères John Manley a vivement conseillé à Paul Martin de rétablir en priorité les relations canado-américaines au plus haut niveau. « Peu importe que George W. Bush soit impopulaire au Canada. Il est le chef élu de notre voisin du Sud, un pays qui est de loin notre principal client et dont les décisions influent sur des millions d'emplois canadiens »[58]. D'ailleurs même un rapport du Comité sénatorial permanent de la défense et de la sécurité de septembre 2002 s'intitulait – tranchant – *La défense de l'Amérique du Nord : une responsabilité canadienne*[59].

D'autres auteurs, comme Laura Macdonald de l'Université Carleton, s'interrogent sur le rôle de la société civile dans le débat sur l'intégration nord-américaine et soulignent l'extrême polarisation entre, d'un côté, les États et les entreprises, partisans du libre-échange, et, d'un autre côté, un vaste éventail d'acteurs sociaux qui s'y opposaient. L'auteur soutient que « toute proposition visant à étendre l'intégration nord-américaine qui ferait l'impasse sur la société civile est vouée à l'échec »[60]. C'est justement de cette réaction de la société civile qu'on va discuter dans la prochaine section.

2.3 Les partis et les groupes de pression

Les partis et les groupes de pression ont eu une contribution essentielle pour que les politiques et les lois canadiennes reflètent les valeurs et les traditions canadiennes. Nombreux amendements ont été proposés et intégrés dans les lois antiterroristes, la Loi sur la sécurité publique a été retirée trois fois de suite aux critiques des intervenants. La nouvelle politique de sécurité nationale prévoit des modalités de consultation avec les groupes de la société civile encore plus systématiques.

Les exemples sont très nombreux. L'Association du Barreau canadien et le Conseil canadien pour les réfugiés ont réussi à impliquer le Parlement dans l'élaboration des règlements pour la mise en œuvre de la Loi sur l'immigration. Plusieurs intervenants dont la Table de concertation des organismes au service des personnes réfugiées et immigrantes, le Groupe de travail sur les réfugiés, qui fait partie du Centre justice et foi, le Conseil ethnoculturel du Canada et l'Association québécoise des avocats de l'immigration ont réussi à faire éliminer les dispositions les plus controversées et à apporter des nombreux amendements aux projets des lois antiterroristes.

Un groupe de pression issu de la communauté épistémique, l'Association canadienne des professeures et professeurs d'université, s'est inquiété de la définition trop large du terrorisme et a réussi à ramener le gouvernement à proposer une définition plus précise.

La Ligue des droits et libertés a demandé au gouvernement de trouver une solution humanitaire aux problèmes des réfugiés qui se trouvent dans des églises[61].

Le Conseil canadien pour les réfugiés a proposé des amendements à la Loi sur l'immigration et a critiqué farouchement l'Entente sur le pays tiers sûr. Selon Janet Dench, sa présidente, « les États-Unis ont un système d'immigration beaucoup plus dur que le nôtre. Le Canada va devenir son complice pour refouler les réfugiés vers la persécution »[62].

La coalition Solidarité sans frontières (SSF) a demandé plusieurs fois que le Canada lance une vaste campagne de régularisation du statut de tous les sans-papier vivant au pays, afin qu'ils puissent obtenir rapidement la résidence permanente. C'est en effet un geste que le Canada a déjà fait en 1973.

D'autre part, certains groupes de pression ont soutenu le Plan d'action pour la création d'une « frontière intelligente » et toutes les mesures bilatérales avec les États-Unis qui pourraient aider à rendre fluide le commerce entre les deux pays. En ce sens, la Fédération canadienne de l'entreprise indépendante a fait pression pour que le délai d'attente à la frontière soit réduit. Une des solutions trouvées par Washington en réponse aux demandes canadiennes en la matière est le programme de partenariat commercial transfrontalier antiterroriste (C-TPAT)[63]. Ce programme offre aux entreprises qui s'y accréditent une autorisation de prédédouanement accéléré, suite à des vérifications de sécurité des mesures relatives à la chaîne d'approvisionnement. Les entreprises accréditées pourront franchir la frontière même dans l'éventualité d'une fermeture suite à un nouvel attentat terroriste[64].

La Coalition pour des frontières sécuritaires et efficaces, qui réunit plus de 40 associations d'affaires et entreprises individuelles canadiennes, a exercé des pressions pour que la législation en matière de sécurité et d'immigration soir resserrée et que des nouvelles mesures de sécurité à la frontière soient mises en place de manière à ce que le trafic commercial et la confiance entre les deux pays s'accroissent[65].

La position des partis explique aussi les choix du Canada dans ses relations avec les États-Unis. Même si les libéraux étaient un monolithe, ce qui n'est pas le cas, ils ne pourraient pas aller trop loin dans ce que certains analystes appellent « l'accélération sécuritaire » de l'après 11 septembre 2001.

Le Parti conservateur de Stephen Harper s'est prononcé sans nuances pour des relations plus poussées avec les États-Unis, y compris dans le domaine de la sécurité. Harper a accusé maintes fois les gouvernements libéraux qu'ils vont payer les frais économiques des décisions tels que la non-participation à la guerre en Irak ou l'ambivalence dans le dossier du bouclier antimissile, en qualifiant même d'antiaméricaine la position de certains députés libéraux[66].

À l'autre pôle se situent le Bloc québécois et le Nouveau Parti démocratique qui ont accusé souvent le gouvernement libéral d'alignement sur l'unilatéralisme américain et de faire des concessions sur le plan de la souveraineté nationale. Ces deux partis s'opposent farouchement au Bouclier antimissile et ont augmenté les pressions depuis le mois de juin 2004, quand le gouvernement libéral est devenu minoritaire.

La porte-parole du Bloc québécois en matière d'affaires étrangères, Francine Lalonde, fait partie d'un groupe de parlementaires – dont certains libéraux – qui sont préoccupés par « un alignement de la politique étrangère canadienne sur celle des États-Unis ». Lalonde déplore que le Canada soit en train d'abandonner ses prises de position traditionnelles sur des questions aussi fondamentales que celle du conflit israélo-palestinien[67].

L'activité du Parti libéral fait indirectement l'objet de ce chapitre, les gouvernements qui ont agi avant et après les événements du 11 septembre étant des gouvernements libéraux. On doit remarquer pourtant les opinions mitigées au sein du Parti libéral par rapport à certaines questions importantes comme le Bouclier antimissile. Un député libéral, Andrew Telegdi, a critiqué l'Entente sur le pays tiers sûr, tandis qu'un autre, Yasmin Ratansi, a attribué le terrorisme aux « politiques des États-Unis »[68]. Cela fait état d'un courant libéral opposé à la politique de l'administration Bush[69].

3. LE PILIER SÉCURITAIRE DE LA POLITIQUE ÉTRANGÈRE CANADIENNE APRÈS LE 11 SEPTEMBRE 2001

Les événements du 11 septembre ont ramené à l'avant-scène les préoccupations liées à la sécurité, surtout dans sa dimension de sécurité du territoire, consacrées par l'ascension des « acteurs neufs » non étatiques, des terroristes et des mafieux qui profitent de la faiblesse des États, de la libre circulation des capitaux et des moyens de communication modernes pour accroître leur influence[70].

Dans sa dimension non militaire, la sécurité est appréhendée à plusieurs niveaux : dans un cadre infra-étatique, on assiste à un réaménagement institutionnel qui rendra plus efficace le partage de renseignements entre le divers organismes d'application de la loi (polices, services d'information, douanes, immigration). À un niveau inter-étatique, cette coopération s'est considérablement accrue, en suscitant des craintes par rapport à une perte ou à un partage de souveraineté. Les États ont dû harmoniser leurs législations nationales, adopter des mesures conjointes par rapport à la gestion de leurs espaces frontaliers et signer des ententes d'extradition. On assiste aussi à une implication dans la coopération en matière de sécurité humaine au détriment de la sécurité nationale. La sécurité globale évolue plutôt vers un renforcement des sécurités nationales traditionnelles que vers une synergie des dimensions politiques, économiques, sociales ou environnementales qui émergeait progressivement depuis les années quatre-vingt[71]. C'est un retour à la sécurité étatique traditionnelle, dans une perspective néo-réaliste, évidemment avec de nouveaux moyens techniques et juridiques[72].

		La menace	
		Violence physique	Violence physique et non militaire
Le sujet	Individu	Sécurité personnelle	Sécurité humaine
	État	Sécurité nationale	Sécurité globale

Source : Amitav Acharya, « Human Security : East versus West », in International Journal, vol. 56, été 2001, p. 453.

Cette dynamique a amené les États-Unis à « sanctuariser leur territoire national » par des mesures législatives et par une nouvelle architecture institutionnelle. En même temps, Washington s'est aperçu de la porosité des frontières et des voies de communications à l'infiltration des éléments terroristes, ce qui a déterminé les États-Unis à appeler ses voisins, le Canada et le Mexique, à l'harmonisation de toutes les politiques et mesures de surveillance et de détection (immigration, frontières, défense, renseignements) pour prévenir d'autres attentats.

Les fonctions fondamentales de la frontière sont liées à la sécurité et à la mobilité[73]. On a ainsi un clivage généré par le fait que les États-Unis sont plus préoccupés par la sécurité, tandis que le Canada demeure concerné, de par la structure de ses échanges commerciaux, par la mobilité. Un compromis devrait être trouvé pour que les deux fonctions restent en équilibre.

Cette section se propose de suivre le cheminement vers ce compromis, dans ces dimensions multilatérales et bilatérales, tout en s'interrogeant s'il est conforme aux intérêts et aux valeurs du Canada.

3.1 La coopération multilatérale en matière de sécurité non militaire

Le Canada s'est impliqué dans le dossier du terrorisme dès le sommet du G7 de San Juan de Porto Rico, en 1976, bien avant que les États-Unis aient décidé de rendre ce problème prioritaire dans l'ordre du jour des réunions des instances multilatérales ou bilatérales. La Conférence avait débouché sur l'adoption de 25 mesures concrètes, allant des mesures de sécurité dans les aéroports et à la frontière jusqu'au marquage des produits explosifs[74]. Le Canada a continué d'appuyer constamment les prises de positions et les mesures antiterroristes, comme le témoignent sa signature sur la Déclaration contre le piratage aérien adoptée au sommet de Bonn en 1978, ou la Déclaration concernant l'attentat au gaz sarin dans le métro de Tokyo, adoptée au sommet de Halifax, en 1995[75].

L'Organisation mondiale des douanes (OMD) contribue à la lutte contre le terrorisme depuis environ 20 ans. Le Partenariat entre les douanes et les entreprises contre le terrorisme, duquel fait partie aussi le Canada, « fait la promotion de la sécurité de la chaîne des approvisionnements et du mouvement efficace du commerce légitime par-delà des frontières »[76].

La reconceptualisation de la sécurité hémisphérique en Amérique du Nord a commencé dès 1991, après la fin de la guerre froide. En 1998, au sommet de Santiago de l'Organisation des États américains, la Commission sur la sécurité continentale s'est vu confier un mandat large qui représentait la synthèse de cette réflexion sécuritaire :

1) d'effectuer le suivi et d'approfondir l'examen des questions relatives aux mesures d'encouragement et de confiance de la sécurité,

2) de conduire une analyse sur la signification, la portée et les conséquences pour le Continent américain des concepts internationaux de sécurité,

3) d'élaborer les approches communes les plus appropriées permettant d'en aborder les différents aspects et de préciser les moyens à employer pour revitaliser et renforcer les institutions du Système américain liées aux différents aspects de la sécurité continentale[77].

Au sommet de Québec, le Canada s'est retrouvé parmi les pays qui préconisaient un élargissement de la notion et de l'approche conventionnelles de la sécurité afin d'affronter les nouvelles menaces – politiques, économiques, sociales, environnementales et sanitaires – qui peuvent mettre en péril autant les personnes que les sociétés, et compromettre l'aptitude des autorités démocratiques légitimes à gouverner. C'est une approche qui englobe des éléments de sécurité humaine et de sécurité étatique.

La Canada joue un rôle important au sein des organismes comme le Comité interaméricain contre le terrorisme (CICTE) et la Commission interaméricaine de lutte contre l'abus des drogues (CICAD)[78], toutes les deux dans le cadre de l'Organisation des États américains (OEA)[79]. Entre novembre 2003 et décembre 2004, le Canada a exercé la présidence du

CICAD par son sous-ministre adjoint principal de Sécurité publique et Protection civile Canada, Paul Kennedy.

Créé en 1998, le CICTE s'est donné comme mission, entre autres, de resserrer la coopération à la frontière et de renforcer la gestion de crises. À sa première session extraordinaire d'après les attentats du 11 septembre, le 15 octobre 2001, le CICTE a constitué un sous-comité portant sur les contrôles à la frontière. À sa deuxième session ordinaire, les 28-29 janvier 2002, le CICTE avait déjà reçu des rapports sur les mesures prises par les États membres qui « visent le contrôle à la frontière (c'est-à-dire des systèmes d'alerte rapide et de mise en commun des renseignements permettant de suivre les mouvements des terroristes, d'empêcher leur transit, de les garder et d'élaborer des bases de données liées à l'immigration sans porter atteinte au libre transit des personnes), l'amélioration des documents d'identification et de voyage, les mesures douanières (c'est-à-dire le rehaussement des contrôles dans les ports de mer, ports intérieurs, ports de lac, aéroports et points de traversée terrestre) »[80].

Un autre organisme, le Comité Contre-Terrorisme (CCT), a été créé le 28 septembre 2001 par la résolution 1373 du Conseil de Sécurité des Nations Unies dans le but de veiller à l'amélioration de la coopération judiciaire et des échanges d'informations, ainsi qu'à la coordination bilatérale et multilatérale en matière de lutte antiterroriste[81]. Le Canada s'est rangé parmi les premiers pays à ratifier cette résolution et a apporté une contribution importante lors des discussions, comme les sténogrammes des réunions le montrent.

Une autre instance multilatérale où le Canada s'est montré actif est le G8. Le Plan d'action d'octobre 2001 pour combattre le financement du terrorisme a établi quatre priorités : des sanctions internationales incluant le gel des éléments d'actif des terroristes, l'élaboration rapide et la mise en œuvre de normes internationales, l'augmentation de l'échange d'informations et l'exécution d'actions plus vigoureuses pour empêcher les abus dans le secteur financier[82]. Finalement, un autre Plan d'action contresigné par le Canada, qui endossait la résolution 1373, a été rendu public par le Comité sur le terrorisme du Commonwealth, le 29 janvier 2002[83].

La première réponse continentale aux nouveaux enjeux de sécurité a été la signature de la Convention interaméricaine contre le terrorisme en mars 2002, qui élargit considérablement le rôle du CICTE. Les attributions du CICTE sont les suivantes :

l'établissement d'un répertoire des autorités compétentes, un répertoire des compétences (connaissances spécialisées relatives aux contrôles financiers, aux contrôles à la frontière, à la législation nationale, à l'application de la loi, au trafic illicite d'armes, aux armes biologiques et chimiques, à l'utilisation illicite de matières radioactives, au trafic de drogues, aux centres de recherche universitaires et spécialisés, etc.), un réseau interaméricain d'échange de données, une banque de données interaméricaine informatisée sur le terrorisme, des contributions aux réunions préparatoires de la Commission sur la sécurité continentale en vue de la Conférence extraordinaire sur la sécurité, un manuel interaméricain de pratiques exemplaires visant à prévenir, combattre et éliminer le terrorisme, ainsi que la coopération en matière de prévention, de formation et de mise en commun des expériences[84].

Une autre étape s'est déroulée le 27-28 octobre 2003 : une conférence spéciale sur la sécurité a eu lieu à Mexico. La conférence a essayé de trouver une entente sur la nature des menaces auxquelles les Amériques sont confrontées et d'aboutir à une définition de la sécurité hémisphérique. Cette définition de la sécurité s'est révélée relativement large en couvrant un ensemble varié de menaces allant du terrorisme à la pauvreté en passant par le sida, les catastrophes naturelles et le trafic d'armes[85].

Une autre réunion, organisée cette fois-ci par l'Office des Nations Unies contre la drogue et le crime et l'Organisation pour la coopération et la sécurité en Europe, a adopté le 12 mars 2004 la Déclaration de Vienne, qui réaffirmait le rôle du comité du Conseil de sécurité des Nations Unies contre le terrorisme dans les efforts coordination de la lutte contre ce fléau[86].

Finalement, le 23 mars 2005, un sommet américano-canado-mexicain, qui a eu lieu a Waco, au Texas, a entériné la création d'un partenariat nord-américain visant à améliorer la sécurité et la prospérité du continent, basé sur certaines recommandations du Groupe de travail indépendant sur l'avenir de l'Amérique du Nord[87]. Cela représente une reconnaissance de l'interdépendance complexe qui caractérise les rapports entre les trois pays[88].

3.2 Les ententes bilatérales

Certains voient une révolution dans les relations de sécurité et de défense entre le Canada et les États-Unis après le 11 septembre, mais comme le souligne David Grondin, plutôt que de révolution, il faudrait parler d'évolution[89].

Comme nous l'avons montré dans une autre publication[90], la coopération bilatérale en matière de sécurité non militaire a débuté bien avant l'année 2001. Le Groupe consultatif bilatéral sur l'antiterrorisme, créé en 1988, qui institutionnalisait pour la première fois la lutte contre le terrorisme entre les deux pays[91], l'*Accord sur la frontière commune*, signé le 25 février 1995[92], l'apparition des équipes intégrées de la police des frontières (EIPF) en 1996[93] et le processus *Vision de la frontière* lancé en 1997[94] représentent autant d'exemples de cette coopération multidimensionnelle et multisectorielle.

Il importe ici de préciser que la frontière canado-américaine, longue de 8850 km, est la frontière la plus fréquentée au monde, avec des échanges commerciaux qui augmentent de façon spectaculaire après la signature de l'Accord de libre-échange nord-américain (ALENA). Une partie de ces échanges se font en temps réel (juste à temps) et les emplois de centaines de milliers de personnes en dépendent directement. Cela montre qu'un arrêt ou un ralentissement de ce trafic commercial en raison des craintes sécuritaires, qui s'est déjà produit le 11 septembre 2001 et les jours suivants, aurait des effets catastrophiques sur les économies des deux pays[95] et particulièrement du Canada dont les exportations sont dirigées en proportion de 85 % vers les États-Unis[96]. D'autre part, les responsables américains ont répété maintes fois que, pour que la frontière reste ouverte aux échanges commerciaux, un resserrement sécuritaire est nécessaire.

Cela montre clairement qu'on ne peut pas parler d'un périmètre de sécurité nord-américain au sens strict. Un tel concept serait valide si le contrôle à la frontière entre les deux pays était aboli, comme dans l'Union européenne, et un espace unique de sécurité, d'application de la loi et des politiques d'immigration serait institué, ce qui n'est pas le cas ni pour l'instant, ni pour l'avenir proche. Même du côté canadien, un sondage mené par l'Agence Zogby à la fin de septembre 2001 montrait que 72 % de la population canadienne voulait des contrôles plus musclés à la frontière et une application plus stricte de la législation d'immigration[97].

Jusqu'aux attentats du 11 septembre on ne parlait que de façon très sporadique des enjeux sécuritaires à la frontière canado-américaine; au contraire, on parlait de disparition progressive de cette frontière. Toutes les ressources de Washington étaient concentrées sur la frontière américano-mexicaine. Le 11 septembre, il y avait autant d'agents de patrouille à Bownsville, au Texas, qu'il y en avait sur «la plus longue frontière non protégée au monde», celle entre le Canada et les États-Unis. Certains politologues sont d'avis que, depuis lors, on assiste à une «mexicanisation» de la frontière canado-américaine[98]. Dernièrement, les Américains ont mis en place cinq unités de surveillance sur le modèle qui existait depuis longtemps à la frontière américano-mexicaine[99]. Déjà l'Affaire Ressam[100] avait contribué à la propagation de l'idée que les Canadiens «ne font pas leur juste part sur le plan de la sécurité, et que la relation très ouverte entre les deux pays pourrait un jour desservir les Américains»[101].

Pourtant, la plupart des volets de la *Déclaration conjointe de coopération sur la sécurité de la frontière et les migrations régionales* et du *Plan d'action pour la création d'une frontière intelligente,* adoptés en décembre 2001 se retrouvent dans l'acte constitutif du Forum du Partenariat Canada – États-Unis (PCEU) d'octobre 1999. À ce moment-là on parlait d'« harmonisation et colla-boration en matière de politiques et de gestion frontalières » sans que cette for-mule ne suscite la moindre crainte par rapport à une diminution de la marge de manœuvre canadienne, comme fut le cas après les événements du 11 sep-tembre.

La *Déclaration conjointe de coopération sur la sécurité de la frontière,* signée le 3 décembre 2001, concernait l'émission des visas, l'échange d'informa-tion entre services des deux pays et la surveillance conjointe de trafic trans-frontalier. Malgré cette convention, le Canada a encore aujourd'hui une politique différente d'émission de visas de celle des États-Unis[102] et il n'est pas question de screening sécuritaire comparable à celui des États-Unis ou de prélèvement des empreintes digitales du côté canadien de la frontière.

Quant au *Plan d'action pour la création d'une frontière intelligente,* il réitère et développe les principes directeurs du Partenariat Canada-États-Unis (PCEU). Même le concept de « frontière intelligente » n'est pas nouveau. Il a été lancé pour la première fois le 30 juin 1996, au cours de la conférence minis-térielle du G-8 sur le terrorisme à Paris par la ministre du Revenu national, Jane Stewart. Selon la ministre Stewart, rendre une frontière intelligente con-siste à implanter une stratégie de surveillance commune soutenue par un équi-pement de haute technologie[103].

Le 6 décembre 2002, le vice-premier ministre John Manley et le gouver-neur Tom Ridge déposaient un rapport d'étape dans lequel ils présentaient les progrès accomplis en un an après la signature du plan d'action pour la création d'une frontière intelligente. Le document adopte une note triomphaliste[104] mais en fait les progrès accomplis ne sont pas si considérables. Cependant, une des mesures réalisées avec succès est le prédédouanement américain dans les aéro-ports canadiens (qui a été mis en œuvre pour la première fois en 1952). Il s'agit d'une approche de « délocalisation » de la frontière, privilégiée autant par les États-Unis que par le Canada[105]. Des agents canadiens d'immigration se trouvent, en plus des ports et des aéroports américains, dans les principaux aéroports européens et asiatiques, tandis que le prédédouanement des États-Unis est déjà en place, en plus du Canada, au Royaume-Uni, en Australie, en Pologne et au Moyen-Orient[106]. C'est en même temps une mesure qui réduit les délais dans les aéroports américains congestionnés et qui donne accès aux compagnies aériennes qui partent du Canada aux aéroports américains régionaux, dépourvus de services de douanes et d'immigration.

Dans ce domaine, le 2 mai 2003, les deux pays ont signé un accord pour améliorer les services de précontrôle dans les aéroports canadiens. Il s'agit de la révision de l'accord en la matière du 18 janvier 2001[107]. Il accorde « un pouvoir limité » aux services d'inspection américains pour effectuer dans les aéroports canadiens le précontrôle en matière de douanes, d'immigration, de santé publique, d'inspection des aliments et de santé des plantes et des animaux. Il s'agit d'un accord réciproque, conforme à la *Loi sur le précontrôle* du Canada[108]. Les documents conjoints soulignent que « les activités américaines de prédédouanement demeurent assujetties à la législation canadienne, notamment la *Charte canadienne des droits et libertés*, la *Déclaration des droits* et la *Loi canadienne sur les droits de la personne* »[109].

Finalement, le 30 août 2002, le Canada et les États-Unis ont paraphé l'Entente sur les pays tiers sûrs qui devrait « mettre ainsi un terme au magasinage de terres d'asile » et surtout empêcher l'entrée au pays d'immigrants cherchant à bénéficier des avantages sociaux que le Canada offre[110]. L'entente est entrée en vigueur le 28 décembre 2004 et elle ne vise que les demandeurs d'asile se trouvant à la frontière terrestre canado-américaine. La pression des organismes de protection des droits des réfugiés a fait inclure dans le texte des règlements d'application de l'Entente une stipulation prévoyant que « tous les demandeurs d'asile seront entendus et aucun ne sera renvoyé tant que le Canada ou les États-Unis n'auront pas rendu une décision sur leur statut »[111].

Un document important est celui issu de la rencontre Martin et Bush, le 30 novembre 2004. La « Déclaration conjointe du Canada et des États-Unis – Sécurité commune, prospérité commune : Un nouveau partenariat en Amérique du Nord » réitère les points à développer en matière de sécurité non militaire, restés en suspens depuis décembre 2001 :

• amélioration de la coordination en matière de renseignement, d'application de la loi des deux côtés de la frontière et de lutte contre le terrorisme ;

• mise en œuvre du prédédouanement à des postes terrestres ;

• resserrer la sécurité de l'infrastructure essentielle, y compris les réseaux de transport, d'énergie et de communication ;

• veiller à la sécurité et à l'intégrité des passeports en conformité avec l'Accord consulaire signé le 13 janvier 2004[112].

Le cinquième rapport d'étape sur la « Frontière intelligente », déposé le 17 décembre 2004, faisait état des progrès constatés dans la gestion des aspects sécuritaires de la frontière canado-américaine. Les principaux faits saillants sont les suivants :

- la mise en place d'un projet-pilote de prédédouanement terrestre du même côté de la frontière à Buffalo – Fort Érie ;

- l'ouverture du programme américain de prédédouanement aérien à l'aéroport de Halifax ;

- la mise en œuvre de l'Entente sur les pays tiers sûrs le 28 décembre 2004 ;

- la mise en œuvre du Programme d'expéditions rapides et sécuritaires (EXPRES) à sept nouveaux postes frontaliers commerciaux le long de la frontière terrestre (il est déjà actif en 15 postes frontaliers)[113].

Par ailleurs, la vice-première ministre canadienne, Anne McLellan, et le secrétaire américain de la sécurité nationale, Tom Ridge, se sont engagés à réduire de 25 % les délais d'attente à la frontière terrestre entre les deux pays[114].

Pourtant, le dernier rapport du Sénat de décembre 2004 montre qu'il y a encore d'importantes lacunes dans la mise en œuvre de la politique canadienne de sécurité et des ententes conclues avec les États-Unis. Le rapport prétend que « si le Canada n'a pas encore été la cible d'un attentat terroriste depuis le 11 septembre 2001, c'est principalement une question de chance et non pas à cause d'une planification ou d'une préparation adéquates ». Les principales questions à résoudre sont les suivantes :

- budget de défense inadéquat, manque de personnel militaire, manque de coordination à l'intérieur du gouvernement fédéral et besoin d'augmenter la coopération avec les agences de sécurité américaines ;

- manque de vérification du courrier et du fret dans les aéroports, vérifications inadéquates concernant les antécédents du personnel des aéroports, manque de contrôles aux zones restreintes et manque de formation pour les employés à temps partiel du service des douanes ;

- vulnérabilité des ports, influence du crime organisé, vérification inadéquate des conteneurs et faiblesse du dispositif de surveillance des Grands Lacs ;

- les agences de renseignement manquent de personnel et leurs objectifs sont mal définis ;

- une garde côtière mal dotée et sous-utilisée[115].

Ce rapport montre encore une fois qu'il y a un écart entre le niveau déclaratif et la mise en œuvre et que, d'une façon ou d'une autre, on est encore loin de l'harmonisation sécuritaire avec les États-Unis, malgré les appréciations élogieuses du président Bush[116]. De plus, malgré les récentes déclarations de bonnes intentions adoptées après le sommet tripartite canado-américano-mexicain de Waco – Texas, le Congrès des États-Unis a annoncé l'intention de resserrer unilatéralement davantage la sécurité aux frontières[117].

À cela s'ajoute un fait symbolique : tandis que l'édition américaine de la revue *Time* présentait le président Bush comme personnalité de l'année, l'édition canadienne désignait pour le même titre Maher Arar, le Canadien d'origine syrienne déporté par les autorités américaines en Syrie, sans consultation avec les organismes similaires canadiens d'application de la loi, où il a été détenu une année en prison. Cela montre aussi qu'en dépit de la signature de l'accord sur la frontière intelligente, le manque de coordination persiste encore des deux côtés de la frontière canado-américaine.

4. LES MESURES ANTITERRORISTES INTERNES

L'analyse des mesures antiterroristes internes est importante parce qu'elle révèle jusqu'à quel point le Canada a adopté des politiques et a mis en place des institutions qui lui sont spécifiques. En effet, les mesures les plus importantes, le réaménagement institutionnel et la nouvelle politique de sécurité nationale sont survenus trois ans après les attentats, suite à une longue réflexion dans le Parlement et dans la société civile.

4.1 Nouvelles démarches législatives

Sur le plan législatif, le programme antiterroriste canadien est articulé sur quatre lois :

- La loi sur l'immigration et la protection des réfugiés (C11) ;

- La loi concernant les enregistrements des organismes de bienfaisance et les renseignements de sécurité et modifiant la loi de l'impôt sur le revenu (C16) ;

- La loi antiterroriste (C36) ;

- La loi sur la sécurité publique (identifiée successivement sous les numéros C42, C55, puis C17).

Les projets de loi C-11 et C-16 avaient été déposés bien avant le 11 septembre, mais leur adoption a été accélérée en raison de ces événements. Ils ont été adoptés avec des nombreux amendements, suite aux critiques des intervenants. Le projet de loi C-36 est le seul qui ait été déposé après les attentats et qui a franchi rapidement toutes les étapes du processus législatif. Quant au dernier, le projet de loi C-17 (anciennement C-42 et C-55), il a fait l'objet de tant de controverses qu'il a été très longuement débattu. Par contre, aux États-Unis, le

Patriot Act a été adopté seulement quelques jours après les événements du 11 septembre. Cela montre que la société canadienne a bien compris les enjeux qui entourent une législation antiterroriste trop serrée. Dans une autre publication, nous avons montré que cette législation est conforme aux valeurs canadiennes et au *Common Law* et que nous ne pouvons pas parler d'harmonisation avec la législation américaine en la matière[118].

La *Loi sur la sécurité publique* (C-7) vient compléter ce portrait. Le projet de loi C-7 a comme précurseur direct le projet de loi C-42, dont la première lecture a eu lieu en novembre 2001. Suite à des nombreuses critiques, il a été retiré. Après révision sommaire, il est réapparu en tant que projet de loi C-55, mais il est mort au feuilleton au moment de la prorogation du Parlement en septembre 2002. Son successeur, le projet de loi C-17, est également mort au feuilleton, suite à de vives critiques. Les intervenants craignaient surtout que le gouvernement puisse déclarer la loi martiale dans des villes entières ou même dans des provinces sans consulter le Parlement. L'opposition et le commissaire à la vie privée ont condamné à l'unisson les dispositions qui donneraient à la GRC et au Service canadien du renseignement de sécurité (SCRS) un accès sans restriction aux renseignements personnels de tous les Canadiens voyageant à bord de vols intérieurs ou sur les routes internationales.

Finalement, le 6 mai 2004, dans le contexte de l'élaboration par le Canada de sa première politique de sécurité nationale, après avoir reçu plusieurs amendements, la *Loi sur la sécurité publique* a reçu la sanction royale[119]. Il s'agit de la dernière étape du plan législatif antiterroriste du Canada. Si la Loi antiterroriste, sanctionnée le 18 décembre 2001, s'occupait des aspects du droit pénal de la lutte contre le terrorisme, la nouvelle loi esquisse le cadre législatif concernant la sécurité et la protection du public.

Certains intervenants comme l'Association du Barreau canadien sont d'avis que « le plus récent projet législatif ne réalise toujours pas l'équilibre entre la sécurité publique et le respect de la vie privée et des droits de la personne »[120].

Pourtant, le gouvernement soutient que la loi sur la sécurité publique autorise la collecte de renseignements sur des passagers aux fins de la sûreté des transports et de la sécurité nationale, par certains ministères et organismes fédéraux, tout en veillant à ce que les renseignements personnels des Canadiens soient protégés. En effet, la photocopie des documents personnels des voyageurs, y compris du passeport, est maintenant défendue, et pour qu'une demande d'accès à des renseignements personnels soit autorisée, l'organisme qui fait la demande doit prouver qu'il s'agit d'une enquête pénale. Les contrevenants sont passibles de lourdes amendes et de peines d'emprisonnement. Ces stipulations se trouvent dans la Loi sur la protection des renseignements personnels entrée en vigueur le 1er janvier 2004.

Cette loi, adopté plus de deux ans après les attentats du 11 septembre, montre l'intensité du débat déclenché dans la société canadienne par les mesures antiterroristes du gouvernement canadien. Ce dernier a dû se plier aux exigences et aux critiques des organismes de la société civile et amender maintes fois les lois. Cela met en relief la détermination du Canada de ne pas renoncer, même en resserrant les mesures de sécurité, aux valeurs du *Common Law* et de la *Charte canadienne des droits et des libertés,* ainsi qu'aux droits de la personne qui se retrouvent dans les conventions internationales ratifiées par le Canada. Cette réalité est confirmée par la méfiance des États-Unis à l'égard des mesures antiterroristes du Canada. Un rapport du Département d'État déplore le manque d'un vague d'arrestations sous la loi antiterroriste canadienne et souligne que les procédures criminelles canadiennes sont « plus favorables au prévenu que celles des États-Unis »[121]. Le même rapport présente la législation canadienne en matière de protection de la vie privée comme une entrave à l'activité de la police[122].

En effet il y a présentement cinq personnes arrêtées au Canada et accusées d'activités terroristes : Mohamed Momin Khawaja[123], Mohamed Harkat[124], Ahmed Khadr, présumé leader d'Al-Qaeda au Canada[125], Mohammad Zeki Mahjoub[126] et Adil Charkoui[127], mais aucune n'a été arrêtée sans mandat ou sous les provisions exceptionnelles de la *Loi antiterroriste* canadienne. Même le certificat de sécurité qui a été émis pour l'arrestation de Charkaoui existe comme tel depuis 1991 et la ministre de la sécurité publique Anne McLellan a assuré que « le Canada n'a déporté personne dans un pays où cette personne aurait pu être torturée »[128].

Par contre, aux États-Unis, le directeur du programme « Liberté et technologie » a souligné que « l'Amérique a des lois de protection de la vie privée très primitives »[129]. Une coalition très hétérogène qui comprend des gouvernements municipaux, des législateurs conservateurs ou des groupes de défense de libertés civiles ont demandé à ce que certaines stipulations du *Patriot Act* soient éliminées[130]. Tous les intervenants sont d'avis que jamais dans l'histoire des États-Unis le droit à la vie privée n'a été si menacé et si exposé à des abus. D'ailleurs, certains paragraphes du *Patriot Act* avaient été déjà jugés « inconstitutionnels » par une cour fédérale[131].

Ben Rowswell, chercheur à l'Institut d'Études stratégiques et internationales de Washington, estime qu'il y a un manque d'harmonisation entre les politiques des deux pays. Rowswel parle carrément d'une « crise de confiance » dans les relations bilatérales canado-américaines et souligne la nécessité de travailler « ensemble » pour « boucher les trous » du système canadien de protection de réfugiés et harmoniser les politiques de visa[132].

Un Rapport de la Bibliothèque du Congrès des États-Unis a critiqué aussi les mesures antiterroristes du Canada, jugées trop laxistes, ainsi que celles du Royaume-Uni, de la France et de l'Allemagne. Le porte-parole du Groupe de surveillance international des libertés civiles, Roch Tassé, a pour sa part affirmé qu'« à moins de devenir un État policier, nous pouvons difficilement nous conformer à leurs attentes »[133].

En effet, le « Homeland Security Act » a restreint les libertés civiques et a été utilisé pour retirer le droit à la négociation collective à plus de 230 000 employés du gouvernement. En août 2002, Donald Rumsfeld a téléphoné au leader du syndicat des débardeurs de la côte pacifique pour l'informer que toute mesure prise par le syndicat en réaction à un lock-out déclaré par les employeurs serait assimilée à une menace pour la sécurité nationale[134].

En outre, tel que prévu dans la *Loi antiterroriste*, le Parlement canadien a adopté le 9 et le 13 décembre 2004 des motions autorisant un examen approfondi des dispositions et du fonctionnement de cette loi[135].

4.2 L'architecture institutionnelle

Contrairement à ce qui s'est passé aux États-Unis, mais à l'instar du Royaume-Uni et de l'Australie, le Canada n'avait pas regroupé jusqu'à la fin de l'année 2003 dans un même ministère les organismes de sécurité intérieure. Comme les autres pays membres du Commonwealth, il comptait plutôt sur le Cabinet et des organismes de coordination pour la gestion des questions de sécurité. Le Comité ministériel spécial sur la sécurité publique et l'antiterrorisme[136], créé après le 11 septembre 2001, discutait de sécurité nationale et d'orientation stratégique générale, mais n'était pas appelé à décider des programmes ni des politiques.

Des tentatives de coordination au sein d'un même organisme sont représentées par la création des équipes intégrées de la police des frontières (EIPF) et des équipes intégrées de la sécurité nationale (EISN. Dans le même but, en octobre 2001, le gouvernement a créé le Groupe de travail sur l'interopérabilité, constitué de sous-ministres adjoints des ministères et organismes ayant des responsabilités en matière de sécurité et de renseignement[137]. Ce groupe a cessé d'exister après juin 2002 et, selon le rapport de la vérificatrice générale, « rien n'indique que l'autorité centrale ait réaffecté ses tâches ».

Une autre démarche institutionnelle est le Centre intégré d'évaluation de la sécurité nationale (CIESN) créé au début de l'année 2003 par le Service canadien du renseignement de sécurité. Les organismes suivants y étaient représentés : Agence des douanes et du revenu du Canada ; Centre de la sécurité des télécommunications ; ministère de la Défense nationale ; Bureau de la protection de l'infrastructure essentielle et de la protection civile ; GRC ; Transports Canada ; ministère des Affaires étrangères et du Commerce international ; Citoyenneté et Immigration Canada ; ministère du Solliciteur général ; Bureau du Conseil privé.

Trois ans après les attentats, le rapport de la vérificatrice générale du Canada mettait en évidence de sérieuses lacunes en ce qui concerne la coordination des différents organismes d'application de la loi, les bases de données n'étaient pas interchangeables et les renseignements sur les criminels ne franchissaient pas les limites de l'organisme d'origine et surtout ne se retrouvaient pas dans des bases de données essentielles, comme celles de la frontière.

En appliquant les recommandations des comités sénatoriaux et de la Chambre sur la sécurité publique, le gouvernement du Canada a décidé de regrouper un certain nombre d'organismes d'application de la loi, tout en laissant à l'écart d'autres qui pourraient élever des suspicions quant à leur mission.

Ainsi, le 12 décembre 2003, le nouveau premier ministre Paul Martin a réorganisé l'ancien ministère du Solliciteur général, en le transformant en ministère de la Sécurité publique et de la Protection civile, dont le mandat comprend la protection civile, la gestion des crises, la sécurité nationale, le système correctionnel, la police, la surveillance, la prévention de la criminalité et les activités à la frontière[138].

Dans l'organigramme du nouveau ministère on peut trouver le Bureau de la protection de l'infrastructure essentielle et de la protection civile qui relevait auparavant du ministère de la Défense nationale, le Service canadien de renseignements de sécurité, la Gendarmerie royale du Canada et l'Agence des services frontaliers du Canada. L'Agence est formée de la Direction des douanes de l'ancienne Agence des douanes et du revenu du Canada, des sections du renseignement et de l'application de la loi de Citoyenneté et Immigration Canada et des sections d'inspection à la frontière de la salubrité des aliments et de la santé des végétaux et des animaux qui relevaient auparavant de l'Agence canadienne d'inspection des aliments.

C'est une approche institutionnelle différente de celle des États-Unis. Entre US Customs and Border Protection et l'Agence de services frontaliers du Canada il y a des différences notables. Dans le cas canadien, par exemple, les services d'immigration qui touchent aux réfugiés et à la sélection des résidents permanents, des étudiants, et des travailleurs sont restés dans une structure à part.

Dans son ensemble, le ministère de la Sécurité publique canadien n'est pas une « tour de Babel » comme son homologue américain – le Homeland Security Department – puisqu'il laisse en dehors de lui quantité d'organismes de surveillance ou d'application de la loi. La Garde côtière canadienne, par exemple, relève toujours du ministère des Transports, tout comme l'Administration canadienne de la sûreté du transport aérien.

En outre, un nouveau poste de conseiller à la sécurité nationale auprès du premier ministre a été créé. Ce conseiller « coordonnera les évaluations intégrées de la menace, contribuera à renforcer la coopération interorganismes et aidera à élaborer un cadre de politique intégrée pour la sécurité et les urgences nationales »[139]. Un Conseil consultatif sur la sécurité nationale a été également créé le 27 avril 2004. Son but est de permettre au gouvernement de prendre conseil auprès d'experts en matière de sécurité nationale provenant de l'extérieur du gouvernement[140]. En outre, le Comité ministériel spécial sur la sécurité publique et l'antiterrorisme a été remplacé par le Comité du Cabinet chargé de la santé publique, de la sécurité et des urgences[141].

Finalement, un nouveau Centre d'évaluation intégrée des menaces a été créé le 15 octobre 2004. Cette restructuration institutionnelle des organismes qui touchent à la sécurité au Canada suit des démarches similaires déjà adoptées, en quête d'une plus grande efficacité, par les alliés proches du Canada, soit les États-Unis, le Royaume-Uni et l'Australie. Le Royaume-Uni a mis en place un Centre d'évaluation conjointe des menaces, les États-Unis, un Centre d'intégration des menaces terroristes et un Centre de signalement des terroristes, afin que l'information circule à tous les niveaux de l'administration. L'Australie a mis sur pied, elle aussi, un Centre national d'évaluation des menaces[142]. Selon *La politique canadienne de sécurité nationale,* « toutes ces mesures permettent de regrouper les renseignements et les connaissances des gouvernements respectifs pour qu'ils puissent disposer du tableau le plus exact et le plus actuel possible des menaces. En tant qu'allié, le Canada profitera de ces décisions »[143].

4.3 La politique canadienne de sécurité nationale

Généralement, la sécurité publique représente l'ensemble des mesures prises par l'État pour assurer la sécurité de ses citoyens et l'ordre public. Avant les attentats, on privilégiait la planification de la réponse et la direction des opérations de secours. Après le 11 septembre, l'accent est mis également sur les mesures de prévention. Cela implique trois enjeux centraux[144] :

- l'organisation – une nouvelle architecture institutionnelle doit être mise en place pour renforcer la coopération entre les autorités locales, provinciales et fédérales;

- la coordination – le terrorisme frappe partout dans le monde, ce qui implique une coordination à l'échelle mondiale en matière de police, de renseignements et de législation pour relever ce défi;

- l'équilibre – un État de droit concilie la sécurité et la liberté et doit mener la «lutte au terrorisme» dans le respect des droits fondamentaux des citoyens.

Le 27 avril 2004, le premier ministre du Canada Paul Martin dévoilait la nouvelle politique de sécurité nationale. Il s'agit d'une première doctrine exhaustive de sécurité nationale, bien que des approches conceptuelles aient été faites à l'échelle internationale pendant la dernière décennie notamment par la «sécurité coopérative» et la «sécurité humaine», qui continuent.

Le document établit les grands axes transversaux et longitudinaux qui amèneront ensemble des institutions (fédérales et provinciales) et des organismes divers dans le but d'assurer la sécurité des Canadiens et d'engager le Canada dans la coopération internationale en la matière. Ainsi, l'amélioration du système canadien de sécurité nationale devrait se réaliser à travers:

- un forum fédéral-provincial-territorial permanent de haut niveau sur les urgences, dans le but de permettre des échanges stratégiques réguliers entre les principaux acteurs nationaux sur les questions ayant trait à la gestion des urgences;

- un conseil consultatif sur la sécurité nationale, qui permettra au gouvernement de tirer profit des conseils d'experts en matière de sécurité issus de milieux autres que l'administration fédérale, et ce, en vue d'évaluer et d'améliorer notre système;

- une table ronde transculturelle, qui favorisera la participation des communautés ethnoculturelles et religieuses au dialogue continu sur des questions de sécurité[145].

Selon le communiqué du premier ministre, les intérêts fondamentaux en matière de sécurité nationale du Canada sont: «protéger le Canada et les Canadiens, au pays et à l'étranger; s'assurer que le Canada n'est pas une source pour des menaces visant nos alliés; contribuer à la sécurité internationale»[146]. Par ailleurs, le Communiqué du premier ministre fait état de l'examen de la politique extérieure du Canada en cours, en annonçant que la sécurité nationale figurera parmi les priorités. Le document insiste sur l'étroite interdépendance entre les sphères de sécurité personnelle, nationale et internationale.

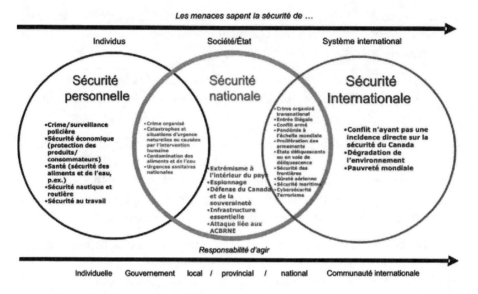

Source : *Protéger une société ouverte : la politique canadienne de sécurité nationale*[147]

La politique met en évidence la nécessité de la création d'un système de sécurité intégré, qui pourrait gérer, à travers une approche conjointe, tous les types de menaces, des épidémies qui pourraient resurgir jusqu'aux attentats terroristes. L'accent est mis sur la capacité de prévention et sur la gestion des conséquences.

Le volet sur la sécurité des transports met en évidence la responsabilité du Canada « de contribuer à la sécurité du système de transport nord-américain en se concertant avec ses voisins » pour mieux gérer la sécurité de l'espace aérien, des routes et des eaux, à travers des normes réglementaires rigoureuses et cohérentes. Une importance particulière est accordée au resserrement de la coopération avec les États-Unis en matière de sécurité maritime.

Concernant la sécurité à la frontière, la politique fait valoir les points suivants :

• le déploiement de la technologie biométrique de reconnaissance faciale sur les passeports canadiens, conformément aux normes internationales ;

• la mise en œuvre du Projet d'identification en temps réel de la GRC pour établir un système d'identification dactyloscopique automatisé et moderne.

- l'identification et la mise en place de nouvelles mesures visant à simplifier le processus de détermination du statut de réfugié afin d'assurer une protection efficace à ceux qui en ont vraiment besoin et de faciliter le renvoi de ceux qui tentent d'exploiter abusivement notre programme relatif aux réfugiés;

- l'élaboration d'un plan d'action sur la frontière intelligente de la prochaine génération avec le Mexique et les États-Unis;

- par ailleurs, le Canada prévoit internationaliser son modèle des frontières intelligentes avec le concours de ses partenaires étrangers et dans le cadre d'organismes internationaux comme le G8 et l'Organisation mondiale des douanes[148].

Le document souligne aussi la détermination du gouvernement de soumettre à la fin de l'année 2004 la législation antiterroriste canadienne à un examen. Selon *La politique canadienne de sécurité nationale,* il est « d'une importance fondamentale que des sauvegardes adéquates soient instaurées pour que l'exercice des pouvoirs et des activités de nos organismes soit approprié en tous points et conforme aux lois et aux politiques du Canada »[149]. Plusieurs mécanismes sont d'ailleurs déjà en place : le Comité de surveillance des activités de renseignements de sécurité (CSARS) et l'inspecteur général du Service canadien de renseignements de sécurité, le commissaire du Centre de sécurité des télécommunications et la Commission des plaintes du public contre la Gendarmerie royale du Canada. Pour renforcer ce système des leviers de contrôle, le gouvernement a proposé aussi la mise en place d'un Comité parlementaire sur la sécurité nationale.

De la politique nationale de sécurité publique font partie les mesures contre le blanchiment d'argent – partie de la stratégie antiterroriste du Canada. Suite aux critiques du Groupe d'action financière sur le blanchiment des capitaux (GAFI), organisme international établi à Paris, le Canada avait lancé dès l'année 2000 une Initiative nationale contre le blanchiment d'argent, complétée, après les attentats du 11 septembre 2001, par des mesures dirigées contre le financement du terrorisme[150]. D'ailleurs, le Canada a été un des premiers pays à mettre en pratique la résolution 1373 du Conseil de sécurité.

Le dernier rapport de la vérificatrice générale[151] est pourtant assez critique à l'égard de la mise en pratique de ces mesures et du fonctionnement des institutions concernées, particulièrement du Centre d'analyse des opérations et déclarations financières du Canada (CANAFE). Le rapport insiste sur les restrictions concernant le partage de renseignements et le manque de coordination des institutions d'application de la loi qui rendent virtuellement impossible toute enquête contre les entités visées par la loi de 2000 sur le recyclage des produits de la criminalité. Ce sont des propos qui rejoignent les conclusions du précédent rapport du mois de mars 2004[152].

La vérificatrice générale souligne d'ailleurs que « la plupart des autres pays permettent des liens plus étroits et une circulation de l'information plus souple entre leurs unités de renseignement financier et les organismes d'application de la loi »[153].

Plus spécifiquement, la vérificatrice générale constate que les services de police ne communiquent pas régulièrement des informations au CANAFE, en craignant des sanctions de la loi sur la protection des renseignements personnels ou que les enquêtes en cours ne soient compromises. De plus, ils ne reçoivent jamais de rétroaction de la part du CANAFE, puisque la loi ne le permet pas[154].

D'autre part, il y a des problèmes de connexion entre les systèmes de technologie de l'information du CANAFE et l'agence de services frontaliers du Canada, ce qui entraîne des retards dans le traitement des déclarations concernant le mouvement transfrontalier d'espèces. Par ailleurs, le CANAFE et l'agence du revenu du Canada n'ont pas convenu un ensemble clair de critères pour définir les opérations de blanchiment d'argent.

Contrairement aux autres pays, au Canada, en 2003, les avocats ont obtenu une dispense de communiquer les opérations financières douteuses. Cette dérogation a fait que les particuliers mènent de plus en plus les opérations par l'intermédiaire d'un avocat, sans que leurs identités soient révélées, échappant ainsi à un élément clé de la lutte contre le blanchiment d'argent. Le GAFI avait d'ailleurs attiré l'attention sur cette faiblesse de la loi canadienne en la matière. Jusqu'à maintenant, aucune formule n'avait été trouvée au Canada qui ne compromette pas le privilège de communications avocat-client.

De plus, le GAFI avait recommandé l'enregistrement des entreprises de services monétaires comme moyen de les surveiller, mesure déjà appliquée aux États-Unis et au Royaume-Uni. Les rapports fédéraux-provinciaux rendent cette option plus complexe au Canada, plus que pour les autres pays.

Étant donné que les organismes déclarants sont beaucoup plus nombreux que les ressources pour surveiller leur conformité, une démarche plus coercitive s'imposerait. Pourtant, les mesures d'exécution prises au Canada sont beaucoup plus clémentes qu'aux États-Unis, ce qui créerait une injustice sur le plan concurrentiel.

CONCLUSION

Le débat sur la souveraineté canadienne se répète d'une manière cyclique dans l'histoire contemporaine canadienne. Des théoriciens et des journalistes canadiens soutiennent que les mesures antiterroristes canadiennes ont été dictées par Washington. Pourtant, comme le souligne Charles Doran, les États-Unis veulent « un allié capable d'initiatives, plutôt qu'un allié dépendant continuellement des États-Unis »[155]. Paul Cellucci ajoute que « l'objectif n'était pas l'américanisation ni même l'harmonisation des politiques canadiennes, mais plutôt l'aménagement d'un climat de confiance mutuelle »[156]. En effet, la totalité des ententes bilatérales sont, comme on a vu, des initiatives canadiennes. Comment pourraient-elles alors être imposées par les États-Unis comme le soutiennent certains politologues canadiens ?

Le gouvernement canadien a constitué, en général, des équipes de négociations plus expérimentées et plus élevées dans la hiérarchie que ne l'étaient les équipes américaines, ce qui illustre l'importance des enjeux reliés à la frontière, surtout de nature commerciale, pour Ottawa. Cela est prouvé par le fait que ce sont les négociateurs canadiens qui ont rédigé la Déclaration sur la frontière intelligente, l'équipe américaine, moins expérimentée l'acceptant seulement avec quelques amendements. Il s'agit d'une approche qui pourrait être qualifiée de « continentaliste » mais qui reflète pleinement les intérêts du Canada, décrits très bien par John Holmes : « Essentiellement, nous soutenons les Américains non pas parce que nous sommes de leur côté, mais parce que nous les voulions de notre côté »[157].

Le resserrement de la sécurité sur la frontière canado-américaine montre clairement qu'il y a des politiques distinctes en matière de sécurité et d'immigration. Si un périmètre de sécurité existait vraiment, alors l'attention aurait été concentrée plutôt sur les frontières extérieures d'un tel périmètre que sur une frontière intérieure, approche illustrée par l'espace Schengen. Cette réalité est d'ailleurs reconnue par le Département d'État américain qui soulignait dans une déclaration que « l'approche du périmètre pose de sérieux défis » en raison « des divergences entre les lois et les politiques canadiennes et américaines »[158].

Même si on ne peut nier qu'une coopération continentale plus poussée soit amorcée, cela n'implique pas pour autant un rejet du multilatéralisme. Si on se réfère au schéma du GREPEC, la réalité actuelle de la politique étrangère canadienne emprunte surtout au modèle intégrationniste de convenance mitigé du modèle multilatéraliste. Si on veut se situer dans le cube de Schwanen amendé par les professeurs Donneur, Legault et Roussel, les démarches législatives canadiennes et la coopération en matière de sécurité non militaire avec les

États-Unis, y compris la coopération à la frontière et en matière de délivrance de visas se sont situées jusqu'à maintenant plutôt dans un niveau « moyen » de compatibilité et de contrôle politique. La pression de la société civile et l'activité acharnée des différents groupes de pression dans les instances consultatives ou parlementaires ont assoupli considérablement les politiques et les projets de loi.

Les gouvernements canadiens se sont montrés intégrationnistes de convenance, en acceptant une coopération avec les États-Unis dans certains domaines de sécurité non militaire, tout en la rejetant quand les valeurs canadiennes en ce qui a trait au multilatéralisme et à la légalité internationale seraient menacées. Ainsi, il serait présomptueux d'avancer que le Canada se soit aligné sur les États-Unis; les différences dans la législation antiterroriste ou d'immigration, le refus de participation à la guerre en Irak et au bouclier antimissile, tandis que d'autres pays, comme l'Australie, ont donné leur accord, le montrent pleinement.

De plus, un bémol a été amené par les provinces, acteurs importants dans la mise en œuvre des mesures de sécurité. Ainsi, en Colombie-Britannique le législateur, en se rendant compte qu'en vertu du *Patriot Act* les services de protection de la loi des États-Unis pourraient avoir accès à ces dossiers si ceux-ci étaient emmagasinés aux États-Unis, a amendé la *Loi sur la liberté de l'information et la protection de la vie privée* pour, entre autres choses, limiter le stockage et l'accès à l'information hors du Canada[159].

Selon Davis Grondin, « le défi du Canada demeure toutefois de ne pas se borner à soutenir une politique à tout prix indépendante de celle de son plus proche allié »[160]. La plupart des politologues remarquent d'ailleurs les faiblesses de l'internationalisme canadien: l'absence des ressources destinées à cet important projet et son manque de contenu. En effet on assiste à la diminution des ressources consacrées, par exemple, au contrôle des armements. Ce manque de ressources pourrait être partiellement surpassé par une diplomatie de « créneau » (*niche diplomacy)* qui impliquerait une spécialisation du Canada sur certains thèmes et enjeux importants, où Ottawa a plus de chances de jouer un rôle de premier plan.

Lors d'un entretien avec le président George W. Bush, le premier ministre Paul Martin a caractérisé la politique étrangère du Canada par rapport à celle des États-Unis comme étant « indépendante mais complémentaire »[161]. L'ambassadeur des États-Unis a poursuivi dans le même sens: « Le Canada a toujours eu une politique étrangère indépendante des États-Unis. Parce que nous partageons les mêmes objectifs [leurs politiques étrangères] devraient être complémentaires »[162].

Dans tout ce débat on peut observer que l'autonomie est de plus en plus relative. On constate une imbrication grandissante entre la sphère interne d'un État et celle de ses relations internationales. Souvent, les gouvernements négocient les mêmes questions tant sur le plan extérieur avec ses voisins ou à travers les institutions multilatérales, que sur le plan intérieur avec les partis et les groupes de pression. C'est ce que le Canada a fait avec succès, en gardant ainsi un large contrôle sur sa marge de manœuvre, tout en restant conscient qu'il y a une interdépendance complexe, une interopérabilité nécessaire, une « solidarité organique » comme le note Albert Legault, entre les sociétés canadienne et américaine.

NOTES

*   Respectivement professeur et candidat au doctorat à l'UQAM

1.   « Présentation »,dans A. Legault (dir.), *La Canada dans l'orbite américaine. La mort des théories intégrationnistes?*, Sainte-Foy: Presses de l'Université Laval, 2004, p. 5. Cf. aussi André Donneur, Albert Legault et Stéphane Roussel, « La politique étrangère du Canada – Quelle est notre marge de manœuvre face aux États-Unis? Pour le Canada, les occasions d'agir diminuent avec la politique de puissance poursuivie par Washington », *Le Devoir,* 28 octobre 2003, p. A7.

2.   A. Legault, *op. cit.,* p. 6.

3.   David G. Haglund, « Miroir, miroir, dis-moi qui est le plus « continentaliste » de tous? Une analyse comparative des politiques de sécurité et de défense en Amérique du Nord et en Europe », dans Michel Fortmann, Alex Macleod et Stéphane Roussel, dir. *Vers des périmètres de sécurité? La gestion des espaces continentaux en Amérique du Nord et en Europe,* Montréal, Athéna, 2003, p. 213-216; David Grondin, « Vers une intégration militaire nord-américaine » dans Charles-Philippe David, dir. *Repenser la sécurité. Nouvelles menaces, nouvelles politiques,* Montréal, Fides, 2002, p. 212-213.

4.   Susan Crean, *Who's Afraid of Canadian Culture?,* cité dans J. L. Granatstein, *Yankee Go Home? Canadians and Anti-Americanism,* Toronto, HarperCollins, 1996, p. 245.

5.   David G. Haglund, *op. cit.,* p. 229.

6.   Peter J. Katzenstein, *The Culture of National Security. Norms and Identity in World Politics,* New York, Columbia, 1996, p. 518, 535.

7.   David B. Dewitt, « Directions in Canada's International Security Policy », *International Journal,* vol. LV, n° 2, printemps 2000, p. 171. Cf. aussi Stéphane Roussel et Chantal Robichaud, « L'État postmoderne par excellence? Internationalisme et promotion de l'identité nationale au Canada », *Études internationales,* vol. XXXV, n° 1, mars 2004, p. 150.

8.   Bruce W. Muirhead, *The Development of Postwar Canadian Trade Policy: The Failure of the Anglo-European Option,* Montréal et Kingston, McGill-Queen's Press, 1992, p. 167.

9.   Stephen Clarkson estimait, par exemple, que la lutte contre le terrorisme est un prétexte à une forme d'intégration qui servirait d'abord les intérêts américains, tout en réduisant la capacité du Canada à adopter des politiques distinctes et donc parfois critiques de celles des États-Unis. Stephen CLARKSON, *Locked in the Continental Ranks: Redrawing the American Perimeter after September 11th,* Centre canadien de politiques alternatives, février 2002; Stephen CLARKSON, « After the Catastrophe: Canada's Position in North America », *Behind the Headlines,* vol. 58, n° 3, printemps 2002. Selon Nelson Michaud, il s'agit d'un certain type de souveraineté qui soit « la plus bafouée », qu'il appelle, en suivant la typologie de Krasner, la « souveraineté interdépendante », c'est-à-dire la capacité des autorités d'un État de contrôler les mouvements transfrontaliers. « La notion même du périmètre de sécurité nord-américain entendu dans l'optique de l'hégémonie états-unienne, l'harmonisation des demandes de visas laissent clairement voir qu'à maints égards, le Canada n'a plus autant le contrôle de la gestion de sa frontière. » Nelson Michaud, « Souveraineté et sécurité. Le dilemme de la politique étrangère canadienne dans l'« après 11 septembre », in *Études internationales,* vol. XXXIII, n° 4, décembre 2002, p. 651.

10.   André Donneur, Stéphane Roussel et Valentin Chirica, « Les conséquences des événements du 11 septembre sur l'autonomie de la politique étrangère canadienne: les mesures de sécurité et la nouvelle législation antiterroriste », dans S. Kirschbaum, « Terrorisme et sécurité internationale », Bruxelles: Bruylant, 2004, p. 171-198.

11.   Il s'agit de son appui pour le Nouveau partenariat pour le développement en Afrique (New Partnership for Development in Africa – NEPAD).

12.   Rompant la tradition de la « diplomatie tranquille », Jean Chrétien lance à l'égard de l'administration Bush : « You cannot exercice your powers to the point of humiliation for the others ». Julian Beltrame, « No way out », *Maclean's*, Toronto, vol. 115, 23 septembre 2002, p. 16.

13.   « Les années Chrétien en politique étrangère et de sécurité », Compte rendu d'une conférence tenue le 16 avril 2004 à l'UQAM. Rapporteur Nicolas-Dominic Audet.
         http://www.er.uqam.ca/nobel/cepes/pdf/Rapport_Annees_Chretien.pdf

14.   *Ibidem.*

15.   « Tout se passe, depuis ce temps, comme si le premier ministre, impuissant à donner à sa politique intérieure un certain souffle, voulait soigner son image en faisant miroiter aux yeux des Canadiens celle d'un homme d'État bien campé sur la scène internationale. En fait, M. Martin a tellement bourlingué depuis 12 mois, allant de la France du débarquement et de Chirac à la Russie de Poutine, en passant par un étrange sommet sur la gouvernance progressiste en Hongrie, sans oublier Haïti, le Soudan, le Chili, le Brésil, le Sommet de la francophonie à Ouagadougou et la Libye de Kadhafi, projetant même de se rendre en Inde, au Japon et en Chine en janvier, qu'il semble plus à l'aise dans le rôle du ministre des Affaires étrangères que dans celui de premier ministre. Il aurait été en effet normal qu'un premier ministre qui dirige un gouvernement minoritaire passe plus de temps à soigner sa politique intérieure et les nombreux problèmes intérieurs de l'heure qu'à cultiver sa popularité auprès des grands de ce monde. L'obsession, par exemple, de M. Martin de vouloir transformer le G20, réservé jusque-là aux ministres des Finances, en un L20 susceptible de rassembler les 20 leaders les plus influents de la planète pour régler les grandes crises régionales, est certes louable en soi, mais elle démontre en même temps que le chef du gouvernement cultive des idées beaucoup plus brillantes dans le domaine des relations internationales que dans celui de la politique intérieure ». Gilles Toupin, Une politique étrangère made in USA, *La Presse Plus*, dimanche 12 décembre 2004, p. PLUS5

16.   *Ibidem.*

17.   Paul Martin, « Une politique qui rendra sa place au Canada sur la scène internationale », *Options Politiques*, juin-juillet 2004, p. 5-8.

18.   Selon le FBI, le terrorisme serait « l'usage illégal de la force ou du recours à la violence par un groupe ou un individu lié à une puissance étrangère, ou dont les activités transcendent les frontières nationales, qui est dirigé contre des personnes ou des biens à des fins de coercition ou d'intimidation à l'endroit d'un gouvernement, de la population ou de tout autre segment de la société dans la poursuite d'objectifs sociaux ou politiques ». http://www.fbi.gov/contact/fo/jackson/cntrterr.htm Par contre, selon Sami Aoun, « lorsque les actes de terreur sont dirigés contre les citoyens ordinaires, ils s'apparentent plus à du terrorisme [...] quand la violence touche principalement l'appareil étatique, comme l'armée ou le système judiciaire, elle est souvent décrite comme une résistance au pouvoir en place, quelle soit légitime ou non ». Alexis Cossette-Trudel et Sami Aoun, « Le terrorisme religieux », dans Charles-Philippe David, *Repenser la sécurité. Nouvelles menaces, nouvelles politiques*, Montréal, Fides, 2002, p. 64-65. Le 10 mars 2005, le secrétaire général des Nations unies a proposé une première définition consensuelle du terrorisme : « tout acte commis dans l'intention de causer la mort ou des blessures graves à des civils ou à des non-combattants, qui a pour objet d'intimider une population ou de contraindre un gouvernement ou une organisation internationale à accomplir un acte ou à s'abstenir de le faire ». Centre de nouvelles ONU, *À Madrid Kofi Annan dévoile sa stratégie pour lutter contre le terrorisme à l'échelle globale*, 10 mars 2005. http://www.un.org/apps/newsFr/storyF.asp?NewsID=10070&Cr=Terrorisme&Cr1=Annan

19.   Public Policy Forum, *Canada's Policy Choices : Managing our Border with the United States*, 29 november 2001, p. 23. http://www.ppforum.com/index_fr.html

20.   Pour Paul Cellucci, « il s'agit des plus importantes relations qu'entretiennent les États-Unis dans le monde, en particulier si l'on tient compte des répercussions de ces relations sur la vie quotidienne des citoyens des États-Unis. Des millions d'emplois dépendent des transactions commerciales transfrontalières qui ont lieu chaque année et chaque jour, des millions d'emplois au Canada, des millions d'emplois aux États-Unis ». Pour 39 États américains, le Canada est le premier partenaire commercial. « Les relations canado-américaines : frontières communes et valeurs communes », *Discours devant le Regroupement des Gens d'Affaires*, Ottawa, le 20 octobre 2004.

21.   Le ministre des Affaires étrangères Pierre Pettigrew a insisté sur la différence entre les valeurs canadiennes et américaines, entre d'une part la citoyenneté politique canadienne basée sur certaines valeurs dont le respect de l'individu, une conception commune de la justice et un certain esprit de modération dans l'utilisation du pouvoir et d'autre part la citoyenneté américaine basée sur le *melting pot*. Ministère des Affaires étrangères, Notes pour une allocution de l'Honorable Pierre Pettigrew, Ministre des Affaires étrangères, à l'occasion de la remise des prix d'excellence pour l'internationalisation 2004 de la Banque Scotia et de l'AUCC « Exploiter notre force : diversité et politique étrangère canadienne », *Déclaration*, 2004/33, 27 octobre 2004. Pour les valeurs différentes voir aussi Michael Adams, *Fire and Ice, United States, Canada and the myth of converging values*, Toronto, Penguin, 2003.

22. Derek Burney, « A time for courage and convinction in Foreign Policy », *Options Politiques,* février 2005, p. 28-31.

23. Andrew Cohen, « Martin's first year on foreign policy – the rhetoric of good intentions », *Options Politiques,* février 2005, p. 47.

24. Jeffrey Simpson, « Connecting Canada to the world : enhancing interests, projecting values », *Options Politiques,* février 2005, p. 51-55.

25. Pierre de Senarclens, *Mondialisation, souveraineté et théorie des relations internationales,* Paris : Armand Colin, 1998, p. 66-67.

26. D. Held, « Democracy, the Nation-State and the Global System », in *Political Theory Today,* ed. by D. Held, Cambridge : Polity Press, 1991, p. 199-233.

27. « Canadian foreign policy should have a single overall goal : to serve Canada's interests ». Denis Stairs *et al., In the national interest : Canadian foreign policy in a insecure world,* CDFAI, 2004, p. V.

28. Norman Hillmer, « The secret life of Canadian foreign policy », *Options Politiques,* février 2005, p. 32-33.

29. Selon plusieurs spécialistes de la politique étrangère et de défense, « Canada can no longer use Europe, or NATO or the UN as a conterbalance against American influence ». Denis Stairs *et al., op. cit.,* p. VII. Les auteurs estiment que « Canada must stop defending multilateralism – including multilateralism embodied in the United Nations – as an end in itself ». *Ibidem,* p. 8.

30. Allan Gotlieb, « Romanticism and Realism in Canada's Foreign Policy », dans *Options Politiques,* février 2005, p. 16-27.

31. Maureen Appel Molot et Norman Hillmer, dir., *Canada among Nations 2002 : A Fading Power.* Toronto : Oxford University Press, 2002.

32. Robert Greenhill, « The decline of Canada's influence in the World », *dans Options Politiques,* février 2005, p. 34-39.

33. Yale H. Ferguson et James N. Rosenau, « De la superpuissance avant et après le 11 septembre 2001. Une perspective post internationale », *Études internationales,* vol. XXXV, n° 4, décembre 2004, p. 631 ; cf. aussi Joseph S. Nye, *Soft power. The Means to Success in World Politics,* New York, Public Affairs Press, 2003.

34. Denis Stairs *et al., op.cit.,* p. VIII.

35. Stephen Clarkson, « After the Catastrophe : Canada's Position in North America », *Behind the Headlines,* vol. 58, n° 3, December 2001, p. 3.

36. Richard Gwyn, « Canada's role in the world is shrinking », *Toronto Star,* 25 may 2003.

37. Andrew Coyne, « Canada on the sidelines », *National Post,* 26 février 2003, p. A 19.

38. Andrew Cohen, *While Canada Slept : How We Lost Our Place in the World,* McClelland & Stewart, 2003.

39. Kim Richard Nossal, « Canada : Fading Power or Future Power », *Behind the Headlines,* vol. 59, n° 3, été 2004, p. 9-16.

40. Thomas S. Axworthy, « On being an ally : why virtue is not reward enough », *Options Politiques,* juin-juillet 2004. http://www.irpp.org/fr/po/.

41. Denis Stairs, « Challenges and opportunities for Canadian Foreign Policy in the Paul Martin era », in *International Journal,* vol. 58, n° 4, autumn 2003, p. 504.

42. « ... older allies, Canada included, have less room to meddle then they had before – and they never had much ». Idem, « Trends in Canadian Foreign Policy », in *Behind the Headlines,* vol. 59, n° 3, June 2003, p. 2.

43. « A full policy harmonization that exported all US practices and North Americanized the insecurity that characterized US society before 11 September would be retrograde ». En effet, les mesures canadiennes de sécurité se sont montrées plus efficaces que celles appliquées aux États-Unis. Stephen Clarkson, *op. cit.,* p. 9.

44. Dans le cadre d'une internationalisation de fait des problématiques et politiques de sécurité, le Canada, tout comme les pays européens manifestent à chaque crise internationale leur attachement au rôle des Nations Unies. « Face, notamment, à la réticence historique des États-Unis vis-à-vis d'elle, cette internationalisation s'exerce de fait au sein d'autres instances, formelles ou non (G8 par exemple), qui ont toutes pour caractéristique d'exclure le plus grand nombre de ses membres. Il est certain que cette exclusion est, à long terme, contre-productive en termes de sécurité internationale. Si elle devait perdurer, « l'internationalisation du concept de sécurité » courrait le risque d'être perçue comme l'expression de stratégies des États les plus puissants, qui ne pourraient à terme que se heurter à d'autres stratégies qui ne trouveraient que dans l'affrontement leur lieu d'expression. Si elle ne s'accompagne pas d'un renouveau du rôle des Nations Unies, cette internationalisation

peut donc avoir des conséquences lourdes de menaces ». Institut des Hautes Études de Défense Nationale, « SECURITE ET DEFENSE, Quelles peuvent être les conséquences de l'internationalisation du concept de sécurité, notamment dans le cadre européen », *Rapport de 1ʳᵉ phase, 54ᵉ session nationale, Comité 5,* janvier 2002, p. 41.

45. Frank J. Cilluffo, « Terrorism and the Canada-US Border », *ISUMA,* vol. 2, nº 4, Winter 2001. http://www. isuma.net/v02n04/cilluffo/cilluffo_e.pdf

46. « un incremental approach, working out the individual bilateral issues in the context of clear strategic objectives, will give Canada the best opportunity to renew the relationship between the two countries », Charles Barrett et Hugh Williams, « Renewing the relationship », in *The Conference Board of Canada,* février 2003, p. 3.

47. *Ibidem,* p. 3-4. Cf. aussi The Conference Board of Canada, *Performance and Potential 2002 – 03 – Canada 2010. Challenges and Choices at Home and Abroad,* Chapter 2, Ottawa, 2002.

48. William Watson, « Memo to Prime Minister Paul Martin », *International Journal,* vol. 58, nº 4, autumn 2003, p. 507-531.

49. Sidney Weintraub, « Migration, trade, and security : big issues come in combinations », *Options Politiques,* juin-juillet 2004. http://www.irpp.org/fr/po/

50. Cf. aussi Sabine Lavorel, *La politique de sécurité nationale des États-Unis sous George W. Bush,* Paris, Éditions L'Harmattan, 2003.

51. George Haynal, « The next plateau in North America : what's the big idea ? », in. *Options Politiques,* juin-juillet 2004. http://www.irpp.org/fr/po/.

52. Groupe de travail indépendant sur l'avenir de l'Amérique du Nord, « Créer une communauté nord-américaine », *Déclaration des présidents.* http://www.cfr.org/pdf/NorthAmerica_TF_fr.pdf

53. Deborah W. Meyers et Kevin O'Neil, « Immigration – mapping the new North American reality », in *Ibidem.*

54. Howard Leeson, « Canadian Foreign Policy and the Events of September 11 », in Saskatchewan Institute of Public Policy, *The Scholar Series,* Winter 2002. http://www.uregina.ca/sipp/publications/scholarsseries/sshl. pdf.

55. Bob Rae, « Foreign policy review : North American integration defines the world in which we live, one in which we have much to offer », *Options Politiques,* juin-juillet 2004. http://www.irpp.org/fr/po/.

56. Bill Dymond et Michael Hart, « Canada and the new American empire : asking the right questions », *Options Politiques,* juin-juillet 2004. http://www.irpp.org/fr/po/

57. *Idem,* « The Potemkin village of Canadian foreign policy », in *Options Politiques,* décembre 2003 – janvier 2004. Notons que le plus sérieux et récent biographe du prince Potemkine, Simon Sebag Montefiore (*Potemkin : Catherine the Great's Imperial Partner,*New York,Vintage,2004) a montré que les villages à la Potemkin sont un mythe inventé par ses ennemis, notamment le tsarévitch, et que les villages étaient bien réels !

58. John Manley, « Memo to Martin – engage Canada-US relations as one of PM's " overriding responsibilities " », in *Options Politiques,* mai 2004, p. 5-9.

59. http://www.parl.gc.ca/37/1/parlbus/commbus/senate/Com-f/defe-f/rep-f/rep08sep02-f.htm

60. Laura Macdonald, « Civil society and North American integration », in *Options Politiques,* juin-juillet 2004. http://www.irpp.org/fr/po/. Cf. aussi Laura Macdonald, « Governance and State Society Relations : The Challenges » in *Capacity for Choice : Canada in a New North America,* edited by George Hoberg and published by University of Toronto, 2002.

61. Lia Lévesque, « Réfugiés dans les églises : des groupes réclament une solution humanitaire », 2 août 2004, http://www.cybrepresse.ca/actualités/article/

62. Caroline Touzin, « La migration clandestine peut augmenter », *Cyberpresse,* 21 décembre 2004. http://www. cyberpresse.ca

63. Customs and Trade Partnership Agains Terrorism.

64. Isabelle Damphousse, « La nouvelle frontière. Une réponse lente », *La Presse,* 16 novembre 2004, p. A1.

65. Son objectif a trois volets : de recommander des mesures qui faciliteront le passage des frontières du Canada aux marchandises et aux gens à faible risque ; de recommander des façons de renforcer la sécurité et les renseignements canadiens, l'éligibilité à l'immigration et aux réfugiés ainsi que les procédures frontalières ; et d'augmenter la coopération entre le Canada, les États-Unis et d'autres pays alliés pour prévenir l'entrée des terroristes, des immigrants illégaux, de la contrebande et des marchandises illégales dans nos pays. Coalition

pour des frontières sécuritaires et efficaces, *Repenser nos frontières*, http://www.cme-mec.ca/national/documents/bordercoalition_f.pdf

66.   Joël-Denis Bellavance et Denis Lessard, « Victoire de George W. Bush. La pression sur le gouvernement Martin augmente », *La Presse*, 4 novembre 2004, p. A11.

67.   Gilles Toupin, « Une politique étrangère made in USA », *La Presse Plus*, dimanche 12 décembre 2004, p. PLUS5

68.   Joël-Denis Bellavance et Denis Lessard, « Victoire de George W. Bush. La pression sur le gouvernement Martin augmente », *La Presse*, 4 novembre 2004, p. A 11.

69.   Caroline Touzin, « La migration clandestine peut augmenter », *Cyberpresse*, 21 décembre 2004. http://www.cyberpresse.ca

70.   Charles-Philippe David, « L'après 11 septembre », dans *Idem, Repenser la sécurité. Nouvelles menaces, nouvelles politiques*, Québec, Fides – La Presse, 2002, p. 13.

71.   Selon ce concept, tel que défini par la commission Palme de 1982 ou le Rapport PNUD de 1994, la sécurité devrait être conçue sur une base transnationale et multilatérale afin que les États, les organisation internationales et les ONG embrassent collectivement les nouveaux enjeux. Simon Dalby, « Geopolitical Change and Contemporary Security Studies : Contextualizing the Human Security Agenda », in *University of British Columbia Papers*, n° 30, avril 2000, 42 p.

72.   Jack Straw, *Global Security is our shared responsibility*, UN General Assembly, New York, 23.09.2004. http://www.fco.gov.uk/servlet/Front?pagename=OpenMarket/Xcelerate/ShowPage&c=Page&cid=1007029391629&a=KArticle&aid=1095424876966

73.   Mark B. Salter, « Passports, Mobility, and Security : How smart can the border be », *International Studies Perspective*, vol. 5, Issue 1, February 2004, p. 72.

74.   A. Donneur et M. Bourgeois, *La politique extérieure du Canada. 1996. Priorité à l'économie*, Montréal, CEPES, COOP-UQAM, 1997, p. 101.

75.   John Kirton, *Prospects for the G8 Sea Islands Summit Seven Weeks Hence.* http://www.g7.utoronto.ca/scholar/kirton2004/kirton_seaisland_040426.html

76.   Michael Dartnell, *Mesures internationales contre le terrorisme depuis le 11 septembre : tendances, lacunes et défis* http://www.dfait-maeci.gc.ca/internationalcrime/trends_challenges-fr.asp

77.   OEA Conseil permanent de l'Organisation des États américains, Commission sur la sécurité continentale, *Rapport de la Commission sur la sécurité continentale concernant la mise en œuvre des mandats confiés à l'Assemblée générale par le deuxième sommet des Amériques*, janvier 2001.

78.   Le Canada détient la vice-présidence de cet organisme à partir du décembre 2002.

79.   MAECI, *Renforcement de la sécurité continentale* http://www.maeci-dfait.gc.ca/latinamerica/strengthening_democracy-fr.asp

80.   *Ibidem.*

81.   Le CCT a rédigé un répertoire qui fournit aux gouvernements des ressources dans les huit domaines visés par la résolution 1373 du CSNU : rédaction de lois antiterroristes, droit et pratiques financiers, droit et pratiques douaniers, droit et pratiques en matière d'immigration, droit et pratiques en matière d'extradition, travaux des services policiers et d'application de la loi, trafic illégal d'armes et autres domaines. Michael Dartnell, *Mesures internationales contre le terrorisme depuis le 11 septembre : tendances, lacunes et défis.* http://www.dfait-maeci.gc.ca/internationalcrime/trends_challenges-fr.asp

82.   *Ibidem.*

83.   « Le Plan prévoit une assistance juridique et le renforcement des capacités afin que les États membres puissent mettre en œuvre cette résolution 1373, une aide à la ratification des conventions antiterrorismes des Nations Unies, un examen des dispositifs d'extradition et d'entraide du Commonwealth afin de les rendre plus applicables au terrorisme, l'approfondissement de la coopération en matière d'application de la loi, l'actualisation des mesures visant à combattre le blanchiment d'argent et le financement du terrorisme, et la mise à profit de l'expérience du Commonwealth pour rehausser le dialogue international. » *Ibidem.*

84.   *Ibidem.*

85.   « La sécurité des États du Continent américain est affectée de différentes façons par les menaces traditionnelles et par les nouvelles menaces, préoccupations et autres défis de diverses natures comme ci-après : le terrorisme, le crime transnational organisé ; le problème mondial de la drogue ; la corruption ; le blanchiment des avoirs, et le trafic illicite des armes, et les liens qui existent entre ces activités ; la pauvreté absolue et l'exclusion sociale

de vastes secteurs de la population qui ont des incidences également sur la stabilité et à la démocratie. La pauvreté absolue sape la cohésion sociale et porte atteinte à la sécurité des États ; les catastrophes naturelles et celles qui sont provoquées par l'homme ; le VIH/SIDA et d'autres maladies ; d'autres menaces à la santé et la détérioration de l'environnement ; le trafic illicite des personnes ; les attaques contre la cybersécurité ; La possibilité qu'il se produise des dommages en cas d'accident ou d'incident durant le transport maritime de matériels potentiellement dangereux, y compris le pétrole, le matériel radioactif et les déchets toxiques. la possibilité d'accès, la possession et l'utilisation d'armes de destruction massive et de leurs vecteurs moyens par des terroristes ». OEA, DÉCLARATION SUR LA SÉCURITÉ DANS LES AMÉRIQUES (Adoptée à la troisième séance plénière tenue à Mexico le 28 octobre 2003), ser. K, XXXVIII.

86. La Déclaration de Vienne identifie sept domaines de coopération : la coordination et l'échange d'information ; la rédaction d'un document complet sur les programmes d'assistance existants ; la constitution de programmes d'assistance conjoints et l'organisation de visites dans les États membres qui le demandent ; la fourniture d'informations au Comité contre le terrorisme ; la mobilisation d'efforts conjoints pour centrer l'action sur les priorités de la résolution 1373 ; l'intensification de l'encouragement des États membres à ratifier et à mettre en œuvre les 12 conventions et protocoles antiterroristes. ONU, « À l'occasion de la tenue d'une réunion sur le contre-terrorisme à Vienne, l'ONU et l'OSCE lancent un appel pour le renforcement de la lutte contre ce fléau », *Communiqué de presse*, SOC/CP/288, 12 mars 2004.

87. Michel Munger, « Création d'un partenariat nord-américain », *Cyberpresse*, 25 mars 2005. http://www.cyberpresse.ca/actualites/article/article_complet.php?path=/actualites/article/21/1,63,0,032005,965394.php

88. Thomas S. Axworthy, « An independent Canada in a shared North America », *International Journal,* vol. 59, n° 4, autumn 2004, p. 761-782.

89. David Grondin, « Vers une intégration militaire nord-américaine » dans Charles-Philippe David, *Repenser la sécurité. Nouvelles menaces, nouvelles politiques,* Fides, 2002, p. 208.

90. André Donneur et Valentin Chirica, « Immigration et sécurité frontalière : les politiques canadienne et américaine et la coopération bilatérale après le 11 septembre », dans Albert Legault (dir.), *Le Canada dans l'orbite américaine : la mort des théories intégrationnistes ?,* Québec : Presses de l'Université Laval, 2004, p. 15-40.

91. Frank J. Cilluffo, « La frontière canado-américaine et le terrorisme », *ISUMA,* vol. 2, n° 4, Hiver 2001, http://www.isuma.net/v02n04/cilluffo/cilluffo_f.shtml

92. CIC, *Accord entre le Canada et les États-Unis sur leur frontière commune,* 25 février 1995. http://dsp-psd.communication.gc.ca/Collection/Ci51-95-2000F.pdf

93. Les EIPF comptent six organismes partenaires principaux : la Gendarmerie royale du Canada, l'Agence des douanes et du revenu du Canada, Citoyenneté et Immigration Canada, la U.S. Customs and Border Patrol, le U.S. Immigration and Customs Service et la U.S. Coast Guard. Sécurité publique et Protection civile Canada, *L'ensemble de la frontière canado-américaine est maintenant protégée par des équipes intégrées de la police de frontières,* Washington, 19 novembre 2003. http://www.sgc.gc.ca/publications/news/20031119_f.asp#Info

94. Frank J. Cilluffo, *loc. cit.*

95. Stephen Flynn avait déjà apprécié la réaction en matière de sécurité frontalière des États-Unis après les attentats comme un embargo que Washington s'imposait à lui-même.

96. Chaque jour, 40 000 cargaisons et 300 000 personnes traversent la frontière, ainsi que des marchandises représentant 1,3 milliard de dollars par jour. Il est important de préciser que 40 % du PIB du Canada dépend du commerce avec les États-Unis, alors que seulement 2,5 % du PIB des États-Unis est lié au commerce avec le Canada.

97. Peter Andreas, « Contrôles frontaliers en Amérique du Nord à la suite du 11 septembre 2001 », dans M. Fortmann, Alex Macleod et Stéphane Roussel, *Vers des périmètres de sécurité. La gestion des espaces continentaux en Amérique du Nord et en Europe,* Outremont : Athéna, 2003, p. 45.

98. Il y avait 334 agents tout au long de la frontière canado-américaine, tandis que sur la frontière mexicaine il y en avait 9000. *Ibidem,* p. 51-52.

99. « Entre le Canada et les États-Unis, la frontière sera davantage surveillée », *Cyberpresse,* 18 août 2004.

100. Il s'agit d'un réfugié algérien, résident permanent du Canada, intercepté par les douanes américaines alors qu'il tentait d'entrer aux États-Unis dans une auto remplie d'explosifs, en prévision d'un attentat contre l'aéroport international de Los Angeles. Bruce Cheadle, « Selon ambassadeur Cellucci, des terroristes voudront utiliser le Canada pour des attentats », *Presse canadienne,* 10 octobre 2004.

101. Christopher SANDS, « La nouvelle frontière canado-américaine : un point de vue américain », *Horizons,* vol. 3, n° 2, août 2000, p. 8.

102. Par exemple, les Mexicains et les Costaricains n'ont pas besoin d'un visa pour se rendre au Canada ; pourtant ils en ont besoin d'un pour aller aux États-Unis.

103. MAECI, « Les ministres Axworthy et Stewart assisteront à une conférence internationale sur le terrorisme », *Communiqué n° 132,* Ottawa, 26 juillet 1996.

104. « Depuis la signature de la Déclaration sur la frontière intelligente, le Canada et les États-Unis ont accompli des progrès considérables en misant sur une étroite coopération et sur une philosophie d'efficacité en matière de gestion du risque », soulignait à cette occasion Manley. MAECI, « Le gouverneur Ridge et le vice-premier ministre Manley rendent public le rapport d'étape annuel concernant le plan d'action sur la frontière intelligente », *Rapport d'étape,* 6 décembre 2002.

105. Les agents de douanes et d'immigration canadiens peuvent être trouvés, à part les ports et les aéroports américains, dans les principaux aéroports au monde.

106. Chris Strohm, *U.S. wants to place immigration inspectors at foreign airports,* www.govexec.com, 5 may 2004.

107. Transport Canada, « Le Canada et les États-Unis signent un accord de transport aérien », *Communiqué de presse n° H004/01,* 18 janvier 2001.

108. Gouvernement du Canada, « Accord entre le Canada et les États-Unis pour améliorer les services de précontrôle dans les aéroports canadiens », *Communiqué n° 46,* 2 mai 2003.

109. MAECI, *Coopération en matière de transports et de commerce* http://www.dfait-maeci.gc.ca/can-am/menu-fr.asp?act=v&mid=1&cat=10&did=1678

110. Silvia Galipeau, « Ottawa et Washington nient tout désaccord sur la sécurité à la frontière », *La Presse,* 2 février 2002, p. A11. Citoyenneté et Immigration Canada, « Le gouvernement répond au rapport sur le règlement sur les tiers pays sûrs du Comité permanent de la citoyenneté et de l'immigration », *Communiqué n° 13,* 1er mai 2003.

111. Services de citoyenneté et d'immigration des É.-U. (U.S. citizenship and immigration services) Département de la sécurité intérieure (Department of Homeland Security) Washington, pour publication immédiate, le 24 novembre 2004 *Application prochaine de l'Entente sur les tiers pays sûrs entre les É.-U. et le Canada.*

112. Gouvernement du Canada, « Déclaration conjointe du Canada et des États-Unis – Sécurité commune, prospérité commune : Un nouveau partenariat en Amérique du Nord », le 30 novembre 2004.

113. Ministère des Affaires étrangères, McLellan et Ridge mettront en œuvre des projets pilote de prédédouanement terrestre, Detroit, 17 décembre 2004. http://www.dfait-maeci.gc.ca/can-am/menu-fr.asp?act=v&mid=1&cat=1&did=5094

114. *Ibidem.*

115. « Terrorisme au Canada. La chance explique l'absence d'attentats », *Le Soleil,* 9 décembre 2004, p. A4 ; Patrice Gaudreault, « Sécurité nationale : le Canada compte trop sur la chance », *Le Droit,* 9 décembre 2004, p. 6.

116. « Tous les pays libres sont reconnaissants envers le Canada pour son leadership en matière de sécurité, a déclaré George W. Bush. Un leadership qui a permis pour la première fois à l'Afghanistan de tenir des élections libres. Nous vous en remercions. Votre vision est claire à cet égard et je ne saurais vous remercier suffisamment. » Alec Castonguay, « L'heure du rapprochement Bush adopte un ton très cordial à l'égard de Martin », *Le Devoir,* 1er décembre 2004. http://www.ledevoir.com/2004/12/01/69817.html

117. Deborah Tate, « Congress Considers Enhancing US Border Security », *News VOA,* 24 mars 2005.

118. André Donneur, Stéphane Roussel et Valentin Chirica, « Les conséquences des événements du 11 septembre sur l'autonomie de la politique étrangère canadienne : les mesures de sécurité et la nouvelle législation antiterroriste », dans S. Kirschbaum, « Terrorisme et sécurité internationale », Bruxelles : Bruylant, 2004, p. 171-198.

119. Parlement du Canada, *Projets de loi émanant du gouvernement.* http://www.parl.gc.ca/common/Bills_House_Government.asp?Language=F&parl=37&Ses=3#C-36

120. Association du Barreau canadien, *L'ABC soutient que le projet de loi C-7 menace des droits fondamentaux et réclame une révision de toutes les mesures antiterroristes,* Ottawa, 18 mars 2004. http://www.cba.org/ABC/Nouvelles/2004_communiques/2004-03-18_antiterror.asp

121. Barrie McKenna, « U.S. pushes Canada to exploit terror laws », *Globe and Mail,* 30 avril 2004

122. *Ibidem.*

123. « Enquête antiterroriste. Un Canadien arrêté à Ottawa », *La Presse,* 30 mars 2004.

124. « Présumé terroriste menacé d'expulsion. Fin des audiences pour Mohamed Harkat », *Presse canadienne*, 9 décembre 2004.

125. *Ibidem.*

126. Fatima Najm, « La cour accorde un sursis à un réfugié égyptien. Il serait lié à Al-Qaida », *Presse canadienne*, 8 septembre 2004.

127. Rollande Parent, « Décision de la Cour fédérale d'Appel : la détention d'Adil Charkaoui maintenue », *Presse canadienne*, 10 décembre 2004.

128. *Ibidem.*

129. Anne-Marie O'Connor, « The War on Terrorism. Surrendering our Privacy for Security », *The Charlotte Observer*, 30 may 2004.

130. Il s'agit surtout du chapitre 215 du *Patriot Act*, qui permet aux agent fédéraux l'accès à toute information personnelle sous l'autorisation d'une cour secrète constituée sous les dispositions du *Foreign Intelligence Surveillance Act*. *Ibidem.*

131. Terry Frieden, « Federal judge rules part of Patriot Act unconstitutional », *CNN*, 27 janvier 2004.

132. Beth Gorham, *Canada still not winning over most Americans with anti-terror efforts : analyst.* http://cnews.canoe.ca/CNEWS/Canada/2004/06/03/pf-484769.html

133. « Le Canada un asile pour les terroristes », *La Presse*, dimanche, 15 février 2004.

134. UITA, *Avis*, le 11 novembre 2004. http://www.iuf.org

135. Ministère de la Justice Canada, *Le Gouvernement accueille favorablement l'examen parlementaire de la loi antiterroriste*, Ottawa, le 13 décembre 2004. http://www.justice.gc.ca/fr/news/nr/2004/doc_31336.html

136. Ses objectifs étaient de garder les terroristes hors du Canada ; prendre des mesures de dissuasion, de prévention, de détection, et d'inculpation et/ou de renvoi des terroristes ; faciliter les relations canado-américaines ; soutenir les initiatives internationales (ONU, OTAN, NORAD, etc.) ; protéger l'infrastructure du Canada et maintenir une planification d'urgence. On voit que l'option multilatérale se retrouve parmi les objectifs fondamentaux.

137. Bureau du Vérificateur général du Canada, *Rapport du mars 2004, Chapitre 3 : La sécurité nationale du Canada. L'initiative de 2001 en matière d'antiterrorisme.* http://www.oag-bvg.gc.ca/domino/rapports.nsf/html/20040303cf.html

138. Ministère des Affaires étrangères, *Mesures prises par le Canada depuis les Attentats du 11 septembre.* http://www.dfait-maeci.gc.ca/can-am/menu-fr.asp ?act=v&mid=1&cat=10&did=1684

139. *Ibidem.*

140. Gouvernement du Canada, Bureau du Conseil privé, *Mandat du Conseil consultatif sur la sécurité nationale.*

141. Ministère des Affaires étrangères, *Mesures prises par le Canada depuis les Attentats du 11 septembre.* http://www.dfait-maeci.gc.ca/can-am/menu-fr.asp ?act=v&mid=1&cat=10&did=1684

142. Gouvernement du Canada, Bureau du Conseil Privé, *Protéger une société ouverte : la politique canadienne de sécurité nationale*, avril 2004. http://www.pco-bcp.gc.ca/default.asp ?Page=Publications&Language=F&doc=NatSecurnat/natsecurnat_f.htm

143. *Ibidem.*

144. Marcel Belleau, « Le défi de la sécurité publique après le 11 septembre », dans Charles-Philippe David (dir.), *Repenser la sécurité. Nouvelles menaces, nouvelles politiques*, Québec, Fides, 2002, p. 290-291.

145. Cabinet du premier ministre, « Le gouvernement dévoile une politique de sécurité nationale exhaustive », *Communiqué*, Ottawa, 27 avril 2004.

146. *Ibidem.*

147. http://www.pco-bcp.gc.ca/default.asp ?Page=Publications&Language=F&doc=NatSecurnat/natsecurnat_f.htm

148. Gouvernement du Canada, Bureau du Conseil Privé, *Protéger une société ouverte : la politique canadienne de sécurité nationale*, avril 2004. http://www.pco-bcp.gc.ca/default.asp ?Page=Publications&Language=F&doc=NatSecurnat/natsecurnat_f.htm

149. *Ibidem.*

150. La loi sur le recyclage des produits de la criminalité est devenue la Loi sur le recyclage des produits de la criminalité et le financement des activités terroristes, dans le but de rendre possibles la détection, la prévention et la dissuasion du financement des activités terroristes.

151. Sheila Fraser, *Rapport de la Vérificatrice générale du Canada à la Chambre des communes,* Chapitre 2 : La mise en œuvre de l'initiative nationale de lutte contre le blanchiment d'argent, novembre 2004. http://www.oag-bvg.gc.ca/domino/rapports.nsf/html/20041102cf.html/ $file/20041102cf.pdf

152. Sheila Fraser, *Rapport de la Vérificatrice générale du Canada à la Chambre des communes,* Chapitre 3 – La sécurité nationale au Canada–L'initiative de 2001 en matière d'antiterrorisme, mars, 2004. http://www.oag-bvg.gc.ca/domino/rapports.nsf/html/20040303cf.html/ $file/20040303cf.pdf

153. Sheila Fraser, *Rapport de la Vérificatrice générale du Canada à la Chambre des communes,* Chapitre 2 : La mise en œuvre de l'initiative nationale de lutte contre le blanchiment d'argent, novembre 2004.

154. Lors d'un point de presse, Sheila Fraser a déclaré que « les préoccupations liées au respect de la vie privée limitent la capacité du Centre à communiquer les renseignements à la police ». Nathaëlle Morissette, « Selon la vérificatrice générale, la lutte contre le blanchiment d'argent et les activités terroristes est inefficace », *La Presse,* 24 novembre 2004, p. A1 et A6.

155. Charles F. Doran, *Why Canadian Unity Matters and Why Americans Care : Democratic Pluralism at Risk,* Toronto, University of Toronto Press, 2001, p. 58-59.

156. David Grondin, « Vers une intégration militaire nord-américaine » dans Charles-Philippe David, *Repenser la sécurité. Nouvelles menaces, nouvelles politiques,* Fides, 2002, p. 228.

157. John Holmes, *Life with Uncle : The Canadian-American Relationship,* Toronto, Toronto University Press, 1981, p. 135-136.

158. Bureau des affaires de l'hémisphère occidental du Département d'État américain, *Rapport du Forum du Partenariat Canada-États-Unis : Mettre en place une frontière pour le XXIe siècle,* cité par Frank J. Ciffullo, « La frontière canado-américaine et le terrorisme », *ISUMA,* vol. 2, n° 4, Hiver 2001, http://www.isuma.net/v02n04/cilluffo/cilluffo_f.shtml

159. « La Colombie-Britannique légifère pour se protéger d'une loi américaine », *Presse canadienne,* 19 octobre 2004.

160. David Grondin, *op. cit.,* p. 226.

161. Cela s'appuiera sur les valeurs « complémentaires » du Canada et des États-Unis. « Les Américains recherchent des réformes démocratiques, nous favorisons une bonne gouvernance, ce sont des objectifs complémentaires » a expliqué un membre du bureau du premier ministre. « Le Canada pourrait " compléter " la politique étrangère américaine », *Le Droit,* 21 janvier 2004.

162. *Ibidem.*

CHAPITRE 3

LES INSTITUTIONS DE DÉFENSE CANADO-AMÉRICAINES ET L'AVENIR DE LA PAIX DÉMOCRATIQUE NORD-AMÉRICAINE

Stéphane Roussel*

INTRODUCTION

Bien que l'ignorent la plupart des observateurs, la coopération en matière de défense entre le Canada et les États-Unis est encadrée par un grand nombre d'institutions bilatérales. Et bien que refusent de l'admettre bon nombre d'entre eux, ces institutions servent particulièrement bien les intérêts du Canada, dans un contexte où ce dernier est condamné à entretenir une relation étroite avec un voisin incommensurablement plus puissant que lui. Les institutions constituent, en effet, le meilleur atout dont dispose Ottawa pour atténuer les effets négatifs, de ce côté-ci de la frontière, des mesures que peut adopter Washington pour assurer sa propre défense. Or, ce tissu institutionnel, graduellement mis en place au cours de la Seconde Guerre mondiale et de la guerre froide, vient d'entrer dans une nouvelle phase de son évolution – phase qui risque de mettre en péril ce qu'ont acquis les Canadiens au cours des soixante dernières années.

L'objet de ce texte est d'étudier l'évolution de ces institutions bilatérales, d'exposer certains problèmes auxquels elles sont confrontées, et d'évaluer les avenues suggérées pour y remédier. Il s'agit notamment d'analyser les possibilités d'approfondir et d'élargir ce réseau institutionnel en créant un « NORAD maritime ».

Le texte est divisé en quatre sections. La première expose la logique institutionnaliste, ce qui permettra de comprendre pourquoi les institutions bilatérales sont si importantes pour le Canada. La seconde décrit le tissu institutionnel nord-américain en matière de défense et son évolution depuis 1940. La troisième propose une interprétation des changements survenus récemment en ce qui a trait à la défense de l'Amérique du Nord et des risques qu'ils comportent pour le Canada. Enfin, la dernière section identifie quelques avenues qui permettraient d'atténuer ces risques et de revitaliser la coopération bilatérale institutionnelle.

1. LA LOGIQUE INSTITUTIONNALISTE LIBÉRALE

Pour comprendre pourquoi les institutions bilatérales permettent au Canada de protéger ses intérêts malgré la différence de puissance qui sépare les deux États, il convient de revenir non seulement sur les théories institutionnalistes, mais aussi sur celles de la « coopération entre démocraties ».

Les relations canado-américaines sont à la fois les plus denses et les plus stables au monde. Denses, car elles sont constituées annuellement de millions, voire de milliards, de transactions privées de nature commerciale, mais aussi touristique, familiale, culturelle, scientifique ou autre. Elles sont aussi très stables au sens où, compte tenu de l'énorme volume des échanges, elles sont, toutes proportions gardées, dépourvues de conflit majeur. Les autorités politiques n'y consacrent que relativement peu d'énergie et d'attention et peuvent laisser le soin à leurs fonctionnaires d'en assurer la gestion quotidienne.

L'un des indicateurs les plus éloquents de cette stabilité demeure certainement l'absence de guerre entre les deux États depuis bientôt deux cents ans. Les contestations frontalières terrestres ou maritimes n'ont jamais engendré d'annexion de territoire, comme ce fut le cas pour le Mexique. Quoi qu'en aient dit certains prophètes de malheurs depuis les années 1960[1], le Canada n'a, en collaborant étroitement avec les États-Unis, été dépouillé ni de sa souveraineté (sauf, évidemment, la réduction qu'entraîne, pour toutes les parties impliquées, n'importe quel processus de coopération normal), ni de son identité. Mieux encore, les quelques gestes unilatéraux, tout comme les mésententes ou les dérapages, ont pu être contenus ou résolus par voie de compromis, généralement à la satisfaction des deux gouvernements. Bref, les relations entre les deux pays sont marquées par des rapports de coopération très étroits, efficaces et fonctionnant au bénéfice des deux États.

Comment expliquer ce résultat qui ne reflète en rien le rapport de force entre les deux États ? Un des rares facteurs pouvant expliquer simultanément l'absence de guerre et l'établissement d'une forme de coopération aussi « égalitaire » réside dans la convergence de valeurs sociopolitiques et économiques. Certes, les populations du Canada et des États-Unis entretiennent des valeurs différentes, tout comme elles se réfèrent à des « cultures stratégiques » distinctes, notamment en ce qui a trait à l'usage de la force et à l'objet qui doit être sécurisé par les politiques de défense. Pourtant, sur le plan politique, les deux sociétés sont fermement ancrées dans la tradition démocratique libérale, qui met l'accent sur les droits individuels, le pluralisme et la compétition politiques, le système de représentation des intérêts, la primauté du droit, la dépolitisation des conflits et leur règlement par des moyens pacifiques, la libre entreprise et la propriété privée. Les relations canado-américaines peuvent donc être perçues comme une manifestation des phénomènes non seulement de « paix démocratique », mais aussi de « coopération entre démocraties »[2]. En d'autres mots, les États démocratiques, comme les États-Unis et le Canada, tendent à éviter de se faire la guerre entre eux, à établir des rapports d'interdépendance économique et à créer des institutions internationales qui reflètent leurs valeurs communes[3]. Il existerait donc un « ordre libéral nord-américain ».

Dans le cas qui nous occupe ici, c'est-à-dire la coopération en matière de défense, c'est surtout l'aspect institutionnel de ce phénomène qui est intéressant. Les États-Unis et le Canada ont, comme toutes sociétés qui entretiennent de nombreux échanges ou qui partagent des objectifs politiques, entrepris de créer, depuis la fin du XIXe siècle, tout un réseau d'institutions destinées soit à résoudre leurs conflits (dans des domaines comme les pêcheries, le tracé et la gestion de la frontière, l'environnement, le commerce), soit à faire face à des défis communs (telle la défense conjointe du continent).

À bien des égards, ces institutions ont cristallisé la communauté de valeurs qui unie les deux sociétés, puisqu'elles reflètent certains principes libéraux : résolution pacifique des conflits, respect de la règle de droit, recours aux commissions d'experts, recherche de solution négociée, mécanisme de représentation des intérêts, etc. Cette référence aux valeurs libérales permet, en premier lieu, de rendre compte pourquoi la création et l'évolution des institutions bilatérales semblent obéir, depuis le dernier quart du XIXe siècle, au même schéma et pourquoi elles reposent sur les mêmes principes, qui se perpétuent d'une institution à l'autre. Mais, ce qui est plus important encore, elles offrent un moyen d'expliquer comment le gouvernement canadien a pu défendre avec succès certains de ses intérêts vitaux, résister aux pressions américaines et encadrer une relation autrement très déséquilibrée.

Comment la convergence de valeurs libérales permet-elle d'expliquer ce résultat ? En premier lieu, elle favorise la dépolitisation des conflits, ce qui permet de trouver des solutions « techniques » à des crises dont la dimension politique pourrait, si elle passait au premier plan, entraîner une escalade[4]. En second lieu, elle favorise également la compartimentalisation des problèmes, c'est-à-dire le fait que la résolution d'un conflit ou la conclusion d'une entente dans un domaine donné (comme la défense) ne peut être subordonnée à une concession ou à un progrès dans un autre (comme le commerce). En troisième lieu, elle incite les acteurs à choisir des méthodes de résolution des problèmes qui soient cohérentes avec ces valeurs. Ainsi, la plupart des institutions bilaté-rales respectent certaines normes, telles que la collégialité, la représentation paritaire ou la recherche du compromis, qui rappellent les pratiques en vigueur à l'intérieur de chacun des deux États.

Par ailleurs, conformément à ce que soutiennent les théoriciens néolibé-raux[5], les institutions offrent d'autres avantages, qui contribuent aussi à expli-quer la dynamique des relations canado-américaines. Le premier est d'ordre « tactique » ou ponctuel, comme celui d'avoir accès à des technologies ou des renseignements américains autrement impossibles à obtenir, ou encore de con-trôler plus efficacement l'espace aérien et maritime du Canada.

Le second est que la coopération institutionnalisée contribue à renforcer la confiance des États-Unis à l'égard du Canada, et ceci de deux façons. D'une part, elle accroît l'efficacité globale des mesures adoptées par les deux pays. D'autre part, elle offre aux Canadiens l'occasion de montrer leur bonne foi et leur volonté de contribuer à la défense du continent.

Le troisième est le caractère permanent des institutions. Elles garan-tissent un élément de continuité lorsque les relations entre les dirigeants poli-tiques traversent des périodes de turbulence, comme ce fut le cas entre John F. Kennedy et John Diefenbaker, Lyndon B. Johnson et L.B. Pearson ou Jean Chrétien et George W. Bush.

Enfin, le quatrième est qu'elles fixent les règles du jeu et les limites de la coopération entre les deux États. En spécifiant dans quels domaines la coopé-ration s'applique, elles contribuent, implicitement, à en exclure d'autres, donc à fixer les limites de ce processus. Le gouvernement canadien peut ainsi conser-ver le contrôle sur les secteurs d'activité qu'il juge essentiels.

Il convient cependant de rester prudent quant aux vertus des institutions bilatérales. Certains auteurs, comme Allan Gotlieb[6] ou J.L. Granatstein[7], estiment qu'une collaboration plus étroite avec les États-Unis peut se traduire par une plus grande influence d'Ottawa auprès des autorités politiques et mili-taires américaines. Cette affirmation est certainement exagérée. Comme aime le rappeler le politicologue américain Joseph Jockel, « NORAD confère au Canada un siège à la console, pas à la table de négociation ». Si influence il y a à ce niveau, elle est très limitée et ne s'applique certainement pas aux politiques de sécurité internationales élaborées par Washington, ni à la défense territo-riale des États-Unis. Elle ne permet pas non plus au Canada de contribuer à la définition de la menace qui pèse sur l'Amérique du Nord, ni même des moyens de s'en protéger, ce qui demeure une prérogative exclusive de Washington. Tout au plus, les Canadiens jouissent d'une certaine influence lorsque vient le temps de définir les modalités des mesures de défense qui concernent leur territoire.

Bref, ils ont leur mot à dire *lorsque les autorités américaines adoptent des initiatives qui sont susceptibles d'avoir un effet sur ce qui se passe en territoire canadien.* L'influence que confèrent ces institutions a donc une vocation défensive plutôt qu'offensive. En ce sens, mais uniquement en ce sens, il est possible d'affirmer que les institutions renforcent la « souveraineté » canadienne. Bref, elles constituent un atout bien plus précieux pour le Canada que l'estiment la plupart des observateurs.

2. LES INSTITUTIONS NORD-AMÉRICAINES

Personne ne semble connaître le nombre exact d'accords qui lient les États-Unis et le Canada, mais il y aurait, dans le domaine spécifique de la défense, 80 traités, 250 autres protocoles et 145 « tribunes bilatérales »[8]. Certaines sont relativement bien connues, mais la plupart, qui couvrent des domaines d'activités très spécifiques, restent dans l'ombre. Ce qui importe surtout ici est leur effet d'ensemble. Elles constituent en effet un réseau très dense, dont la conséquence est de lier inextricablement la défense des deux États. En fait, ces liens sont probablement beaucoup plus solides et plus contraignants que ne le serait un pacte formel d'assistance mutuel (comme l'article V du Traité de l'Atlantique Nord qui lie les membres de l'OTAN).

Ce réseau institutionnel s'est constitué en trois phases distinctes. La première débute à la veille de la Seconde Guerre mondiale, lorsque le président américain Franklin D. Roosevelt et le premier ministre canadien William Lyon Mackenzie King établissent le principe de base qui guidera désormais les relations de défense entre les deux pays : les États-Unis protégeront le Canada contre une éventuelle agression venue de l'extérieur du continent, en échange de quoi les Canadiens veilleront à ce que leur territoire ne puisse être utilisé ou traversé par des ennemis de leurs voisins du Sud.

Ce principe, connu sous le nom de « Serment de Kingston[9] », trouvera sa première expression concrète dans la création de la *Commission permanente mixte canado-américaine de défense*, mieux connue sous l'acronyme anglais « PJBD ». Elle a été formée en 1940 dans le but d'étudier les problèmes de défense de l'Amérique du Nord et de faire des recommandations aux deux gouvernements. Elle est composée d'un nombre égal de diplomates et militaires représentant les deux pays. Très active au cours de la Seconde Guerre mondiale, elle se fera beaucoup plus discrète au fil du temps, au point où rares sont ceux qui savent qu'elle existe encore[10]. Aujourd'hui, elle s'occupe essentiellement des aspects techniques de la coopération, notamment ceux ayant trait aux capacités d'opération conjointe.

La seconde phase débute en 1947, lorsque les deux gouvernements décident, après une période de flottement, de poursuivre la collaboration entamée au cours de la guerre. Non seulement le PJDB reste-t-il en activité, mais une nouvelle entente, la « Déclaration publique sur la défense conjointe canado-américaine », est signée 12 février 1947. Ce choix marque aussi l'abandon définitif du lien impérial britannique qui guidait la politique de défense canadienne depuis la Confédération. Au cours des dix années qui suivent, Ottawa et Washington concluent de nombreux accords, en particulier en ce qui a trait à la couverture radar et aux procédures d'interception dans l'espace aérien de l'Amérique du Nord[11].

La troisième période s'ouvre en 1957 avec la création du Commandement conjoint de la défense aérienne de l'Amérique du Nord (le NORAD), responsable de la surveillance de l'espace aérien du continent. Celui-ci marque l'aboutissement logique du long processus entamé dix ans plus tôt, puisqu'il réunit sous l'autorité d'un seul individu des forces qui opèrent de plus en plus étroitement et qui remplissent une mission identique. En 1981, le terme « aérienne » a été remplacé par « aérospatiale » pour mieux décrire sa mission consistant à surveiller non seulement le trafic aérien, mais aussi les objets évoluant au-dessus de l'atmosphère. Opéré par des militaires des deux pays, il est placé sous la direction d'un général américain, secondé par un officier canadien. L'accord est renouvelé tous les cinq ans et est valide jusqu'en mai 2006.

Depuis 1957, de nombreuses autres ententes ont été signées, qui portent sur des domaines d'activité aussi divers que les exercices navals, le renseignement, les échanges à caractère scientifique (tels que la cartographie ou la météorologie), l'entraînement, la mise au point et la production de matériel de défense, etc. Toutefois, avec la création du NORAD, la coopération de défense entre les deux pays prend la forme qui sera la sienne jusqu'à la fin de la guerre froide.

Chacune de ces étapes a donné lieu à des critiques acerbes et à l'expression de craintes quant aux conséquences de ces ententes sur l'indépendance du Canada face aux États-Unis. En 1940, les impérialistes canadiens ont ainsi compté parmi les rares à dénoncer la déclaration d'Ogdensburg, craignant que ce rapprochement avec les États-Unis ne se traduise par un éloignement par rapport à l'Angleterre[12]. De même, les discussions qui s'amorcent en 1946-47 font craindre à certains commentateurs que les États-Unis ne transforment le Canada en « Belgique du Nord » (donc un lieu de passage pour des envahisseurs soviétiques) et en profitent pour contester la souveraineté canadienne dans cette région[13]. En 1957-1958, la création du NORAD soulève plusieurs interrogations et manifestations de suspicion[14]. De façon plus générale, les mouvements pacifistes et les tenants d'une politique de neutralité percevaient les institutions comme autant de chaînes qui assujettissent le Canada aux États-Unis. Il est aussi vrai que certaines ententes ont parfois attiré l'attention en raison de leur caractère controversé, comme le CANUSTEP, qui permet aux forces américaines de tester de nouveaux systèmes d'armes, dont le missile de croisière en sol canadien.

Dans l'ensemble cependant, la coopération militaire bilatérale semble avoir fonctionné sans heurt majeur, sauf, peut-être, en de rares occasions, comme lors de la crise des missiles de Cuba, en 1962. Au contraire, elle paraît plutôt avoir rempli le rôle que les institutionnalistes attendent d'elle, soit d'établir les règles du jeu et de constituer des garde-fous contre d'éventuels dérapages politiques. C'est en grande partie grâce à elle que les problèmes survenus au plus fort des crises engendrées par la Seconde Guerre mondiale ou la Guerre froide ont pu, finalement, être gérés sans que les États-Unis aient l'impression de voir leur sécurité compromise, ni que les Canadiens doivent sacrifier leur souveraineté. L'émergence des menaces asymétriques, et en particulier du terrorisme, change cependant les données du problème posé par la défense du continent nord-américain, donc du rôle qu'y jouent les institutions bilatérales.

3. LES ENJEUX ACTUELS DE LA DÉFENSE DE L'AMÉRIQUE DU NORD

3.1 Les menaces asymétriques

Depuis le milieu des années 1990, il est devenu indiscutable, aux yeux de la majorité des observateurs des relations internationales, que les États-Unis jouissent, par rapport à tous leurs rivaux potentiels, d'une suprématie écrasante. Celle-ci est observable aux plans non seulement militaire et économique, mais aussi technologique, culturel, idéologique et intellectuel. Bien souvent, le débat consiste à savoir combien de temps se maintiendra cette situation et comment en tirer le meilleur parti[15]. Compte tenu de cette supériorité, il est peu probable que les États-Unis feront l'objet d'une attaque conventionnelle ou nucléaire par une autre grande puissance. Les menaces qui pèsent contre leur territoire sont plutôt de nature « asymétrique », c'est-à-dire qu'elles reposent sur une action agressive et très ciblée, souvent fondée sur la surprise, menée par un acteur contre un adversaire beaucoup plus puissant[16]. Dans le contexte actuel, le concept vise surtout à désigner des menaces telles que l'utilisation d'armes nucléaires, chimiques ou bactériologiques, le terrorisme, la subversion et les désordres civils ou la guérilla. Les attentats de l'automne 2001, de même que les menaces évoquées pour justifier l'érection du système de défense antimissile, entrent dans cette catégorie.

La probabilité qu'une telle menace soit mise à exécution est impossible à évaluer. On peut cependant avancer que, bien que le risque qu'une attaque soit dirigée contre ou à partir du Canada soit faible, les enjeux que soulève ce risque sont immenses. Outre le fait que la vie et le bien-être des citoyens canadiens puissent être directement mis en jeu, et que la capacité du gouvernement à diriger le pays puisse être temporairement paralysée, ces risques touchent toute la question des relations avec les États-Unis. Le risque qu'une attaque se produise contre le Canada découle, en effet, de ces relations. Il pourrait provenir de la volonté d'un acteur soit de démontrer sa capacité de frapper l'Amérique du Nord, soit de tirer parti de l'interdépendance de certains secteurs (communication, énergie) en s'en prenant à des installations situées en territoire canadien, et dont la destruction aurait des effets qui se feraient sentir par-delà la frontière. La pire des possibilités est cependant qu'un adversaire des États-Unis profite d'une faiblesse dans le système de défense et de sécurité du Canada pour frapper les États-Unis. Ceux-ci seraient alors tentés de resserrer le contrôle à la frontière, avec des conséquences catastrophiques pour l'économie des deux pays.

Si les menaces asymétriques n'empêchent que peu de Canadiens de dormir, l'attitude que l'on serait tenté de qualifier de « paranoïaque » ou de « névrosée » de leurs voisins américains face à ces mêmes menaces les préoccupe beaucoup plus. Le problème est, évidemment, que les Canadiens ne peuvent se payer le luxe d'ignorer l'état d'esprit de leurs voisins. Non seulement l'économie canadienne est-elle fortement intégrée à celle des États-Unis (donc vulnérable aux décisions prises à Washington), mais bon nombre de citoyens canadiens sont aussi perméables aux idées et sentiments d'insécurité provenant du Sud. Le gouvernement canadien doit donc agir en conséquence, même s'il ne partage pas les craintes exprimées par les dirigeants américains.

L'un des préceptes à suivre pour maintenir cette relation fonctionnelle est de s'assurer de ce que le Canada ne constitue pas une source d'insécurité ou de préoccupation pour le gouvernement et la population des États-Unis. Conformément aux préceptes constituant le « serment de Kingston », Ottawa doit s'assurer qu'aucun groupe hostile aux États-Unis n'opère à partir de son territoire. Cette approche constitue une partie du prix à payer pour que les Américains laissent leurs frontières ouvertes au commerce avec le Canada et s'abstiennent d'intervenir dans l'organisation de la sécurité intérieure de ce dernier.

Même si elle est, de façon générale, consciente de la nécessité de garder les frontières perméables au trafic légitime, l'élite politique canadienne entretient aussi certaines réserves quant au risque que fait peser, pour la souveraineté canadienne, une collaboration plus étroite en matière de sécurité. Pour de nombreux intervenants, toute association avec les États-Unis se traduit par un amoindrissement de la capacité du gouvernement à définir et mettre en œuvre ses propres politiques. En fait, il y a lieu de croire que ce n'est pas vraiment la *souveraineté* qui est menacée, mais plutôt *l'identité* canadienne. L'erreur que commettent la plupart des tenants d'une plus grande intégration avec les États-Unis est de réduire le problème à sa seule dimension économique et sécuritaire, et de négliger la fonction identitaire des politiques canadiennes. Pour que des politiques de rapprochement avec les États-Unis soient acceptées par les dirigeants et la population, elles doivent clairement être « canadianisées », c'est-à-dire qu'elles doivent répondre à des intérêts canadiens (et non à un désir exprimé par Washington), qu'elles doivent demeurer conformes aux valeurs de la société canadienne et, surtout, qu'elles comportent des mécanismes qui circonscrivent d'éventuels débordements ou dérapages. Bref, une entente avec les États-Unis ne doit pas être perçue comme un cheval de Troie.

Ainsi, le Canada, dont l'économie et la société sont étroitement associées aux États-Unis, ne peut en aucun cas se permettre d'ignorer les craintes de ces derniers, ce qui signifie de prendre des moyens pour faire face à ce que Washington considère comme des menaces. Il doit toutefois le faire avec une grande prudence et beaucoup de lucidité. Dans ce contexte, les institutions bilatérales pourraient s'avérer particulièrement utiles. Le problème est qu'elles sont elles-mêmes sujettes à des changements majeurs.

3.2 Des institutions en péril

Au tournant des années 2000, les institutions de défense bilatérales canado-américaines semblaient toujours figées dans la forme où la guerre froide les avait laissées. Aucune institution d'importance n'a été créée entre 1990 et 2000, et aucune de celles héritées de la guerre froide n'a été réformée ou abolie. Alors que la menace posée par les missiles russes perdait de son urgence, la seule tentative visant à adapter le NORAD au nouvel environnement stratégique a consisté à lui donner un rôle dans la lutte antidrogue. À partir du milieu des années 1990, les craintes exprimées par certains dirigeants américains sur les risques posés par les « menaces asymétriques » vont cependant alimenter deux débats sur l'avenir de l'architecture de sécurité nord-américaine : l'un portant sur la défense antimissile, l'autre sur la menace terroriste. Il faut cependant attendre les attentats perpétrés aux États-Unis en septembre 2001 pour que le portrait institutionnel de la sécurité nord-américaine commence à changer de façon significative. Dans l'année qui suit, toute une série d'initiatives américaines bouleverse cet environnement – au point où l'on peut désormais parler d'une quatrième phase dans l'évolution de l'intégration de la défense nord-américaine. Quatre changements importants méritent d'être signalés ici.

Le premier demeure encore diffus et probablement assez éloignés dans le temps, mais paraît néanmoins inévitable. Il consiste essentiellement à intégrer le Mexique dans la structure de sécurité existante ou encore à en créer une nouvelle, sur une base trilatérale cette fois. Le caractère inévitable de ce processus est lié au postulat selon lequel l'intégration en matière de sécurité tend à suivre celle qui se produit dans la sphère économique. La croissance des échanges entraîne, en effet, une augmentation des besoins de sécurité[17]. Dans ce contexte, de plus en plus de dirigeants et d'observateurs tendent à évoquer la création d'une « communauté de sécurité nord-américaine[18] ». Ce scénario est d'autant plus plausible qu'il peut s'appuyer en grande partie sur le précédent que constituent les institutions commerciales. Pour l'heure, aucun des projets de communauté trilatérale n'a eu de suite. Toutefois, compte tenu des conséquences qu'ils peuvent avoir sur le Canada et de ses relations avec les États-Unis (dont le risque de voir Washington appliquer à ses deux partenaires un traitement similaire, malgré les différences de contexte), il convient d'y prêter une attention plus soutenue.

Le second changement est lié à la réorganisation des commandements militaires aux États-Unis. En avril 2002, Washington annonçait la création d'un commandement responsable de la sécurité du territoire national, le *Northern Command* (*Northcom*)[19]. Bien qu'il s'agisse d'une initiative purement américaine, elle affecte le Canada de deux façons. D'une part, l'une des responsabilités du nouveau commandement consiste à assurer la coordination avec le Mexique et le Canada, ce qui constitue un précédent – et peut-être même un tout premier pas, fort timide – vers la formation d'une entité trilatérale. C'est, en effet, la première fois que les *trois* pays sont ainsi associés à un projet de défense du continent. D'autre part, le commandant du *Northern Command* est aussi le responsable du NORAD, ce qui le met directement en contact avec ses collègues canadiens. Du point de vue d'Ottawa, il existe une distinction très nette entre les deux organismes. Le Canada ne participe pas aux activités du *Northcom*, mais contribue à celles du NORAD. Toutefois, cette distinction pourrait être difficile à maintenir compte tenu du chevauchement entre les deux organisations. Ainsi, en vertu d'un accord conclu en décembre 2002 un *Groupe de planification binational* (GPB), basé à Colorado Springs (comme le NORAD), composé d'une vingtaine d'officiers canadiens et d'autant de leurs collègues américains, a été créé afin assurer la liaison entre le gouvernement canadien et le nouvel organisme. Il a pour tâche d'améliorer les ententes actuelles concernant principalement la défense contre les menaces maritimes et terrestres ». Il « veille en outre à renforcer les mesures d'intervention des deux pays en cas de catastrophe naturelle par l'établissement de plans visant à coordonner la collaboration entre les forces armées américaines et canadiennes à l'appui des autorités civiles si celles-ci venaient à demander de l'aide »[20]. Le mandat du GPB a été reconduit en novembre 2004, jusqu'en mai 2006, date prévue du renouvellement de l'entente du NORAD. Entre-temps, Ottawa se sera doté d'un commandement semblable, le « Commandement Canada », chargé des opérations en territoire canadien[21].

Le troisième bouleversement institutionnel significatif est lié à la création, autorisée en novembre 2002, d'un ministère de la sécurité intérieure (traduction impropre de *Department of Homeland Security* – DHS) aux États-Unis. Cet organisme, aux pouvoirs très étendus et aux budgets astronomiques, chapeaute désormais les activités de plus d'une vingtaine d'agences fédérales dont le mandat touche, de près ou de loin, à la sécurité non militaire du territoire[22]. Le ministère joue aussi le rôle de coordonnateur auprès de la pléthore d'organisations relevant des autorités locales, comme les États et les municipalités. Son mandat couvre une variété de champs d'activité, dont la prévention, l'enquête, la diffusion de l'information, la recherche ou encore la réaction aux situations de crise. Son rôle dans l'organisation de la *défense* (et non de la sécurité) de l'Amérique du Nord est indirect, mais néanmoins substantiel en raison des liens étroits que le ministère entretient avec les forces armées. Non seulement le *Northcom* joue-t-il un rôle d'appui aux opérations du DHS[23], mais les militaires ont élaboré leur propre concept, celui de *Homeland defense*, pour désigner leurs programmes visant à protéger le territoire, la population et les infrastructures situées en territoire national, contre des menaces provenant de l'extérieur[24]. Ceci ne signifie pas que les militaires américains épousent avec enthousiasme leurs nouvelles fonctions en matière de défense du territoire. Bien au contraire, un malaise paraît s'être installé au sein des forces armées et un flou semble persister à propos de la distinction entre *homeland security* et *homeland defense*. Toutefois, les pressions politiques sont de plus en plus fortes pour que le Pentagone consacre des ressources additionnelles à la défense du territoire national, donc qu'il collabore encore plus étroitement avec le ministère de la sécurité intérieure[25].

Le gouvernement canadien s'était déjà doté, en février 2001, d'un organisme chargé de planifier les mesures contre les menaces asymétriques et les catastrophes d'origine humaine ou naturelle. Le *Bureau de la protection des infrastructures essentielles et de la protection civile* (BPIEPC) n'avait cependant pas de mandat, et encore moins de ressources, comparables au *Department of Homeland Security*. Il faut attendre l'arrivée à la tête du gouvernement de Paul Martin et la formation de son premier cabinet, en décembre 2003, pour voir émerger un organisme qui puisse être considéré comme un vague cousin du DHS. Le Ministère de la *Sécurité publique et de la Protection civile* (MS-PPC) regroupe six organismes, dont la Gendarmerie royale du Canada, l'Agence des Services frontaliers et le Service canadien du renseignement de sécurité. Bien que différent du DHS sous certains aspects[26], le MSPPC entretient, lui aussi, des rapports étroits avec les Forces canadiennes en ce qui touche aux missions de sécurité du territoire (notamment à la planification et la gestion des opérations d'urgence et à la sécurité des transports[27]) et l'un de ses représentants participe aux travaux du Groupe de planification binational. À la différence de son pendant américain, les rapports entre le SPPC et le ministère de la Défense nationale semblent plus ténus. Toutefois, le ministère canadien semble disposer d'une plus grande capacité de coordination[28].

La création d'institutions comme le *Departement of Homeland Security* et le *Northcom* pose problème au Canada. Non seulement s'agit-il d'initiatives nationales purement américaines, mais ces institutions sont chargées de tâches qui pourraient, autrement, faire l'objet d'une coopération accrue entre les deux pays. En ce sens, elles peuvent contribuer à ancrer, parmi l'élite politique américaine, l'impression qu'ils peuvent désormais faire l'économie de la collaboration avec leurs voisins du Nord.

Enfin, le quatrième changement à noter est lié au NORAD. Si les événements de septembre 2001 ont rappelé l'importance de contrôler adéquatement l'espace aérien, l'avenir de cette institution demeure encore incertain. Celui-ci semble lié à plusieurs questions dont on commence à peine à avoir les réponses, notamment en ce qui a trait à son rôle dans la lutte contre le terrorisme, à la détection et à l'interception des missiles de croisière, et à la défense antimissile balistique[29]. Sur ce dernier point, l'échange d'une note datée du 5 août 2004 fait *de facto* du NORAD une composante du système de défense antimissile. Les deux gouvernements ont en effet convenu « que la mission d'alerte aérospatiale du NORAD [...] doit également comprendre l'alerte aérospatiale [...] pour le compte des commandements désignés responsables de la défense antimissile de l'Amérique du Nord »[30]. Toutefois, paradoxalement, le 25 février 2005, Ottawa annonçait son intention de ne pas participer à ce programme, ce qui, dans les faits, signifie de refuser de l'appuyer politiquement. Cette déclaration a, bien évidemment, été reçue froidement à Washington, tant dans les cercles officiels que parmi les commentateurs[31]. Elle aura surtout relancé le débat sur la pertinence de maintenir le caractère binational du NORAD et, de façon plus générale, sur la volonté du gouvernement canadien de contribuer à la défense de l'Amérique du Nord.

Bien que le commandement conjoint ne soit qu'une institution parmi d'autres, et que l'Accord ne contienne que peu de dispositions à caractère politique (contrairement, par exemple, au Traité de l'Atlantique Nord et à l'OTAN), il symbolise la vigueur de la collaboration entre les deux pays. Si la décision canadienne conduit à la marginalisation de l'organisation, et si la leçon qu'en retirent les dirigeants américains est qu'ils peuvent désormais se passer d'une coopération institutionnalisée avec le Canada, alors ce dernier risque d'assister à la déchéance de *l'ensemble* des institutions bilatérales qui l'ont pourtant si bien servi. Comme l'affirme Joel Sokolsky, l'existence de réseaux de coopération dans une variété de domaines touchant à la sécurité permet au Canada de faire une contribution significative à la sécurité intérieure de l'Amérique du Nord[32], donc de maintenir des rapports de travail efficaces. Toutefois, l'inverse est aussi vrai : le déclin de ce même réseau peut avoir des conséquences funestes pour les relations bilatérales.

Pour contrer cette possibilité, de plus en plus de commentateurs proposent d'approfondir la coopération dans d'autres domaines, et en particulier dans le secteur maritime.

4. VERS UN NORAD MARITIME?

De nombreux auteurs et commentateurs ont reconnu les avantages d'une association plus étroite avec les États-Unis et l'adoption de mesures de sécurité conjointes. Parmi eux figurent des économistes et des représentants des associations commerciales dont la principale préoccupation est de s'assurer que le marché (donc les frontières) américain reste ouvert aux biens et services canadiens. Dans cette perspective, les mesures de défense et de sécurité prennent parfois un sens instrumental, au sens où elles servent essentiellement de moyen d'attirer l'attention du gouvernement américain et de monnaie d'échange contre des concessions dans le domaine commercial. Ces projets sont généralement connus sous le nom de « Grande idée » (*Big Idea*) ou « *Big Bang* »[33].

Bien des objections ont été formulées à l'endroit d'une telle approche, objections de natures très diverses[34]. Dans une perspective institutionnaliste, ce projet est certainement l'un des plus séduisants[35]. Toutefois, force est d'admettre qu'il est contreproductif et même dangereux. Contreproductif parce qu'il a non seulement peu de chance d'intéresser les dirigeants américains[36], mais aussi parce qu'il risque de soulever la méfiance de la population canadienne, ceci parce qu'il ne tient aucun compte des craintes de nature identitaire. Cette approche est aussi dangereuse parce qu'elle rompt avec le principe de « compartimentalisation des domaines d'action ».

Pourtant, il est possible d'imaginer d'autres avenues, plus modestes, visant l'élargissement et le renforcement des institutions bilatérales vouées à la défense du continent.

4.1 Le renforcement du tissu institutionnel avec les États-Unis

En marge des « grandes idées », de nombreux projets comportant la création ou le renforcement d'institutions bilatérales flottent dans l'air[37], en particulier depuis les attaques de l'automne 2001. La plus fréquemment évoquée consiste à créer de nouvelles structures de commandement qui deviendraient aux domaines maritime et terrestre ce que le NORAD est à l'élément aérospatial.

L'idée, souvent évoquée par des militaires américains[38], est de plus en plus fréquemment reprise par des observateurs et analystes civils[39]. Comme le décrit Jim Fergusson :

> *Creating a new structure would likely replicate the existing NORAD structure [...] All the existing procedures and mechanisms within NORAD that protect each nation's sovereignty and promote cooperation can be readely applied to the maritime and land sectors. [...] In it's simpliest form, expansions means the addition of a maritime and land operation center at the Cheyenne Moutains Operational Center*[40].

L'étude publique la plus poussée est probablement celle entreprise par le GPB[41]. Les auteurs examinent plusieurs scénarios et niveaux d'intégration, y compris la formation de commandements binationaux régionaux (comme le NORAD) ou fonctionnels, mais ne font pas de recommandations à proprement parler sur ce sujet.

En termes opérationnels, le projet n'est certainement pas dénué de fondement. Les menaces asymétriques, et notamment le terrorisme, ont ceci de particulier de ne pas s'appuyer sur des ressources militaires clairement identifiées comme telles. Au contraire, elles reposent sur l'utilisation de ressources civiles détournées de leurs fins (comme ce fut le cas avec les avions utilisés le 11 septembre 2001) ou encore d'armes camouflées dans des moyens de transport civils (comme un cargo transportant un missile de croisière ou un conteneur contenant une ogive nucléaire). Ces subterfuges réduisent le temps de réaction des autorités, si bien que la défense côtière et terrestre est maintenant soumise aux mêmes contraintes que la défense aérienne des années 1950, soit compression du temps d'identification de la menace, de mise en alerte et de réponse conjointe[42]. Si l'on accepte le caractère réaliste et plausible du risque posé par les menaces asymétriques, cette nouvelle étape dans l'intégration de la défense de l'Amérique du Nord a du sens.

D'autres initiatives pourraient être mises de l'avant pour renforcer le tissu institutionnel. L'une d'elles consiste à rendre l'entente du NORAD permanente, plutôt que de la renouveler aux cinq ans[43]. Une autre, envisageable à plus long terme, est de tisser des liens de sécurité plus étroits avec le Mexique. Ce pays est, entre autres, fort bien placé pour jouer le rôle d'intermédiaire entre, d'une part, la société et les forces armées mexicaines et, d'autre part, les troupes américaines[44]. Le gouvernement a d'ailleurs ouvert timidement la voie à une coopération avec le Mexique lors de la signature du Partenariat nord-américain pour la sécurité et la prospérité en mars 2005 et l'a réaffirmé dans son énoncé de politique publié le mois suivant[45].

Si, du point de vue des militaires et de plusieurs analystes, ce projet d'élargissement et d'approfondissement des institutions nord-américaines va de soi, il en est autrement des autorités politiques, qui y perçoivent autant d'avantages que d'inconvénients. La plupart des spécialistes qui écrivent sur le sujet en sont bien conscients et consacrent presque systématiquement quelques paragraphes aux craintes canadiennes en matière de souveraineté. Pourtant, l'essentiel de la rhétorique à l'appui des projets intégrationnistes se borne à en vanter les avantages opérationnels. C'est plutôt sur la dimension politique que devrait se concentrer le débat. Sur ce plan, l'expérience acquise la fin du XIXe siècle peut s'avérer très utile.

4.2 Les principes généraux

Dans un contexte plus favorable, l'élargissement des institutions devrait passer par la formulation, par les deux gouvernements, d'une « déclaration » (comme celle de 1940 et de 1947, à défaut d'un traité formel) qui fixe les objectifs de la coopération bilatérale dans le cadre de la lutte contre les menaces asymétriques et, surtout, qui expose les principes sur lesquels repose cette coopération. Ces principes sont particulièrement importants pour le Canada, parce qu'ils déterminent les limites dans lesquelles s'exercera cette coopération ; ce sont eux qui fournissent au gouvernement canadien ses meilleures défenses contre l'influence des États-Unis.

Toutefois, il est peu probable qu'un tel projet de déclaration conjointe suscite plus d'enthousiasme que les « grandes idées » évoquées plus haut. Dans ce contexte, la solution consiste plutôt à adopter une approche par « petits pas » (on dirait aussi « incrémentaliste »), qui est d'ailleurs utilisée pour permettre la conclusion de la très grande majorité des ententes bilatérales. Il s'agit de conclure des ententes sectorielles, de portée limitée, entre des agences ou ministères, et sans être encadrées par une déclaration politique formelle.

Les ententes conclues dans le cadre de cette approche sectorielle doivent impérativement reposer sur les mêmes principes que l'on retrouve dans celles qui ont été signées depuis la fin du XIXe siècle. Ces principes sont les suivants :

- *collégialité* : lorsque le sujet s'y prête, les décisions doivent être prises collectivement tout en favorisant l'expression de point de vue divers ;

- *permanence* : dans la mesure du possible, des représentants des deux parties doivent se rencontrer fréquemment et régulièrement pour établir des relations de travail fonctionnelles et empreintes de confiance ;

- *représentation paritaire* : lorsqu'une entente prévoit la formation de comité, celui-ci doit être composé d'un nombre égal de représentants de chaque pays ;

- *dépolitisation des problèmes* : les délégations siégeant à ces comités doivent être majoritairement composées de fonctionnaires et de militaires, de préférence au personnel politique. Cette composition permet la recherche de solutions « techniques » et d'éviter qu'elle ne se heurte à des considérations idéologiques ou partisanes ;

- *précision* : le texte des ententes doit être le plus précis possible quant à ses domaines d'application, de manière à y mettre des limites implicites ;

- *l'autorité* du gouvernement du pays hôte prime sur toute autre autorité lorsque des activités conjointes se déroulent sur son territoire ;

- *absence de précédent* : aucune activité conjointe menée dans le cadre de ces ententes ne peut être évoquée comme un précédent pour réclamer des droits futurs, quelle qu'en soit la nature.

- *une compensation symbolique* (verbale, financière ou autre, selon le cas) doit être accordée pour le recours aux services ou aux ressources de l'autre partie, ceci de manière à atténuer l'impression que l'entente concède un droit acquis et définitif à l'autre partie.

Dans la mesure où ces principes ont été couramment appliqués dans le passé, il est fort peu probable qu'ils soulèvent des objections. En fait, ils constituent autant de précieux garde-fous faciles à appliquer et peu susceptibles de rebuter les autorités politiques

CONCLUSION

Plusieurs auteurs ont critiqué, parfois de façon virulente, les initiatives visant à intégrer davantage les forces canadiennes et américaines engagées dans la défense de l'Amérique du Nord[46]. Il s'agit assurément d'un réflexe sain, qui rappelle aux Canadiens de ne pas s'engager dans ce processus les yeux fermés. Toutefois, nier l'utilité des institutions bilatérales et les refuser en bloc sous prétexte qu'elles sont des formes de pacte avec le diable pourrait conduire le gouvernement canadien à se priver d'un des meilleurs instruments de défense de sa souveraineté et de son identité. Comme l'affirmait le diplomate et analyste de la politique étrangère John Holmes, « le continentalisme est une force de la nature qui exige que l'on impose ensuite la discipline des institutions et des règlements »[47].

Les changements décrits dans ce texte sont peut-être porteurs de sérieuses difficultés à venir pour le Canada. Le problème est que ces transformations structurelles de l'environnement nord-américain ne se produisent pas seules. Selon certains auteurs, un fossé tend à se créer entre les valeurs répandues dans les sociétés canadiennes et américaines[48]. À terme, c'est le consensus sur lequel sont fondées les institutions bilatérales qui pourrait être atteint. Ce risque rend d'autant plus urgent le renforcement du tissu institutionnel, de manière à cristalliser ce consensus.

Le refus du gouvernement Martin de participer à la défense antimissile pourrait bien contribuer à freiner la création de nouvelles institutions, à attiser la méfiance des dirigeants américains, voire à accélérer le processus de décomposition des liens institutionnels. La formation d'un équivalent maritime et terrestre du NORAD pourrait bien servir à contrer ces deux dernières tendances. Dans le même ordre d'idées, la création du MSPPC et du Commandement Canada sont des pas dans la bonne direction, puisqu'ils peuvent former les « piliers canadiens » (le DHS et le Northcom formant les « piliers américains ») de nouvelles ententes bilatérales ou trilatérales dans leurs domaines de compétence. Ainsi, si l'ordre libéral nord-américain semble traverser une période d'incertitude, il pourrait, avec un peu de doigté et volonté, en ressortir renforcé.

NOTES

*   Titulaire, Chaire de recherche du Canada en politique étrangère et de défense canadienne, Université du Québec à Montréal (UQAM). L'auteur tient à remercier Jean-François Rancourt (candidat à la maîtrise à l'UQAM) pour la recherche préliminaire. Ce texte reprend des idées exprimées dans deux rapports, soit *Canada-US Security and Defence Relations : A Continentalist-Institutionalist Perspective*, Centre for Global Studies, University of Victoria, Victoria (C.-B.), juillet 2004 ; *Canada and United States : Managing the Security Relationship*, Canadian Defence and Foreign Affairs Institute, Calgary (Alba.), mai 2003.

1.   La liste va de George Grant à Michael Byers. George Grant, *Lament for a Nation. The Defeat of Canadian Nationalism*, Montréal, McGill-Queen's University Press, 1965 (2004) ; Michael BYERS, *Les forces armées canadiennes sous commandement américain*, Simons Centre for Peace and Disarmament Studies, Liu Centre for the Study of Global Issues (UBC), 6 mai 2002. Voir aussi Reg Whitaker « George Grant Got it Wrong. Coping with Uncle Sam in the 21st Century », *Inroads*, n° 14, hiver/printemps 2004, p. 118-129.

2.   Cette logique est exposée en détail dans Stéphane Roussel, *The North American Democratic Peace : Absence of War and Security Institution-Building in Canada-US Relations, 1867-1958*, Montréal, McGill-Queen's University Press – School of Policy Studies, 2004.

3.   Sur le concept de « coopération entre démocraties », voir en particulier Thomas Risse-Kapen, *Cooperation Among Democracies. The European Influence on U.S. Foreign Policy*, Princeton, Princeton University Press, 1995.

4.   La crise de l'Alaska, en 1903, constitue peut-être l'un des rares exemples de crise où le caractère politique l'a emporté sur les considérations techniques, avec des résultats désastreux pour les Canadiens.

5.   Les classiques en ce domaine sont Stephen Krasner, dir., *International Regimes*, Ithaca, Carven University Press, 1982 ; Robert O. Keohane, *After Hegemony. Cooperation and Discord in the World Political Economy*, Princeton, Princeton University Press, 1984 ; John G. Ruggie, dir., *Multilateralism Matters*, Columbia

University Press, New York, 1993. Voir aussi B. Guy Peters, *Institutional Theory in Political Science*, New York, Continuum, 1999, chap. 8.

6.   Cité dans John Noble, « Fortress America or Fortress North America ? » communication présentée à la conférence *North American Integration : Migration, Trade and Security*, Institut de recherche en politiques publiques (IRPP), Ottawa, 1er-2 avril 2004, p. 23.

7.   J. L. Granatstein, « A Friendly Agreement in Advance. Canada-US Defense Relations Past, Present, and Future », *C.D. Howe Institute Commentary*, n° 166, juin 2002.

8.   MINISTÈRE DE LA DÉFENSE NATIONALE, *Le Canada et les États-Unis d'Amérique : Partenaires en matière de défense et de sécurité, au pays et à l'étranger*, Ottawa, 2003, p. 8 ; On trouvera une liste de ces ententes dans l'annexe IV de BI-NATIONAL PLANNING GROUP, *Interim Report on Canada and the United States (CANUS) Enhanced Military Cooperation*, Peterson AFB (Co.), 13 octobre 2004.

9.   David G. Haglund et Michel Fortmann, « Le Canada et la question de la sécurité du territoire : l'"exemption de Kingston" tient-elle toujours ? » *Revue militaire canadienne* vol. 3, n° 1, printemps 2002, p. 17-22 ; Stéphane ROUSSEL, « Pearl Harbor et le World Trade Center. Le Canada face aux États-Unis en période de crise », *Études internationales*, vol. XXXIII, n° 4, décembre 2002, p. 667-695.

10.   Sur la création et l'évolution du PJDB, voir Christopher Conliffe, « The Permanent Joint Board on Defense, 1940-1988 », dans David G. Haglund et Joel J. Sokolsky, dir. *The U.S.-Canada Security Relationship. The Politics, Strategy and Technology of Defence*, Boulder (Col.), Westview, 1989, p. 145-165 ; William R. WILLOUGHBY, *The Joint Organizations of Canada and the United States*, Toronto, Toronto University Press, 1979.

11.   Pour un examen détaillé de cette période, voir Joseph T. Jockel, *No Boundaries Upstairs*, Vancouver, University of British Columbia Press, 1987.

12.   J. L. Granatstein, « The Conservative Party and the Ogdensburg Agreement », *International Journal*, vol. XXII, n° 1, hiver 1966-1967, p. 73-76 ; Chandler Bragdon, « Reactions to the Canadian-American Rapprochement of 1935-1939 : A Summary » dans *Reflections from the Past. Perpectives on Canada and on the Canada-U.S. Relationship*, Plattsburgh, Center for the Study of Canada – State University of New York, 1991 (ré-éd. de 1967), p. 64-69.

13.   Grant, Shelagh D., *Sovereignty or Security. Government Policy in the Canadian North (1936-1950)*, Vancouver, University of British Columbia Press, 1988, p. 184-187.

14.   Serge Bernier, « La perception du NORAD par divers commentateurs du Canada », *Revue internationale d'histoire militaire*, n° 54, 1982, p. 254.

15.   Voir Michael Cox, « September 11th and U.S. Hegemony – Or Will the 21st Century Be American Too ? », *International Studies Perspectives*, vol. 3, n° 1, février 2002, p. 53-70 ; Michael Mastanduno, « A Realist View : Three Images of the Coming International Order », dans T. V. Paul et John A. Hall, dir., *International Order and the Future of World Politics*, Cambridge, Cambridge University Press, 1999, p. 19-40.

16.   Kenneth F. McKenzie Jr., « The Revenge of the Melians : Asymmetric Threats and the Next QDR », *MacNair Papers* (National Defense University), n° 62, novembre 2000.

17.   Voir Athanasios Hristoulas et Stéphane Roussel, « Le trilatéralisme sécuritaire en Amérique du Nord : Rêve ou réalité ? » dans Albert Legault, dir., *Le Canada dans l'orbite américaine : La mort des théories intégrationnistes ?*, Québec, Presses de l'Université Laval, 2004, p. 45-48.

18.   L'idée a cependant été évoquée à quelques reprises voir *Ibidem*, p. 41 42. Le plus récent en date est celui John P. Manley, Pedro Aspe et William F. Weld, *Créer une communauté nord-américaine*, Groupe de travail indépendant sur l'avenir de l'Amérique du Nord, mars 2005.

19.   Philippe Lagassé, « Le Northern Command et l'évolution des relations canado-américaines », *Revue militaire canadienne*, vol. 4, n° 1, printemps 2003, p. 15-22.

20.   Ministère de la Défense nationale, « Le renforcement de la coopération canado-américaine en matière de sécurité et le groupe de planification binational », *Documentation*, BG-04.041, 29 novembre 2004.

21.   Gouvernement du Canada, *op. cit.*, p. 13.

22.   Stéphane Roussel et Jean-François Rancourt, « Le Département de la Homeland Security (DHS) : Tour de Babel bureaucratique américaine ? », *Le Maintien de la paix*, n° 61, décembre 2003.

23.   L'une des deux missions fondamentales du *Northern Command* consiste en effet à « provide military assistance to civil authorities including consequence management operations ». http://www.northcom.mil/index.cfm ?fuseaction=s.homeland, consulté le 13 avril 2005.

24.   *Ibidem*.

25. Joel J. Sokolsky, « Northern Exposure ? American Homeland Security and Canada », *International Journal*, vol. 60, n° 1, hiver 2004-2005, p. 39-42.

26. Par exemple, le fait que les services d'immigration et de naturalisation (INS) américains ont été intégrés au DHS, tandis qu'Immigration Canada n'a pas été imbriquée en totalité dans le Ministère de la Sécurité publique. Sur l'organisation du MSPPC, voir Julie Auger, Stéphane Roussel et Jean-François Rancourt, « Le Ministère de la sécurité publique et de la protection civile. Un *Department of Homeland Security* canadien ? », *Le maintien de la paix*, n° 69, septembre 2004.

27. Gouvernement du Canada, Bureau du Conseil privé, *Protéger une société ouverte : la politique canadienne de sécurité nationale*, Ottawa, avril 2004, en particulier p. 25-26 et 41.

28. Joel J. Sokolsky, *op. cit.*, p. 47.

29. Joseph T. Jockel, « Après les attaques de septembre : Quatre questions sur l'avenir du NORAD », *Revue militaire canadienne*, vol. 3, n° 1, printemps 2002, p. 11-16.

30. Affaires étrangères Canada, *Note n° JLAB-0095*, 5 août 2004.

31. Martin O'Hanlon, « Martin Offended Bush, says official, but March 23 meeting still on », *MacLeans.ca*, 3 mars 2005 ; Tim Harper, « Martin Firm on Missiles », *Toronto Star*, 2 mars 2005. Dawight N. Mason, *A Flight From Responsability : Canada and Missile Defense of North America*, Washington, CSIS, mars 2005.

32. Joel J. Sokolsky, *op. cit.*, p. 50-51.

33. Par exemple, Wendy Dobson, « Shaping the Future of the North American Economic Space. A Framework for Action », *C.D. How Institute Commentary*, n° 162, avril 2002 ; Coalition Pour Des Frontières Sécuritaires Et Efficaces Sur Le Plan Commercial, *Plan d'action pour des frontières sécuritaires et efficaces sur le plan commercial*, décembre 2001 (www.chamber.ca). Voir aussi le débat dans *Options politiques*, vol. 24, n° 4, avril 2003.

34. Outre les auteurs figurant dans le numéro d'*Options politiques* mentionné plus haut, voir, John Noble, *op. cit.*

35. Pour une comparaison des avantages et inconvénients des différents types d'arrangements bilatéraux possibles, voir Stéphane Roussel « The Blueprint of Fortress North America » dans David Rudd et Nicholas Furneaux, dir., *Fortress North America ? What « Continental Security » Means for Canada*, CISS, Toronto, 2002, p. 12-19 ; et « Sécurité, souveraineté ou prospérité ? Le Canada et le périmètre de sécurité nord américain », *Options politiques*, vol. 23, n° 3, avril 2002, p. 15-22.

36. Mes objections à une approche fondée sur un lien entre commerce et sécurité ont été exposées dans « "Honey, are you still Mad at Me ? I've Changed You Know" Canada-US Relations in a Post-Saddam/Post Chrétien Era », *International Journal*, vol. 63, n° 4, automne 2003, p. 571-590. Voir aussi, Denis Stairs, « Challenges and Opportunities for Canadian Foreign Policy in the Paul Martin Era », *International Journal*, vol. LVIII, n° 4, automne 2003, p. 481-506.

37. Par exemple, au printemps 2001, un conférencier avait émis l'idée de créer un NORAD terrestre qui aurait pour mandat, entre autres choses, de gérer la coordination de la surveillance des points d'entrée. Voir Stéphane Roussel, « *Homeland Defence* et périmètre de sécurité : Quelles sont les conséquences pour le Canada ? (compte-rendu d'une conférence tenue au Collège Glendon, Toronto, le 25 mai 2001) », *Canadian Foreign Policy*, vol. 9, n° 1, automne 2001, p. 12.

38. Voir les déclarations de l'Amiral Vernon E. Clark (2002), de l'Amiral Arthur Brooks et du Général Ralph Eberhart, commandant du NORTHCOM et du NORAD (2004), citées respectivement par Philippe Lagassé, *op. cit.* p. 20, par Joel J. Sokolsky, « Guarding the Continental Coasts : United States Maritime Homeland Security and Canada », *Enjeux publics*, vol. 6, n° 1, mars 2005, p. 51, et par Dwight N. Mason « Time to expand NORAD », *One Issue, Two Voices*, Woodrow Wilson International Center for Scholars, Washington D.C., n° 3, mars 2005, p. 3.

39. Outre les auteurs mentionnés à la note précédente, il y a lieu d'ajouter Jim Fergusson, « NORAD Renewal – Much Ado About... », *One Issue, Two Voices*, Woodrow Wilson International Center for Scholars, Washington D.C., n° 3, mars 2005, p. 11-12 ;, David J. Bercuson, John Ferris, J.L. Granatstein, Rob Hubert, et Jim Keely, *National defence, National Interest : Sovereignty, Security and Canadian Military Capability in the Post-9/11 World*, Calgary, Canadian Defence and Foreign Affairs Institute, 2003, p. 20-21.

40. Jim Fergusson, *op. cit.*

41. Bi-National Planning Group, *op. cit.*

42. Dwight N. Mason, *op. cit.* (mars 2005), p. 2.

43. *Ibidem*, p. 3

44. Voir Athanasios Hristoulas et Stéphane Roussel, *op. cit.*

45.   Gouvernement du Canada, *Fierté et influence: notre rôle dans le monde (Défense)*, Ottawa, 19 avril 2005, p. 26.

46.   Par exemple, Michael Byers, *Les forces armées canadiennes sous commandement américain*, Simons Centre for Peace and Disarmament Studies, Liu Centre for the Study of Global Issues (UBC), 6 mai 2002 ; Michel Chossodvsky, « L'annexion du Canada fait-elle partie du projet militaire de Bush ? », *Aut Journal*, décembre 2004 (www.globalresearch.ca).

47.   John W. Holmes, témoignage devant le *Comité permanent des Affaires extérieures et de la Défense nationale*, 33e législature, fascicule 37, p. 21, 10 octobre 1985.

48.   Michael Adams, *Fire and Ice. The United States, Canada and the Myth of Converging Values*, Toronto, Pinguin Canada, 2003.

CHAPITRE 4

UNE PARTICIPATION SI NÉCESSAIRE MAIS PAS FORCÉMENT UNE PARTICIPATION : LE CANADA ET LA DÉFENSE CONTRE LES MISSILES

Philippe Lagassé[*]

INTRODUCTION

En janvier 2003, le gouvernement libéral de Jean Chrétien laissait savoir que le Canada gardait un « esprit ouvert » quant à une participation au système de défense contre les missiles balistiques (BMD) des États-Unis[1]. Dans la mesure où il était précisé dans le *Livre blanc sur la défense* de 1994 que le Canada était intéressé à « mieux comprendre les tenants et aboutissants de la défense anti-missile et de mener, pour ce faire, les recherches et consultations voulues avec des États dont il partage les vues d'ensemble », l'annonce du gouvernement Chrétien ne représentait pas une réorientation fondamentale de la politique. Le Canada coopère depuis longtemps avec les États-Unis sur le plan de la défense de l'Amérique du Nord. Depuis la création du Commandement de la défense aérienne de l'Amérique du Nord (NORAD) en 1957, le Canada a contribué à la défense stratégique de l'Amérique du Nord. Dès le début des années 60, le Système d'alerte avancée pour les missiles balistiques (BMEWS) des États-Unis fournissait au NORAD une alerte intégrée et une évaluation d'attaque sur les lancements de missiles balistiques contre l'Amérique du Nord. Étant donné que le NORAD reçoit encore des données de l'alerte tactique intégrée et évaluation d'attaque, plusieurs personnes œuvrant dans le domaine de la défense canadienne font remarquer que le commandement binational devrait être élargi afin d'inclure le commandement et contrôle de la défense antimissile[2]. Autrement dit, étant donné que le commandement binational effectue déjà la détection des lancements de missiles balistiques, il est par conséquent logique que le NORAD défende le continent contre ces mêmes missiles. Vu sous cet angle, l'annonce de janvier 2003 reflète un maintien de l'engagement du Canada en matière de défense stratégique.

Néanmoins, à la lumière des discours tenus par le Canada depuis la fin des années 60, l'annonce faite en janvier 2003 représente un ajustement significatif de la politique. Pendant toute la période de la guerre froide et celle qui a suivi, le gouvernement canadien réitérait son espoir de voir les États-Unis adhérer au Traité sur les missiles anti-missiles balistiques (ABM) de 1972. Tel que mentionné dans le *Livre blanc sur la défense* de 1994, toute stratégie américaine de défense antimissile devrait renforcer «la stabilité mondiale et s'inscrire dans le droit fil des accords de contrôle des armements en vigueur.» Des membres du gouvernement canadien appréhendaient également la probabilité que le système américain de défense antimissile s'élargisse de façon à inclure les armes spatiales, une évolution qui irait à l'encontre de l'interprétation que fait le Canada du Traité sur l'espace extra-atmosphérique[3] de 1967. Le Canada, une puissance moyenne du *statu quo*, tire profit d'un environnement international stable. Il est de l'intérêt du Canada de garantir la survie et la promotion des traités et des régimes qui contribuent à la stabilité internationale en limitant les armements ou en réduisant la concurrence entre les plus grandes puissances. Dans la mesure où le traité ABM et le Traité sur l'espace extra-atmosphérique représentaient des tentatives de réduction de la concurrence entre les superpuissances, le Canada a tiré profit de leur mise en application. Par conséquent, en dépit de son engagement de longue date à l'égard de la défense stratégique, le Canada a été contraint de s'opposer aux entreprises américaines qui pourraient nuire aux régimes de contrôle des armements et à la stabilité internationale.

Entre la fin des années 60 et l'an 2000, le gouvernement canadien s'est efforcé de maintenir une marge de manœuvre souple entre son soutien à la stabilité stratégique et au contrôle des armements, d'une part, et son engagement à l'égard de la défense stratégique de l'Amérique du Nord, d'autre part. Ottawa excellait dans la navigation de cette marge. En 1968, le gouvernement libéral de Lester B. Pearson a négocié dans le cadre du renouvellement de l'Accord sur le NORAD une clause visant à dissocier les obligations du Canada concernant la défense aérienne de la participation dans la défense antimissile. Le gouvernement conservateur de Brian Mulroney a décliné une invitation visant la participation du gouvernement canadien à la recherche sur l'Initiative de défense stratégique (IDS) menée par les Américains en 1985, tout en préservant les fonctions d'alerte antimissile balistique et d'évaluation du NORAD et en modernisant les infrastructures de défense aérienne de l'Amérique du Nord. Dans les années 90, Ottawa soutenait tacitement les efforts américains visant l'accroissement des capacités de défense antimissile de théâtre autorisées en vertu du traité ABM, quoique le gouvernement Chrétien ait envoyé un signal clair à l'effet que le Canada n'adhérerait pas à un système de défense antimissile qui violerait le traité ABM.

Suivant les modèles décrits par les rédacteurs de ce volume, l'approche canadienne au cours de cette période en matière de défense antimissile était une approche du « c'est selon » : concernant les enjeux de défense antimissile, le Canada était un « partenaire à coopération sélectif ». Le petit nombre de demandes qu'Ottawa a reçues de Washington relativement à la BMD et la grande marge de manœuvre du Canada en matière de défense antimissile ont permis à Ottawa d'être ambigu au sujet de la défense antimissile sans nuire à la relation bilatérale du Canada ni à sa réputation de partenaire fiable dans la défense de l'Amérique du Nord.

Cependant, avec l'élection de George W. Bush à la présidence des États-Unis, la marge de manœuvre du Canada sur les questions de défense antimissile s'est rétrécie. Quatre décisions prises par l'administration Bush ont contribué à ce rétrécissement. Premièrement, en juin 2002, les États-Unis se sont retirés du traité ABM, rendant non cohérente la pertinence de l'appui du Canada à l'accord. Au cours de la même année, la Russie et les États-Unis ratifiaient un nouveau traité sur le contrôle des armes stratégiques, le Traité de réduction des armes nucléaires offensives stratégiques (SORT), lequel semblait infirmer les craintes à l'effet que la défense antimissile déclenchera une course aux armements[4]. Deuxièmement, l'administration Bush a décidé de construire d'ici la fin de 2004 un système de défense antimissile restreint. Cependant, le système déployé par l'administration Bush est un système de défense antimissile basé au sol seulement. Malgré l'évolution probable du système en vue d'inclure des intercepteurs placés dans l'espace dans un avenir lointain, les inquiétudes à l'effet que la défense antimissile reliera le Canada à l'arsenalisation de l'espace sont fondées sur des spéculations. Troisièmement, en conséquence directe des événements du 11 septembre 2001, le Pentagone a créé le U.S. Northern Command (NorthCom), un commandement régional situé près du NORAD à Cheyenne Mountain, au Colorado. Le NorthCom a fait savoir que les États-Unis étaient prêts à transférer les fonctions du NORAD relatives à l'alerte tactique intégrée et évaluation d'attaque à un commandement uniquement américain si le Canada n'autorisait pas l'utilisation des données de l'alerte tactique intégrée et évaluation d'attaque par le commandement et contrôle de la BMD. Dans le cas où l'alerte tactique intégrée et évaluation d'attaque était transférée à un commandement entièrement américain, la position du Canada en tant que partenaire stratégique fiable serait affaiblie. Enfin, dans le cadre de sa lutte contre le terrorisme, l'administration Bush a regardé les alliés des Américains d'un œil critique. Les alliés qui s'opposaient aux politiques américaines en matière de sécurité nationale ou les rendaient plus compliquées étaient considérés *civitas non grata* par Washington. Ottawa, déjà préoccupée par l'impact des politiques américaines dans le domaine de la sécurité du territoire américain sur l'échange transfrontière, reconnaissait qu'une attitude distante sur la question de la défense antimissile pouvait aggraver inutilement les relations bilatérales.

Chrétien et son successeur, Paul Martin, ont appliqué de nouveau l'approche canadienne du « c'est selon » à cette marge de manœuvre plus étroite. De façon générale, Chrétien et Martin sont parvenus à faire avancer la collaboration à la défense antimissile en termes favorables au Canada. Entre janvier 2003 et décembre 2004, la coopération d'Ottawa en matière de défense antimissile a été « tout juste suffisante » pour calmer Washington, sans pourtant lier inconditionnellement le Canada au système. Cependant, au début de l'année 2005, le gouvernement Martin s'est trouvé pris dans une position intenable. Au cours de sa visite au Canada en novembre 2004, Bush a pressé Ottawa de s'engager totalement au chapitre de la défense antimissile. Avec l'arrivée de la nouvelle année, il apparaissait qu'Ottawa devrait prendre une décision à propos de la participation du Canada à la défense antimissile ; une coopération sélective ne satisfait plus les supporteurs de la défense antimissile ni ses opposants, et l'indécision constante mine la respectabilité du Canada à Washington et le leadership de Martin ici au pays.

Ce chapitre se penche sur les dimensions historiques et contemporaines de l'approche canadienne du « c'est selon » en matière de défense antimissile. Le chapitre commence par un examen des politiques de défense stratégique du Canada entre 1945 et 2000. Par la suite sont examinées les politiques de défense antimissile depuis 2001. Enfin, les facteurs qui ont contribué a la décision du gouvernement Martin d'abandonner une participation canadienne dans le bouclier antimissile en 2005 sont examinés.

LE CANADA ET LA DÉFENSE STRATÉGIQUE, 1945-2000

La participation du Canada à la défense stratégique de l'Amérique du Nord commence après la Seconde Guerre mondiale. En 1946, le Comité canado-américain de coopération militaire (CCM) nouvellement formé préparait un Plan de sécurité de base pour la défense du continent[5]. Un élément clé du plan commandait le déploiement par le Canada et les États-Unis d'un système continental de défense aérienne. Un tel système s'avérait nécessaire, selon les planificateurs du CCM, parce qu'on s'attendait à ce que l'Union soviétique construise une arme atomique et un bombardier intercontinental pouvant le lancer, et ce, dans un délai de dix ans. Toutefois, lorsque la proposition d'un système de défense aérienne a été présentée au Cabinet canadien à l'automne 1946, les coûts associés à l'équipement et à l'entretien ont amené le premier ministre William Lyon Mackenzie King à rejeter l'idée catégoriquement[6] ; la première incursion du Canada dans le domaine de la défense stratégique n'a pas vu le jour. Néanmoins, le besoin pour un système nord-américain de défense aérienne existait toujours.

En 1949, l'Union soviétique a fait exploser une bombe atomique, preuve que le domaine scientifique soviétique était en avance sur ce que les analystes canadiens et américains avaient prédit à la fin de la guerre. La même constatation s'applique au génie aéronautique soviétique. Au cours de la même année où a eu lieu l'explosion de la bombe atomique, l'Union Soviétique a déployé un bombardier intercontinental, le Tu-4 Bull. À cause de ces développements, les États-Unis ont amplifié leurs appels en vue de la construction d'un système de défense aérienne continentale. Étant donné qu'on s'attendait à ce que les attaques des bombardiers soviétiques sur des cibles américaines traversent le pôle Nord et le territoire canadien, Washington était catégorique sur le fait que la coopération canadienne était requise pour se protéger adéquatement contre la menace[7]. Malgré quelques appréhensions concernant l'aspect financier et des inquiétudes à propos de la souveraineté, le gouvernement libéral de Louis Saint-Laurent admit que le Canada devrait contribuer à la défense aérienne stratégique du continent.

Au milieu des années 50, le Canada et les États-Unis étudiaient les éléments nécessaires à un système de défense radar et de défense aérienne. Une question étudiée concernait la valeur des stations radar additionnelles destinées à soutenir le réseau Pinetree et la ligne Mid-Canada déjà en construction. En 1954, un groupe d'études mixte notait dans un rapport que la construction des radars d'un réseau de détection lointaine avancé (DEW) dans le nord du Canada était « nécessaire pour que le nouveau système de défense aérienne puisse suivre l'évolution technologique de l'Union soviétique en matière d'attaques aériennes sur les régions vitales du Canada et des États-Unis »[8]. En raison de la gravité de la menace et de l'importance de la situation géographique du Canada, le gouvernement Saint-Laurent a approuvé la construction du réseau DEW en septembre 1954.

Par contre, le déploiement de radars était insuffisant. Pour pouvoir défendre efficacement l'Amérique du Nord contre les bombardiers soviétiques, une coordination opérationnelle des forces aériennes du Canada et des États-Unis s'imposait. Même s'il était capital, à cause des préoccupations concernant la souveraineté, que le commandement des chasseurs d'interception canadiens relève du gouvernement canadien, il fallait que les forces de défense aérienne du Canada et des États-Unis soient intégrées sous le commandement opérationnel d'un quartier général binational de la défense aérienne. Comme le faisait remarquer Joseph Jockel : « Au milieu des années 50, il était simplement logique aux yeux des membres des forces aériennes canadiennes et américaines de fournir un moyen par lequel les divers éléments de leurs systèmes nationaux de défense aérienne pourraient être utilisés de façon rationnelle et efficace dans le cadre d'un plan d'actions bien conçu et bien exécuté et ce, à la grandeur du continent[9]. » En conséquence, le gouvernement conservateur nouvellement élu de John Diefenbaker a approuvé en juillet 1957 la création du Commandement de la défense aérienne de l'Amérique du Nord (NORAD), un commandement binational responsable du contrôle des opérations des forces de défense aérienne canadiennes et américaines.

La mission du NORAD n'était pas de protéger les villes nord-américaines contre une attaque des Soviétiques[10]. La défense des villes contre un bombardement nucléaire était prohibitive, ne serait-ce qu'à cause du nombre important de centres urbains qui pouvaient être la cible des bombardiers soviétiques. Plutôt que de tenter de défendre le continent contre une attaque soviétique de grande envergure, les planificateurs militaires ont reconnu qu'une meilleure façon de protéger l'Amérique du Nord était avant tout de dissuader l'Union soviétique d'attaquer. Pour ce faire, les stratèges en matière de défense nucléaire ont fait valoir que les coûts rattachés à une attaque contre les États-Unis devraient dépasser les avantages escomptés. Dans le but de garantir que les coûts soient plus importants que les avantages, il fallait que les forces de riposte nucléaire américaines survivent à une première frappe soviétique. Si les forces de riposte nucléaire américaines survivaient à une première frappe soviétique, elles seraient alors en mesure de lancer une contre-attaque dévastatrice. Dans le langage de la théorie de défense nucléaire, la protection du potentiel de riposte des États-Unis contre une première frappe assurait que l'Union soviétique ne pouvait pas s'attendre à échapper à la réalité des mesures de dissuasion liées à la destruction mutuelle assurée (MAD). À cette fin, un des rôles du NORAD était de protéger les forces de riposte nucléaire américaines basées en Amérique du Nord contre les bombardiers soviétiques[11].

La défense des forces de dissuasion des États-Unis par le NORAD servait l'intérêt national canadien. Étant donné que le Canada et les États-Unis étaient des alliés loyaux et que le Canada était membre de l'Organisation du Traité de l'Atlantique Nord (OTAN), une attaque de bombardiers soviétiques contre l'Amérique du Nord pourrait prendre pour cibles des villes et les Forces canadiennes. Par conséquent, une aide à la protection de la MAD constitue une contribution directe à la défense nationale du Canada. En outre, en théorie, la MAD réduisait la probabilité d'une guerre entre les superpuissances et, par le fait même, rehaussait la stabilité internationale. Tel que mentionné dans le *Livre blanc sur la défense* de 1964 : « Tant que les États-Unis et l'Union soviétique ont tous deux la capacité d'infliger à l'autre des dommages inacceptables [...] une guerre thermonucléaire calculée serait irrationnelle et, par conséquent, est improbable »[12].

Cependant, la destruction mutuelle assurée (MAD) n'était pas la clé de voûte de la doctrine nucléaire américaine. Depuis le début de la guerre froide, la doctrine nucléaire américaine suivait une stratégie de guerre. Dans l'éventualité d'une guerre, les plans des États-Unis étaient de frapper en premier l'Union soviétique, en détruisant la plus grande partie des forces nucléaires soviétiques et en utilisant des défenses stratégiques et anti-sous-marines pour absorber une riposte soviétique affaiblie[13]. Alors que les États-Unis consacraient ses efforts à dissuader l'Union soviétique en la menaçant d'une destruction assurée, la doctrine nucléaire américaine n'englobait pas la MAD.

Le NORAD reflétait la doctrine de guerre intégrée dans la stratégie nucléaire américaine. En plus de protéger les forces de dissuasion américaines contre une première frappe des Soviétiques, le commandement binational assurait la protection de l'Amérique du Nord contre les bombardiers soviétiques qui ont survécu à une première frappe américaine[14]. Le Canada a aussi fourni des sites dans le Nord pour le stationnement des bombardiers de l'Armée de l'air des États-Unis (USAF) qui participeraient à une première frappe américaine. En conséquence, en raison de son rôle au sein du NORAD et de ses arrangements relatifs aux bases, le Canada a contribué à la doctrine des États-Unis en matière de guerre nucléaire[15].

Le rôle en apparence contradictoire du NORAD en tant que défenseur de la MAD, d'une part, et partie prenante de la stratégie de guerre nucléaire des États-Unis, d'autre part, a suscité des débats à propos de la politique nucléaire du Canada entre la fin des années 50 et le début des années 70. Joseph Jockel et Joel Sokolsky affirment que les politiques militaires du Canada au cours de cette période démontrent qu'Ottawa appuyait la doctrine de guerre nucléaire des États-Unis. En Europe, dans l'Atlantique Nord et sur le continent nord-américain, les militaires canadiens ont entrepris des opérations en appui à la stratégie nucléaire américaine. Andrew Richter conteste l'interprétation de Jockel et Sokolsky. Il soumet qu'un maintien de la MAD était enraciné dans la pensée stratégique canadienne. Richter soutient que, du point de vue d'Ottawa, une contribution à la doctrine des États-Unis en matière de guerre nucléaire consolidait la MAD[16]. La dominance américaine en matière de forces stratégiques contrôlait l'aventurisme soviétique, diminuant de ce fait la probabilité que Moscou n'envisage de lancer une attaque contre l'Europe occidentale ou l'Amérique du Nord.

Une raison plausible à ce débat est que le gouvernement canadien suivait une approche à deux voies, du « c'est selon », au chapitre des politiques nucléaires. Comme le font remarquer Jockel et Sokolsky, les réalités géopolitiques et les obligations en matière d'alliance du Canada commandaient à Ottawa d'endosser la stratégie nucléaire américaine. S'il advenait qu'une guerre soit déclenchée, les intérêts vitaux du Canada exigeaient la prédominance des États-Unis et de l'OTAN sur l'Union soviétique. Par conséquent, la position militaire du Canada reflétait les intérêts vitaux du pays et ses obligations en matière d'alliance. Cependant, dans l'optique de l'argument de Richter, la voie diplomatique pour les politiques nucléaires du Canada accentuait l'importance de la MAD. Comme cela a été mentionné, le Canada était avantagé par un environnement international stable. Malgré que le Canada participerait à une première frappe américaine dans l'éventualité d'une guerre entre les superpuissances, Ottawa luttait pour éviter le déclenchement d'une telle guerre. À titre d'exemple, un des moyens utilisés par Ottawa pour parvenir à cette fin était le maintien de la paix[17]. Un autre moyen était la politique de défense à caractère déclaratoire qui maintenait l'importance de la MAD et de la stabilité stratégique. Bien que cela semble hypocrite et intéressé, les militaires canadiens se préparaient à combattre et à gagner une guerre nucléaire pendant qu'à Ottawa on faisait l'éloge de la MAD et de la stabilité stratégique à l'échelle diplomatique.

L'écart entre la politique de défense à caractère déclaratoire du Canada et ses pratiques militaires a été mis en évidence vers la fin des années 60, lorsque les États-Unis ont décidé de déployer un système de missiles anti-missiles balistiques (ABM). En dépit du fait qu'une participation au système ABM aurait été en accord avec l'engagement du Canada envers une défense stratégique et ses liens avec la stratégie nucléaire américaine, le gouvernement libéral de Lester B. Pearson s'opposait à ce que le Canada joue un rôle dans la défense antimissile. Comme cela allait être le cas jusqu'à la fin de la guerre froide, Ottawa décida que l'appui manifesté en faveur de la MAD et la stabilité stratégique primait sur l'appel à une politique militaire cohérente.

Dans la période qui a suivi la crise des missiles de Cuba, l'Union soviétique a entrepris l'accumulation sur une grande échelle de missiles balistiques intercontinentaux (ICBM). Vers le milieu des années 60, les Soviétiques étaient tout près d'atteindre la parité avec les États-Unis en ce qui a trait à leur force en ICBM. Bien que les premiers ICBM n'étaient pas aussi précis que les bombardiers, leur vitesse et leur pouvoir de destruction ont amené les stratèges nucléaires à les considérer comme l'élément clé d'une victoire lors d'une campagne nucléaire offensive. De plus, bien que les stratégies de guerre nucléaire aient été le point central de la doctrine nucléaire américaine depuis le début des années 50, la perspective que l'Union soviétique adopte des doctrines similaires a poussé Washington à déployer un système ABM et à poursuivre les traités de contrôle des armements en vue de ralentir la course aux ICBM des Soviétiques.

Les efforts déployés en matière de défense contre les missiles balistiques ont débuté alors que les États-Unis travaillaient au développement de technologies sur les missiles balistiques. En 1954, les États-Unis lançaient le programme Atlas ICBM. Moins d'un an après le début des recherches dans le cadre du programme Atlas, l'Armée de l'air des États-Unis (USAF) déclenchait le Project Wizard, un programme ABM. Cependant, l'USAF menait «trop de projets de haute technologie de front à la fois»[18], c'est pourquoi ce fut l'Armée des États-Unis qui suivit l'évolution de la technologie ABM à l'aide de son système antimissile Nike-Zeus. Dès le début des années 60, le système Nike-Zeus était prêt à être déployé. Toutefois, le président américain John F. Kennedy et son secrétaire de la Défense hésitaient à endosser le Nike-Zeus. Les deux hommes doutaient de la faisabilité du système et de sa place dans la stratégie nucléaire américaine. Des agences, dont la RAND Corporation, et divers universitaires remettaient aussi en question l'utilité et les effets déstabilisants du projet anti-ICBM proposé. Conséquemment, l'administration Kennedy a bloqué le déploiement du Nike-Zeus et limité son financement[19].

Les pressions en faveur du déploiement d'un système ABM s'accentuaient à mesure que les années passaient. En 1965, l'Union soviétique a bâti un système ABM restreint autour de Moscou. Les partisans de la défense antimissile américaine ont réagi à cet événement en demandant que les États-Unis en fassent autant[20]. Combinée à la course aux armements des Soviétiques, une capacité de défense ABM pourrait convaincre Moscou qu'il lui serait possible d'échapper à la MAD. On a soulevé l'hypothèse que Moscou pourrait parvenir à lancer une première frappe contre les États-Unis et compter sur ses systèmes ABM et de défense aérienne pour survivre à des représailles américaines. Les partisans de la défense antimissile ont allégué que, pour se prémunir contre cette éventualité, les États-Unis avaient besoin de leur propre système ABM destiné à protéger ses forces de dissuasion contre une première frappe soviétique. Par la suite, des craintes à l'égard des ICBM chinois ont renforcé la détermination des partisans de la défense antimissile. Même si le bouclier antimissile ne pouvait pas protéger les États-Unis contre la flotte de plus en plus grande des ICBM soviétiques, le système pourrait protéger les cibles américaines contre une attaque chinoise limitée[21].

En dépit de l'opposition constante de McNamara, le président américain Lyndon Johnson a commandé le déploiement d'un système ABM en 1967. Basé sur le missile Nike-X, une variante du Nike-Zeus, le système ABM Sentinel des

États-Unis devait compter sur sept cents intercepteurs, bien que les plans à long terme prévoyaient une extension du système. Le commandement et le contrôle de Sentinel devaient être assignés au NORAD ou au Continental Air Defense Command (CONAD), le commandement uniquement américain localisé à côté du NORAD, à Cheyenne Mountain[22].

Le NORAD représentait le choix logique pour ce qui est du commandement et contrôle de la défense antimissile. Depuis le début des années 60, le NORAD recevait des données d'alerte tactique intégrée et évaluation d'attaque sur les ICBM et les missiles balistiques basés en mer (SLBM) provenant des radars du système d'alerte avancée pour les missiles balistiques (BMEWS) des États-Unis. Le NORAD était également relié au système spatial américain de détection et de poursuite (SPADATS). Grâce à cette connexion, le NORAD pouvait étudier les menaces en orbite, fonction cruciale à la fin des années 60 étant donné la recherche effectuée par les Soviétiques dans le domaine des systèmes de bombardement à orbite fractionnaire (FOBS). Cet accès que le NORAD avait aux données des BMEWS et du SPADATS en faisait l'organisation idéale pour héberger le commandement et contrôle de la défense antimissile.

Cependant, Ottawa hésitait à confier le commandement et contrôle de la défense antimissile au NORAD. Deux points menèrent les libéraux de Pearson à refuser que le Canada joue un rôle dans la défense antimissile. Premièrement, le gouvernement canadien craignait que le système ABM affaiblisse la MAD et la stabilité stratégique. Dans la mesure où le système pourrait détruire les ICBM et SLBM entrants, les critiques craignaient que la défense antimissile n'encourage les superpuissances à élargir substantiellement leurs arsenaux de missiles balistiques dans le but d'écraser une BMD ennemie[23]. Par conséquent, la défense antimissile pourrait faire accélérer une course aux armements des superpuissances déjà vive et potentiellement déstabilisante. D'une façon plus problématique, la défense antimissile était reliée à une position nucléaire offensive. Techniquement, si un pays déployait un système de défense antimissile fonctionnel, il pourrait lancer une première frappe et être assuré que tous les ICBM et les SLBM de riposte de l'ennemi seraient interceptés par le système ABM. Ainsi, le système ABM semblait miner la MAD et la stabilité stratégique, ce qui allait à l'encontre des politiques de défense à caractère déclaratoire du Canada.

Un deuxième point qui venait compliquer une participation du Canada dans la défense antimissile était une invalidation grandissante à l'égard de la grande stratégie américaine et les liens en matière de défense qui unissent le Canada aux États-Unis[24]. La guerre du Vietnam a convaincu un grand nombre de Canadiens que la politique extérieure des États-Unis était erronée. Plusieurs élites et spécialistes, dont quelques membres du Cabinet venant du Québec, ont misé sur cette invalidation envers les États-Unis lors de leurs plaidoyers en faveur du retrait du Canada de l'OTAN et du NORAD[25]. Dans un tel climat politique, préconiser de nouveaux arrangements avec les États-Unis en matière de défense, comme un rôle du Canada dans la défense antimissile, s'avérait politiquement imprudent.

Heureusement pour le gouvernement Pearson, l'administration Johnson démontrait une grande indifférence à l'égard de l'hésitation du Canada. Deux facteurs expliquent cette indifférence. D'abord et avant tout, les États-Unis n'avaient pas besoin de l'appui du Canada pour déployer le système. Tous les sites Sentinel devaient être situés aux États-Unis, aucun radar BMEWS n'était installé en territoire canadien, et on n'avait assurément pas besoin d'une contribution canadienne au financement du projet. Surtout, bien qu'il constitue le choix logique, il n'était pas obligatoire que le NORAD cumule les fonctions de commandement et contrôle de la défense antimissile. Le CONAD pouvait assumer les responsabilités de commandement et contrôle de la défense antimissile[26]. D'ailleurs, l'importance secondaire du NORAD pour les planificateurs de la défense antimissile faisait ressortir un second facteur qui contribuait à l'indifférence de Washington. Vers la fin des années 60, la pertinence du NORAD a été remise en question par plusieurs personnes tant du Canada que des États-Unis[27]. Maintenant que les superpuissances mettaient l'accent sur les ICBM et les SLBM, les préoccupations en ce qui a trait aux bombardiers soviétiques s'affaiblissaient et le financement du NORAD fut réduit. Dans un tel environnement stratégique, le fait que le NORAD soit rétrogradé ou même dissout n'aurait pas contrarié Washington outre mesure. Enfin, McNamara partageait les réserves du Canada à propos de la défense antimissile. Étant donné la présence au Pentagone d'un secrétaire à la Défense sympathisant, il est probable que les appels visant une participation du Canada au système ABM furent oubliés.

Compte tenu de son appui en faveur de la MAD combiné à l'indifférence manifestée à Washington, le gouvernement Pearson a pu refuser un rôle du Canada dans le système ABM américain. Le renouvellement de l'accord du NORAD de 1967 comprenait une clause stipulant que « cet accord ne constituera en aucun cas un engagement de participation du Canada dans une défense anti-missiles balistiques active »[28]. La négociation de la clause ABM représentait une application habile de l'approche du « c'est selon ». La position du Canada en tant que partenaire dans la défense aérienne stratégique de l'Amérique du Nord était préservée, les militaires canadiens participaient toujours à la stratégie de guerre nucléaire des États-Unis et l'appui manifesté par Ottawa en faveur de la MAD et la stabilité stratégique était concrétisé dans un accord bilatéral.

À la fin des années 60, les superpuissances avaient entamé des pourparlers en vue de leur adhésion à la stabilité stratégique. En janvier 1969 avait lieu l'inauguration de Richard Nixon comme président des États-Unis. Son administration a hérité d'un grand nombre de politiques formulées par son prédécesseur. Vers la fin de l'administration Johnson, Washington et Moscou ont accepté de participer aux pourparlers sur le contrôle des armements stratégiques. Nixon, déterminé à ralentir la course aux armements ICBM menée par les Soviétiques, a poursuivi ces pourparlers. L'administration Johnson a également transmis à Nixon un avancement significatif au chapitre de la technologie des missiles balistiques : le véhicule de rentrée à têtes multiples indépendamment guidées (MIRV). Contrairement à un ICBM régulier armé d'une ogive simple, les ICBM mirvés pouvaient libérer plusieurs ogives qui pouvaient être guidées de façon individuelle. Ces percées augmentaient de façon substantielle la précision et le pouvoir de destruction des ICBM. Qui plus est, les ICBM mirvés pouvaient anéantir n'importe quel système ABM existant. Compte tenu de sa position de chef de file dans le domaine des technologies MIRV qui conférait aux États-Unis l'assurance qu'ils pourraient anéantir tout système ABM soviétique, l'administration Nixon a réalisé qu'elle pouvait se servir des systèmes ABM américains comme argument au moment des négociations en vue d'un traité sur le contrôle des armements stratégiques[29]. Il s'agissait d'un développement intéressant étant donné que les soviétiques se méfiaient de plus en plus de la technologie américaine relative aux ABM.

Sans égard au fait qu'elle avait été le premier État à déployer un système ABM en 1965, l'Union soviétique craignait que la technologie américaine relative aux ABM dépasse la sienne[30]. Cela signifiait que les Soviétiques avaient une motivation les incitant à mettre fin à la course aux ABM. Des raisons politiques suscitaient aussi l'enthousiasme de Moscou à propos du contrôle des armements stratégiques. Ainsi, les Soviétiques souhaitaient un traité sur le contrôle des armements stratégiques pour garantir leur position d'égal des États-Unis sur le plan des affaires internationales[31]. Bien que l'Union soviétique et les États-Unis aient été de force plus ou moins égaux dans le domaine du nucléaire depuis le milieu des années 60, un traité sur le contrôle des armements aurait pour effet de politiser la parité stratégique des superpuissances. Chacune des deux superpuissances reconnaîtrait la légitimité de l'arsenal nucléaire de l'autre et, en théorie, leur vulnérabilité mutuelle.

Après plusieurs années d'interruption des négociations, les États-Unis et l'Union soviétique ont ratifié le Traité sur la limitation des armements stratégiques (SALT) en 1972. Le traité satisfaisait aux objectifs des deux pays quant au contrôle des armements stratégiques. Comme le souhaitaient les États-Unis, le SALT limitait le nombre d'ICBM et de SLBM que chaque pays avait l'autorisation de déployer. Toutefois, le traité ne limitait pas les technologies relatives aux MIRV, préservant de ce fait l'avance des États-Unis en matière de technologie relative aux missiles balistiques. Comme le souhaitait Moscou, le SALT consacrait la position de parité des superpuissances dans le système international. En acceptant de ratifier le traité SALT, les États-Unis reconnaissaient le pouvoir des Soviétiques et leur vulnérabilité vis-à-vis de l'arsenal nucléaire soviétique.

Avec le SALT venait le traité ABM. En accord avec les objectifs poursuivis par Moscou, le traité ABM permettait aux Soviétiques et aux Américains de construire seulement deux BMD, grandement symboliques – une pour protéger une installation d'ICBM, l'autre pour défendre leur capitale. Tout autre déploiement de BMD était interdit en vertu du traité. Étant donné que les États-Unis et l'Union soviétique travaillaient tous les deux au perfectionnement de leur technologie relative aux MIRV, les deux sites de BMD autorisés en vertu du traité ABM ne minaient pas la stabilité stratégique. Les ICBM mirvés soviétiques et américains pouvaient aisément dépasser les défenses antimissiles restreintes permises aux termes du traité. Par conséquent, le traité ABM était encore plus explicite que le SALT en ce qu'il codifiait la vulnérabilité mutuelle des superpuissances et la valeur de la stabilité stratégique. À partir de ce moment, les propositions en vue de l'abandon ou la violation du traité ABM ont été stigmatisées parce qu'elles allaient à l'encontre de l'accord international hautement symbolique négocié en vue de préserver l'ordre symbolique de la MAD.

Le gouvernement canadien tirait profit du symbolisme du traité ABM. En négociant le traité, Washington a renforcé l'opinion des critiques à l'effet que la BMD minait la stabilité stratégique. Encore plus important, lorsqu'il mettait en doute la sagesse de la BMD, le Canada pouvait maintenant mentionner un traité ratifié par les États-Unis. Cette façon de faire ajoutait du poids aux arguments du Canada en faveur de la stabilité stratégique et atténuait les accusations selon lesquelles le Canada faisait preuve d'hypocrisie en ce qui a trait à ses politiques nucléaires. Si les États-Unis pouvaient mettre de l'avant leurs stratégies de guerre nucléaire tout en donnant leur soutien au traité ABM, de la même façon, le Canada pouvait accorder son appui à la doctrine nucléaire américaine et à la MAD simultanément. En fait, on pouvait même faire valoir que Washington reprenait l'approche à deux voies préconisée par Ottawa en matière de politique nucléaire après 1972. Entre 1972 et 1981, les États-Unis ont suivi des doctrines de guerre nucléaire toujours plus souples et précises tout en reconnaissant l'importance du traité ABM[32], des traités de contrôle des armements stratégiques et de la stabilité qu'ils avaient supposément adoptés. Au cours de ces onze années, Ottawa et Washington avaient harmonisé leurs discours.

De plus, au cours de la période couvrant la fin des années 70 et le début des années 80, on a vu une intensification de la collaboration canado-américaine en matière de défense continentale. En 1979, le Canada et les États-Unis commençaient une étude canado-américaine sur la défense aérienne (JUSCADS) pour examiner les faiblesses remarquées dans les capacités actuelles de défense aérienne de l'Amérique de Nord. L'examen de la JUSCADS portait sur les capacités de « statoréaction », comme les nouvelles technologies des bombardiers, des missiles de croisière aéroportés (ALCM) et des missiles de croisière basés en mer (SLCM), que les infrastructures du NORAD des années 50 étaient mal équipées pour traiter. Dans le renouvellement de 1981, les fonctions de surveillance et de contrôle du NORAD ont été mieux reconnues. Le nom du NORAD a été changé pour Commandement de la défense *aérospatiale* de l'Amérique du Nord pour refléter la proéminence de la surveillance de l'espace dans les opérations du commandement. De plus, le renouvellement de 1981 éliminait la clause ABM de 1968. Que ce soit parce qu'Ottawa croyait que le traité ABM dégageait du besoin d'avoir la clause ou parce que le gouvernement canadien était en voie de changer d'avis à propos de la BMD, le renouvellement de 1981 témoignait d'une plus grande harmonie entre le Canada et les États-Unis sur les questions de défense stratégique. Enfin, en 1983, le gouvernement libéral de Pierre Trudeau acceptait que les tests d'ALCM américains soient effectués au Canada. Compte tenu de l'importance des ALCM dans les stratégies américaines de guerre nucléaire, le fait d'accepter la tenue de ces tests démontrait qu'Ottawa continuait de soutenir Washington dans ses efforts pour échapper à la MAD dans l'éventualité d'une guerre[33].

Toutefois, un autre événement survenu en 1983 allait relancer le débat sur la défense stratégique du Canada. En mars 1983, le président américain Ronald Reagan annonçait que les États-Unis commençaient une recherche sur une initiative de défense stratégique (IDS). BMD perfectionnée, cette IDS étudiait la faisabilité et les coûts découlant de l'utilisation de systèmes basés au sol et dans l'espace pour intercepter des missiles balistiques lancés vers les États-Unis et ses alliés. Comme on pouvait s'y attendre, l'IDS créa un vent de panique parmi les militants pour la paix de l'Union soviétique et occidentaux. En tenant compte du programme de modernisation stratégique de l'administration Reagan et de la recherche de capacités nucléaires toujours plus souples et précises, l'IDS attisait les craintes à l'effet que les États-Unis étaient résolus à déployer un potentiel qui leur permettrait de combattre avec succès et de gagner une guerre nucléaire[34]. De plus, la priorité portée par l'IDS sur les intercepteurs basés dans l'espace risquait de déclencher une course aux armements dans l'espace extra-atmosphérique, ce qui allait à l'encontre de l'esprit et non de la lettre du Traité sur l'espace extra-atmosphérique de 1967. Ces deux possibilités inquiétaient les officiels à Ottawa. Un appui à la recherche dans le cadre de l'IDS semblait aller contre l'appui manifesté du Canada en faveur de la MAD, du traité ABM et du Traité sur l'espace extra-atmosphérique. Néanmoins, le refus de prendre part à la recherche dans le cadre de l'IDS pouvait miner le NORAD et l'accès du Canada aux données de surveillance spatiale recueillies à partir des fonctions de surveillance spatiale du NORAD[35]. De plus, le fait de s'interroger ouvertement sur l'IDS risquait de faire ressortir l'approche à deux voies du Canada en matière de politiques nucléaires, obligeant Ottawa à expliquer comment il pouvait appuyer à la fois la MAD et la position des États-Unis concernant la guerre nucléaire.

Le dilemme du Canada à propos de l'IDS est arrivé au point critique en 1985. Le 18 mars 1985, l'administration Reagan et le nouveau gouvernement conservateur de Brian Mulroney en sont venus à une entente en vue de la modernisation et de l'expansion des infrastructures de défense aérienne de l'Amérique du Nord. Ce projet de modernisation comprenait la construction d'un Système d'alerte du Nord (NWS) pour remplacer le réseau DEW, la construction de trois radars transhorizon à réflexion troposphérique (OTH-B) à longue portée, et le déploiement d'aéronefs additionnels d'un système aéroporté d'alerte et de surveillance (AWACS) en vue de suivre les menaces provenant de statoréacteurs. La mise en application de ce projet de modernisation de la défense aérienne touchait à quelques-unes des préoccupations qui avaient mené à la création de la JUSCADS en 1979. Pourtant, cet engagement renouvelé envers la défense aérienne ne signifiait pas qu'Ottawa était libre de ne pas se prononcer au sujet de l'IDS. Au contraire, il peut avoir encouragé Washington à obtenir d'autres ententes de coopération d'Ottawa. Une semaine après que la modernisation de la défense aérienne eut été annoncée, Caspar Weinberger, le secrétaire américain à la Défense, invitait les alliées des Américains à participer aux efforts de recherche de l'IDS, poussant le gouvernement Mulroney à annoncer les intentions du Canada à l'égard du controversé projet de recherche. Fidèle à ses habitudes, la réponse du gouvernement canadien à l'invitation de Weinberger fut une réponse « c'est selon » de collaboration sélective.

Le 7 septembre 1985, le gouvernement Mulroney refusait d'impliquer directement le gouvernement canadien dans la recherche de l'IDS. Cependant, Ottawa a permis à des firmes canadiennes privées de prendre part aux concours pour l'obtention des contrats de recherche dans le cadre de l'IDS. Alors qu'il faisait face aux critiques du projet, le gouvernement Mulroney déclarait que, en ce qui concernait Ottawa, la recherche dans le cadre de l'IDS ne violait pas le traité ABM. En fait, le gouvernement canadien a pris soin de faire remarquer que la recherche dans le cadre de l'IDS était une question de prudence compte tenu des efforts déployés par Moscou pour perfectionner les technologies soviétiques relatives à la BMD[36]. Ces déclarations ont permis au gouvernement canadien de préserver son appui au traité ABM sans pour autant critiquer l'IDS ou dévaluer un rôle futur du NORAD dans la BMD.

Le refus d'engagement du gouvernement dans la recherche dans le cadre de l'IDS n'a pas mis fin au débat sur la défense antimissile canadienne. Le 23 septembre 1985, Washington lançait le Commandement spatial des États-Unis (SpaceCom), un commandement entièrement américain assumant la responsabilité des opérations militaires dans l'espace. L'administration Reagan a installé les quartiers généraux du SpaceCom à côté du NORAD à Cheyenne Mountain, au Colorado, et donné au commandant une double responsabilité, soit commandant en chef du SpaceCom (CINCSpaceCom) et commandant en chef du NORAD (CINCNORAD). L'union des deux commandements a amené les critiques canadiens de l'IDS à spéculer que le Canada serait entraîné à jouer un rôle dans la défense antimissile et les programmes d'arsenalisation de l'espace[37]. Selon eux, l'union du SpaceCom au NORAD démontrait que les opérations spatiales et la défense aérospatiale étaient les deux côtés d'une même médaille. Si le Canada contribuait à la défense, il serait nécessairement impliqué dans les opérations spatiales. D'autres ont contesté ces déclarations. Ces analystes et officiels rejetaient l'idée voulant qu'avec l'implantation du SpaceCom à Cheyenne Mountain, le NORAD serait amené à accepter des responsabilités dans la défense antimissile. Alors que certaines des fonctions inhérentes aux commandements étaient étroitement liées, le SpaceCom et le NORAD étaient néanmoins indépendants et leurs missions distinctes étaient clairement définies. Dans le cas où le Canada refusait de participer à l'IDS, le NORAD serait en mesure de s'acquitter de ses fonctions indépendamment du commandement et contrôle de la défense antimissile[38].

Finalement, le gouvernement Mulroney se montra prudent. Indiquant que l'IDS n'était qu'un projet de recherche, Ottawa décida de ne pas faire mention des incidences reliées au déploiement d'une IDS, au rôle potentiel du NORAD dans la défense antimissile et des complications qui peuvent surgir en raison de la relation entre le NORAD et le SpaceCom. Le gouvernement Mulroney renouvela plutôt l'accord du NORAD en 1986, proclama l'appui durable du Canada au traité ABM, à la stabilité stratégique et au contrôle des armements, et fit savoir que les appels en vue d'une prise de position définitive en matière de défense antimissile étaient prématurés étant donné les incertitudes entourant la faisabilité d'un déploiement de la BMD. Tel que stipulé dans le *Livre blanc sur la défense* de 1987 :

> *Depending on a number of technical, financial and political factors, the United States may eventually begin to deploy ballistic missile defences and the Soviet Union could expand those already in place. The nature of such*

defences cannot now be precisely determined. The Government will follow closely the progress of such research in order to determine its implications for international security. Future decisions on Canada's role, if any, in ballistic missile defence will depend upon these developments. Such decisions will have to be considered in light of the impact ballistic missile defence could have on strategic stability and on Canadian security[39].

L'IDS n'a pas survécu à la fin de la guerre froide. Étant donné que les relations s'amélioraient entre les États-Unis et l'Union soviétique à la fin des années 80, le Congrès des États-Unis supprima le financement au programme. Lorsque George H.W. Bush a été élu président en 1988, les ambitions des États-Unis au chapitre de la défense antimissile ont été encore réduites. L'administration Bush a abandonné l'IDS au profit d'un projet de recherche restreint sur la BMD connu sous le nom de GPALS (Global protection against limited strikes).

Contrairement à Reagan, Bush ne démontrait pas beaucoup d'enthousiasme envers la BMD. Son administration était plus intéressée à négocier des traités de contrôle des armements qui lui soient favorables avec le régime soviétique qui est en train de s'effondrer. En juillet 1991, les États-Unis et l'Union soviétique ratifient le Traité sur la réduction des armements stratégiques (START). Moins d'un mois avant la fin de son mandat, Bush a aussi ratifié avec le président russe Boris Eltsine un deuxième traité sur la réduction des armements stratégiques (START II). Réalisation remarquable pour l'administration Bush, START II satisfaisait presque tous les objectifs des États-Unis en matière de contrôle des armements. Le plus important de ces objectifs était l'élimination graduelle de tous les ICBM mirvés des arsenaux nucléaires américains et russes. L'arrêt de la production d'ICBM mirvés semblait annoncer un « âge d'or » dans le contrôle soviético/russo-américain des armements stratégiques et soutenait les espoirs à l'effet que des réductions importantes d'ogives thermonucléaires étaient en vue.

Malheureusement, la signature du START II s'avéra une entreprise difficile. La ratification du traité a été retardée dans les deux pays jusqu'à ce que les ICBM déployés en Ukraine au cours de l'ère soviétique soient rapatriés par la Russie. Pendant ce temps, le parti républicain en faveur d'une défense antimissile obtient le contrôle du Congrès des États-Unis en 1994. Craignant que le Congrès républicain puisse contraindre le successeur démocrate de Bush, le président Bill Clinton, à déployer un système BMD, la Douma russe hésitait à signer l'abandon des ICBM mirvés russes. Comme cela a été dit, les ICBM mirvés ont le potentiel pour dépasser les technologies BMD actuelles. En conséquence, la Russie n'accepta de ratifier START II que si les États-Unis convenaient d'honorer le traité ABM.

Entre 1996 et l'an 2000, l'administration Clinton s'efforça d'apaiser les préoccupations des Russes à propos du traité ABM tout en satisfaisant aux appels du Congrès en faveur d'un système de défense antimissile. Afin de parvenir à atteindre ces objectifs contraires, l'administration Clinton mit l'accent sur les technologies de défense antimissile de théâtre (TMD) qui étaient permises aux termes du traité ABM. Étant donné que ces systèmes étaient conçus pour contrer les menaces venant des États « parias » ne possédant qu'un potentiel limité de missiles balistiques, Moscou accepta à contrecœur de permettre le système TMD. En septembre 1997, la Russie et les États-Unis entérinaient un protocole qui définissait la distinction entre le système TMD et la BMD. Ceci légitimait la recherche américaine sur le système TMD et calmait les préoccupations des Russes à propos de la continuation du traité ABM.

Toutefois, le système TMD ne satisfaisait pas le Congrès des États-Unis. En 1999, la Commission to Assess the Ballistic Missile Threat to the United States présentait ses conclusions au Congrès. Sous la présidence de Donald Rumsfeld, secrétaire à la Défense au cours de l'administration Gerald Ford, la Commission rapportait que certains États « parias » seraient en mesure d'attaquer les États-Unis d'ici les dix prochaines années. La présentation de Rumsfeld a donné un regain d'énergie aux défenseurs de la BMD au Congrès. En mars 1999, le Congrès entérinait le *National Missile Defense Act*. Cette loi stipulait que « la politique des États-Unis est de déployer, dès que la technologie le permettra, un système de défense antimissile nationale (NMD) capable de défendre le territoire des États-Unis contre une attaque limitée de missiles balistiques (qu'elle soit accidentelle, non autorisée ou délibérée) »[40]. Le système NMD proposé violait le traité ABM parce qu'il serait déployé sur le territoire américain. Déterminé à ne pas porter atteinte à ses relations avec la Russie ni à saboter les succès obtenus au chapitre du contrôle des armements stratégiques au cours de la dernière décennie, Clinton a retardé un déploiement possible du NMD.

Le désir de Clinton de préserver le traité ABM a porté ses fruits au cours de la dernière année de son mandat. Le 14 avril 2000, la Russie ratifiait START II. Toutefois, une clause incluse dans cette loi de ratification lie l'adhésion de la Russie au START II à la survie du traité ABM. L'article 2 des résolutions de ratification russes stipulait que la Russie se réservait « le droit de se retirer du traité [START II] » s'il advenait que le traité ABM soit résilié par les États-Unis. Dans l'éventualité où les États-Unis déployaient un système BMD, la Russie conserverait ses ICBM mirvés et en développerait des nouveaux. Avec ces réserves, la Douma russe envoyait à la communauté internationale un signal à l'effet que le déploiement d'un NMD par les États-Unis minerait les réalisations des années 90 en matière de contrôle des armements stratégiques. Les réserves émises suggéraient aussi que la résiliation du traité ABM pouvait déclencher une course aux armements ; si la Russie continue à équiper ses ICBM de MIRV, les États-Unis ainsi que les voisins de la Russie en Asie pouvaient en faire tout autant. Par conséquent, au moment où le mandat de Clinton à la présidence prenait fin, le discours de la Russie confirmait les craintes des critiques à l'effet que le déploiement d'une défense antimissile américaine serait déstabilisante et nuisible envers les efforts de contrôle des armements.

Dans les années 90, l'attitude du Canada envers la BMD ressemblait à celle de l'administration Clinton. Au cours de la décennie qui suivit l'effondrement de l'Union soviétique, le contrôle des armements est monté en tête du programme de politique étrangère du Canada. Faire des pressions auprès de Washington et de Moscou pour qu'ils aillent de l'avant avec leurs efforts bilatéraux de contrôle des armements était donc une conséquence naturelle de l'activisme canadien en faveur du contrôle des armements. Un enjeu d'une importance particulière pour le gouvernement libéral de Jean Chrétien était la préservation du traité ABM. Le gouvernement Chrétien a insisté vivement auprès de la Russie et des États-Unis pour qu'ils soutiennent les principes de stabilité stratégique et qu'ils soient fidèles au traité qui symbolise cette stabilité. Lloyd Axworthy, ministre des Affaires étrangères du Canada de 1995 à 2000, était un partisan particulièrement énergique du traité ABM. Critique de longue date de la BMD, Axworthy a régulièrement assailli les tenants de la défense antimissile et restait fermement opposé à ce que le Canada joue un rôle dans quelque projet BMD américain que ce soit. Faisant écho à ses homologues russes, Axworthy a prévenu qu'un système BMD provoquerait une course aux armements et, en théorie, résulterait en une arsenalisation de l'espace. Selon lui, le Canada, en tant que partisan du contrôle des armements et de la stabilité internationale, ne pouvait pas laisser faire un projet qui mine l'un ou l'autre. Pendant le mandat d'Axworthy en tant que ministre des Affaires étrangères, il semblait clair que le Canada ne participerait pas à un système de défense antimissile américain.

Toutefois, en dépit des pronostics d'Axworthy, le Canada n'était pas catégoriquement opposé à la défense antimissile dans les années 90. Tout comme l'administration Clinton, les libéraux de Chrétien comprenaient que la prolifération de la technologie des missiles balistiques justifiait la prise de contre-mesures. En conséquence, ils appuyaient tacitement la recherche sur la TMD. De surcroît, le *Livre blanc sur la défense* de 1994 gardait une ouverture quant à la possibilité que le Canada puisse contribuer à une BMD américaine. Conscient que les contradictions présentes dans les politiques sur la défense stratégique du Canada n'étaient pas résolues, et que l'avenir du NORAD était incertain si le Canada déclinait un rôle dans le NMD[41], Ottawa a adopté une politique ambiguë rappelant son approche à deux voies en matière de politiques nucléaires ; alors que les ressources du ministère des Affaires étrangères étaient utilisées en vue de dissuader les Américains de résilier le traité ABM, le MDN encourageait le gouvernement à faire preuve de souplesse à l'égard des enjeux relatifs à la défense antimissile. Fait révélateur, un an après que le Congrès des États-Unis eut entériné le *National Missile Defence Act*, le Canada et les États-Unis renouvelaient l'accord du NORAD, soit un an avant le délai fixé. Si l'opposition d'Axworthy à la BMD avait reflété l'optique de l'ensemble du gouvernement Chrétien, il est probable que l'accord du NORAD n'aurait pas été renouvelé sans la tenue de plus de discussions à propos de l'incidence que le *National Missile Defence Act* peut avoir sur les politiques du Canada en matière de défense antimissile.

Par conséquent, au cours de la période qui a suivi immédiatement la guerre froide, l'approche canadienne au chapitre de la défense antimissile était de nouveau l'approche du « c'est selon ». Alors que le gouvernement Chrétien exprimait clairement et à plusieurs reprises l'appui du Canada au traité ABM, Ottawa n'était pas opposé à la recherche américaine sur le TMD et l'idée d'un rôle canadien dans un système BMD à venir n'a jamais été rejetée. Tant que le traité ABM était en place, Ottawa exprimait un malaise envers les idées des États-Unis en matière de BMD. Cependant, si jamais les États-Unis se retiraient du traité ABM, le gouvernement Chrétien reconnaissait qu'il faudrait peut-être réévaluer l'aversion de longue date du Canada envers la BMD. Heureusement pour Ottawa, l'administration Clinton bloqua les plans du Congrès républicain concernant le NMD et protégea le traité ABM. Tant que l'administration à Washington et le Cabinet canadien s'entendaient sur l'attrait du maintien du traité ABM, le Canada profitait d'une grande marge de manœuvre sur les enjeux de défense antimissile et de défense stratégique.

LE CANADA ET LA BMD, 2001-2004

Au cours de sa campagne présidentielle de l'an 2000, George W. Bush a défini son optique concernant l'avenir de la stratégie nucléaire américaine et les politiques de contrôle des armements[42]. Selon Bush, grâce au rapprochement américano-russe qui a suivi la guerre froide, les doctrines nucléaires conçues pour dévaster l'Union soviétique n'étaient plus pertinentes. Étant donné que les États-Unis et la Russie n'étaient plus des adversaires, il faisait remarquer que le temps était venu d'abandonner la « logique de guerre froide » et les évidences stratégiques qui émanaient de ce modèle de pensée. Les relations améliorées entre les deux pays ont également eu pour effet de rendre archaïques les négociations longues et compliquées sur le contrôle des armements. Selon Bush, retarder inutilement les coupures dans les arsenaux nucléaires américains et russes était improductif si aucun des deux pays ne considérait l'autre comme une menace sérieuse. Bush s'engagea à revoir les principes fondamentaux des politiques des États-Unis en matière de nucléaire et de contrôle des armements afin de refléter ces réalités.

Un autre élément d'égale importance pour Bush était la nécessité de réorienter la planification et la force nucléaires américaines de façon à répondre à la menace de plus en plus grande de prolifération des armes nucléaires, biologiques et chimiques (NBC). Il promit, par exemple, que les préoccupations qui prévalaient du temps de la guerre froide à propos de la stabilité stratégique ne porteraient pas atteinte au droit des États-Unis de déployer un système BMD pour défendre les Américains contre les États « parias » proliférateurs comme la Corée du Nord et l'Irak. En fait, si le rapprochement américano-russe commandait un examen des tactiques de négociations sur le contrôle des armements, alors ce même rapprochement permettait de remettre en question l'utilité du traité ABM en cette ère de prolifération de missiles balistiques et nucléaires, biologiques et chimiques (NBC). Comme Bush le faisait remarquer : « Il est possible de déployer une défense antimissile et de désamorcer une confrontation avec la Russie »[43]. En conséquence, même avant sa victoire aux élections de novembre 2000, Bush exprimait clairement que son administration moderniserait les maximes établies à propos du nucléaire et du contrôle des armements et renoncerait au traité ABM et à une BMD afin de protéger les États-Unis contre les menaces de missiles balistiques émergentes.

À Ottawa, les réactions envers les politiques de Bush en matière de nucléaire et de défense antimissile ont été retenues. Tant que le traité ABM demeurerait intact, les libéraux de Chrétien étaient résolus à rester ambigus au sujet de la politique du Canada en matière de défense antimissile. Le gouvernement canadien espérait sans doute que cette ambiguïté puisse préserver la marge de manœuvre relativement grande d'Ottawa en ce qui a trait aux enjeux de défense antimissile. Comme le fait remarquer Andrew Richter : « Le gouvernement canadien, peut-être parce qu'il était las d'émettre des signaux et des énoncés contradictoires depuis de nombreuses années, cessa essentiellement de parler de la défense antimissile, probablement en présumant que si les officiels ne faisaient plus de commentaires, la controverse finirait simplement par s'évanouir »[44].

Néanmoins, la défense antimissile ne s'est pas effacée, bien au contraire. À la suite des événements du 11 septembre 2001, les questions militaires sont revenues en tête des priorités de l'administration Bush, et Washington était déterminé à prendre des mesures à l'égard des menaces posées par les technologies de prolifération des missiles nucléaires, biologiques et chimiques (NBC) et balistiques. En janvier 2002, l'administration Bush publiait une révision de la politique nucléaire (NPR) autorisée[45]. Perpétuant la tradition de guerre de la doctrine nucléaire américaine, la NPR de 2002 a établi que les États-Unis sont prêts à utiliser des armes de façon préemptive en vue de détruire le potentiel nucléaire, biologique et chimique (NBC) de l'ennemi. La NPR annonçait aussi que les États-Unis construiraient un système de défense antimissile « avec un potentiel plus grand que ce qui est permis aux termes du traité ABM » pour se protéger contre des attaques surprises de missiles balistiques et intercepter les missiles qui ont survécu à une première frappe préemptive américaine.

Comme Bush l'avait prévu au cours de sa campagne, les plans de Washington en vue de l'annulation du traité ABM n'ont pas empêché la Russie et les États-Unis de négocier un nouveau traité sur le contrôle des armements stratégiques. Cinq mois après la publication de la NPR, Bush et son homologue russe, Vladimir Poutine, signaient le Traité de réduction des armes offensives stratégiques (SORT). Étonnamment simple en comparaison des accords précédents sur le contrôle des armements survenus entre les Soviétiques/Russes et les Américains, le SORT exigeait des États-Unis et de la Russie qu'ils réduisent leurs ogives nucléaires déployées à un nombre entre 1 700 et 2 200 d'ici à 2012. Toutefois, contrairement au START II, le SORT ne comprenait pas de clause bannissant les ICBM mirvés. Malgré l'absence d'une telle clause, le SORT a été bien accueilli par le Sénat des États-Unis[46]. En dépit de l'intention de l'administration Bush de démanteler le traité ABM, il semblait que l'équilibre stratégique américano-russe était préservé et que les craintes relatives à une nouvelle course aux armements étaient non fondées.

Le 13 juin 2002, les États-Unis se retiraient du traité ABM. Il n'y avait maintenant plus de doute que l'administration Bush allait déployer une BMD, et les critiques de la défense antimissile se sont vu refuser le recours à un symbole important au moment d'exprimer leur opposition au déploiement du système. La riposte de la Russie à la résiliation du traité ABM fut calme mais décisive. Un jour après que les États-Unis eurent annoncé leur retrait, la Russie déclarait qu'elle n'était désormais plus liée par le START II. En conséquence, la Russie continuera à équiper ses ICBM de MIRV, assurant que les forces stratégiques russes sont équipées de façon à écraser la BMD américaine. Cependant, sans égard à la décision de Moscou de résilier le START II, il était généralement accepté que la riposte de la Russie au retrait des États-Unis du traité ABM fût tempérée. Quoique déficiente, cette opinion répandue enlève encore plus de poids aux déclarations des critiques à l'effet que le déploiement d'une BMD américaine contrarierait Moscou et minerait la stabilité stratégique.

Le silence est ce qui a caractérisé la réaction initiale d'Ottawa au SORT et à la mort du traité ABM. Aucun membre du gouvernement Chrétien n'a exprimé un vif désaccord en ce qui concerne le retrait de Washington du traité ABM et personne n'a fait l'éloge du SORT. Au lieu de cela, les libéraux de Chrétien poursuivaient leur politique de l'ambiguïté. Soit parce qu'il attendait de voir les répercussions de la décision de Washington à l'échelle mondiale soit parce qu'il était indécis sur ce qu'il devrait dire, Ottawa adopta prudemment une position neutre sur les deux questions. Néanmoins, ce qui était évident, c'est que la marge de manœuvre du Canada en matière de défense antimissile s'était rétrécie. Ottawa ne pouvait plus utiliser le traité ABM comme argument pour expliquer sa résistance envers un rôle du Canada dans la BMD et le SORT remettait en question les préoccupations du Canada à l'effet qu'un système de défense antimissile puisse saboter les efforts de contrôle des armements et la stabilité stratégique.

La marge de manœuvre du Canada a été encore une fois réduite à l'automne 2002, lorsque l'administration Bush a mis en place des modifications au plan de commandement unifié des États-Unis. En octobre 2002, le United States Northern Command (NorthCom) a été créé. Commandement uniquement américain dont la responsabilité est la défense de la zone continentale des États-Unis, du Canada, du Mexique et des eaux adjacentes, les quartiers généraux du NorthCom ont été installés à côté du NORAD à Cheyenne Mountain, au Colorado[47]. Le commandant de combat du NorthCom (CINCNorthCom) assumait aussi une double responsabilité avec le CINCNORAD. La création du NorthCom a conduit le Canada et les États-Unis à discuter de nouvelles mesures binationales en matière de défense continentale. À l'initiative d'Ottawa, un groupe de planification binational a été formé pour mener une étude sur une plus grande coopération des secteurs terrestre, maritime et des renseignements entre les forces militaires canadiennes et américaines. Un scénario parmi les scénarios envisagés étudiait la possibilité d'ajouter les forces terrestres et navales à la structure de commandement du NORAD. Ceci améliorerait les mécanismes de collaboration entre les deux pays, un besoin urgent à la lumière des attaques du 11 septembre[48].

Cependant, le NorthCom présentait pour le Canada de nombreux dilemmes. En plus des appréhensions en matière de souveraineté, quelques nationalistes canadiens se sont exprimés à propos des implications d'un commandement continental américain[49] et la présence du NorthCom venait compliquer la position ambiguë du Canada envers la BMD. Compte tenu que le NorthCom partageait les installations du NORAD à Cheyenne Mountain, la mission d'alerte tactique intégrée et évaluation d'attaque du NORAD pourrait être transférée au NorthCom si jamais le Canada refusait de participer au système de défense antimissile américain. Si le NORAD perdait la responsabilité d'alerte tactique intégrée et évaluation d'attaque, le commandement ne serait plus en mesure d'effectuer ses opérations de défense aérospatiale. En conséquence, le NORAD peut perdre sa responsabilité première de défense continentale au profit du NorthCom et être limité à un simple rôle de défense aérienne conventionnel. Il a même été avancé que, sans la fonction d'alerte tactique intégrée et évaluation d'attaque, le NORAD pourrait être dissout, la collaboration de défense aérienne nord-américaine se produisant à un niveau informel[50]. Quoique peu probable, compte tenu de l'importance de la défense aérienne à la suite des événements de septembre 2001, ces deux résultats auraient nui à l'image de partenaire fiable du Canada en matière de défense continentale. Étant donné qu'Ottawa était particulièrement attentif à la réputation du Canada en tant que pilier de la sécurité de l'Amérique du Nord après le 11 septembre, le fait de marginaliser le NORAD était considéré irresponsable par le gouvernement Chrétien. De plus, étant donné que les données recueillies de l'alerte tactique intégrée et évaluation d'attaque seraient des éléments clés de la BMD, Ottawa commença à envisager une participation du Canada à la défense antimissile.

Un autre modification que l'administration Bush a apportée au plan de commandement unifié à l'automne 2002 a été la relocalisation des opérations du SpaceCom au United States Strategic Command (StratCom). Lorsque le SpaceCom était situé à côté du NORAD à Cheyenne Mountain, les membres des Forces canadiennes (FC) avaient un accès privilégié aux biens spatiaux américains. Après le déménagement du SpaceCom, les FC ont perdu cet accès privilégié[51]. Pour récupérer ce privilège, le ministère canadien de la Défense nationale (MDN) s'est dit d'avis que le Canada devrait accepter de participer à la BMD. Le MDN était de cet avis pour deux raisons. Premièrement, la Missile Defence Agency (MDA), l'organisation chargée du développement des technologies de BMD, fait partie du StratCom. Par conséquent, une participation à la BMD peut conduire à l'envoi de liaisons canadiennes au StratCom et à la MDA. Deuxièmement, le commandement et contrôle de la BMD peuvent être hébergés au StratCom au lieu du NorthCom. Si le commandement et contrôle de la BMD étaient installés à l'intérieur du StratCom et que le Canada faisait partie de la BMD, il est possible que des membres des FC soient postés au StratCom, redonnant ainsi aux Canadiens un accès privilégié aux biens spatiaux américains[52]. Pour ces raisons, comme on arrivait à la fin de 2002, l'utilité militaire attachée à un rôle du Canada dans la BMD devenait plus claire pour les membres du gouvernement Chrétien.

Tous ces facteurs pris ensemble – la fin du traité ABM, la négociation de SORT, les événements du 11 septembre 2001, la création de NorthCom et la marginalisation potentielle du NORAD, ainsi qu'un hébergement possible du commandement et contrôle de la BMD au sein du commandement fusionné de SpaceCom/StratCom – ont forcé la main d'Ottawa au chapitre de la défense antimissile ; le silence n'était désormais plus une option. Le 26 janvier 2003, un porte-parole du ministre de la Défense nationale, John McCallum, annonçait que le gouvernement canadien gardait un « esprit ouvert » à propos d'un rôle dans la BMD[53]. Bien qu'elle ne constitue pas en soi une déclaration d'intention en vue de joindre la BMD, cette annonce n'en était pas moins significative. À tout le moins révélait-elle que le gouvernement canadien soupesait les avantages et inconvénients découlant d'une participation. Cependant, il est plus probable qu'il s'agissait pour le gouvernement Chrétien d'une admission que la marge de manœuvre du Canada avait été réduite par les activités de l'administration Bush et qu'une évolution des politiques canadiennes en matière de BMD s'imposait.

Cette évolution des politiques a été interrompue temporairement par la préparation de la guerre en Irak. Au cours de l'hiver et du début du printemps 2003, les gouvernements amicaux envers les États-Unis ont débattu de la question de savoir s'ils soutiendraient les efforts de Washington visant à destituer le régime de Saddam Hussein. Le Canada était parmi les pays qui ont décidé de ne pas prendre part à la guerre en Irak.

Tout comme la guerre du Vietnam avant elle, la guerre contre l'Irak a eu des répercussions sur le débat canadien sur la défense antimissile. Compte tenu qu'il a refusé de combattre aux côtés des États-Unis en Irak, le gouvernement Chrétien voyait dans la défense antimissile une opportunité de renouer de bonnes relations avec Washington. Alors que l'absence du Canada en Irak le cataloguait comme un allié ingrat aux yeux de l'administration Bush, le fait d'être ouvert à une participation à la BMD peut démontrer que le Canada était un allié responsable là où ça comptait le plus, soit dans la défense partagée de l'Amérique du Nord. Cette interprétation est renforcée par les commentaires que le ministre des Affaires étrangères, Bill Graham, a faits en mai 2003[54]. Alors qu'il s'adressait à la Chambre des communes, Graham a repris les arguments de l'administration Bush voulant qu'une défense antimissile était nécessaire afin de se protéger contre les États « parias » possédant des missiles balistiques et des armements nucléaires, biologiques et chimiques (NBC). Graham a aussi fait référence au traité SORT comme une preuve que la BMD ne déclencherait pas une nouvelle course aux armements ni ne minerait la stabilité stratégique. Enfin, Graham a rappelé au Parlement que le Canada et les États-Unis cohabitaient sur un seul et même territoire et qu'une défense efficace d'un pays requiert la coopération de l'autre.

Par contre, la guerre contre l'Irak a aussi galvanisé l'opposition à la BMD au Canada. Les critiques de la BMD avaient longtemps soutenu que la défense antimissile était une manifestation de l'unilatéralisme américain et partie intégrante d'un effort plus grand en vue d'étendre la domination militaire des États-Unis. Le retrait de Washington du traité ABM appuyait cette opinion et la guerre contre l'Irak la confirmait dans l'esprit des critiques[55]. En fait, afin de rendre plus explicite ce lien supposé entre l'unilatéralisme américain et la domination militaire, les critiques de la BMD se sont de nouveau saisis de la possibilité qu'un système américain de défense antimissile puisse éventuellement mener à l'arsenalisation de l'espace. Non seulement l'arsenalisation de l'espace allait à l'encontre de l'interprétation que le Canada fait du Traité sur l'espace extra-atmosphérique de 1967, il renforçait aussi l'idée que les États-Unis étaient prêts à établir une présence militaire offensive dans une zone commune sans consulter la communauté internationale. En outre, le placement d'armements en orbite attisait les craintes que la BMD américaine peut mener à une course aux armements dans l'espace extra-atmosphérique et de ce fait engendrer l'instabilité[56]. Par conséquent, tandis que le SORT semblait contrer les affirmations voulant que la BMD alimenterait une nouvelle course aux armements nucléaires entre les Russes et les Américains, les critiques étaient en mesure d'utiliser les préoccupations en matière d'arsenalisation de l'espace pour raviver les arguments classiques contre le déploiement d'une défense antimissile.

Cependant, les liens entre la BMD et l'arsenalisation de l'espace étaient purement spéculatifs. Contrairement à l'IDS, le système de défense antimissile commandé par l'administration Bush en décembre 2002 était un système basé au sol seulement. Il prévoyait l'installation de deux sites d'intercepteurs, un à Fort Greely, en Alaska, l'autre à la Vandenberg Air Force Base, en Californie, qui doivent être prêts à la fin de 2004. Alors que la MDA mène une étude sur les intercepteurs basés dans l'espace, ceux-ci demeurent en attente, à la phase de la recherche. En fait, comme cela est rapporté dans l'édition de l'automne 2004 de l'*International Security*, il est peu probable que les intercepteurs basés dans l'espace envisagé soient déployés parce qu'ils coûtent plus cher et sont moins fiables que ceux des technologies actuelles basés au sol[57]. En conséquence, la preuve que la BMD conduirait inévitablement à l'arsenalisation de l'espace était au mieux hésitante. Quoi qu'il en soit, dû en partie au discours des critiques qui s'expriment contre la défense antimissile, comme Jack Layton, chef du Nouveau Parti démocratique, le lien hypothétique entre l'arsenalisation de l'espace et la BMD s'est infiltré dans le débat sur la défense antimissile au Canada.

À la fin de l'été et à l'automne 2003, les politiques canadiennes étaient captivées par la retraite prochaine de Jean Chrétien, qui serait remplacé dans les fonctions de premier ministre par Paul Martin, le nouveau chef du Parti libéral et ancien ministre des Finances. Martin était reconnu comme un défenseur de relations plus proches entre le Canada et les États-Unis. On s'attendait alors à ce que le nouveau premier ministre fasse avancer le dossier de la défense antimissile et endosse une participation canadienne dans la BMD.

Un mois après l'entrée en fonction de Martin en tant que premier ministre en décembre 2003, un échange de lettres a eu lieu entre David Pratt, ministre canadien de la Défense, et Donald Rumsfeld, secrétaire américain à la Défense, sur la question de la défense antimissile. Dans une lettre envoyée à Rumsfeld en janvier 2004, Pratt proposait que le Canada et les États-Unis négocient un protocole d'entente « en vue d'inclure le Canada à titre de participant à l'actuel programme américain de défense antimissile, ainsi que d'élargir et d'améliorer les échanges de données »[58]. Reflétant les inquiétudes d'Ottawa à propos de la préservation du NORAD et de sa mission d'alerte tactique intégrée et évaluation d'attaque, la lettre de Pratt suggérait aussi que le commandement binational « peut grandement contribuer à l'exécution de la mission de défense antimissile » et que « nos deux pays devrait rapidement s'employer à modifier l'Accord NORAD afin de tenir compte de la contribution de ce commandement à la mission de défense antimissile. » Le ton de cette lettre était tel qu'il semblait qu'un engagement officiel du Canada à la BMD était imminent.

Cette hypothèse était prématurée. À peine Ottawa tendait à participer à la défense antimissile que le gouvernement Martin commençait à s'en éloigner[59]. Confronté à un barrage de critiques de la part du NPD et des autres opposants à la défense antimissile, les libéraux de Martin commencèrent à nier qu'une participation du Canada à la BMD était prévue ou inévitable. Au cours de son premier entretien avec le président Bush en avril 2004, Martin a senti le besoin d'expliquer que son gouvernement n'avait pris aucune décision quant à la BMD[60]. Le fait qu'il fit cette annonce à Washington démontrait dans quelle mesure le malaise de la population canadienne à propos du programme de défense antimissile surpassait le désir de Martin de former un partenariat plus fort avec les États-Unis.

Rétrospectivement, la prudence de Martin est compréhensible. Son gouvernement était sur le point de déclencher des élections, et les libéraux risquaient de perdre une partie de leur base de la gauche aux mains du NPD si son gouvernement semblait trop impatient de se joindre à la BMD. Les libéraux portaient une attention particulière à l'appui qui pouvait être perdu aux mains du NPD en Ontario et en Colombie-Britannique compte tenu que le scandale des commandites minait leur emprise dans plusieurs circonscriptions électorales du Québec. En plus du défi posé par le Parti conservateur unifié, le fait que le NPD et le Bloc québécois (BQ) détournaient vers leurs partis des électeurs libéraux a poussé le gouvernement Martin à adopter une position nationaliste de gauche au cours de sa campagne. En conséquence, les politiques en faveur d'une défense antimissile nuisibles à la stratégie nationaliste de gauche du Parti libéral ont été restreintes.

Le jour des élections, les libéraux de Martin sont réélus et forment un gouvernement minoritaire. Ce fait compliquait l'exécution du programme libéral en matière de défense antimissile mis de l'avant avant les élections. Il y avait un nombre suffisant de membres opposés à la BMD au sein du caucus libéral pour qu'un vote sur une participation du Canada ne passe pas à la Chambre des communes. Le NPD menaçait de ne pas accorder son appui à la législation libérale si le gouvernement Martin donnait son accord à une participation du Canada à la BMD, et le BQ exprimait clairement son opposition à une participation à la défense antimissile. Pour essayer de se libérer du reproche d'être trop respectueux à l'égard des États-Unis, le Parti conservateur a bloqué une adhésion à la défense antimissile jusqu'à ce que ces enjeux soient débattus ouvertement par le Parlement. Pour leur part, Martin et les autres libéraux en faveur de la BMD admettaient que, sans une majorité au Parlement, ils devraient maintenir en partie l'image nationaliste de gauche qu'ils avaient utilisée au cours de la campagne électorale en vue de reconquérir les électeurs qui ont voté pour le BQ et le NPD. Continuer sur la voie en faveur de la BMD établie audacieusement par la lettre de Pratt de janvier 2003 aurait alors été synonyme de désastre politique pour le gouvernement Martin.

Dans cet environnement précaire, le gouvernement Martin a ranimé l'approche canadienne classique du « c'est selon » en matière de défense antimissile. Ottawa fit le nécessaire afin d'assurer la survie du NORAD sans proposer ni accepter un rôle du Canada dans le commandement et contrôle de la BMD. Le 5 août 2004, le Canada et les États-Unis annonçaient un amendement à l'accord du NORAD. Il a été convenu que le NORAD serait autorisé à transmettre les données provenant de l'alerte tactique intégrée et évaluation d'attaque aux commandements américains responsables de la BMD[61]. Par cette demi-mesure, le gouvernement Martin atteignait le principal objectif du Canada en matière de défense antimissile : la survie du NORAD et le maintien de ses fonctions d'alerte tactique intégrée et évaluation d'attaque, que le Canada se joigne officiellement ou non au système antimissile américain. Pierre Pettigrew, ministre canadien des Affaires étrangères, déclarait : « L'amendement sauvegarde et soutient le NORAD indépendamment de la décision qui sera éventuellement prise par le gouvernement du Canada sur la défense anti-missiles balistiques »[62].

Plusieurs commentateurs ont vu dans l'amendement à l'accord du NORAD d'août 2004 un signe que le Canada se préparait à se joindre à la BMD[63]. Bien qu'il y ait des raisons de soutenir cette façon de voir les choses, il y a une plus grande probabilité qu'Ottawa ait signé l'amendement afin de reporter à plus tard la décision à prendre en matière de BMD. Deux facteurs corroborent cette interprétation. Premièrement, la concession la plus importante au chapitre de la défense antimissile que Washington désirait obtenir du Canada concernait la transmission des données provenant de l'alerte tactique intégrée et évaluation d'attaque du NORAD au commandement et contrôle de la BMD[64]. Tel que mentionné, le volet nord-américain du système initial de défense antimissile est constitué de deux sites d'intercepteurs, tous deux déployés en territoire américain. En conséquence, les États-Unis ne demandaient pas au Canada de se joindre à la BMD parce que le Pentagone prévoyait déployer des intercepteurs en territoire canadien. Les États-Unis n'avaient pas non plus besoin que le Canada contribue au financement de la BMD. Tous les frais associés à la BMD avaient été couverts par les États-Unis, et continueront probablement de l'être. Par conséquent, Washington ne demandait pas au Canada de se joindre à la BMD pour des raisons financières. D'un autre côté, le déménagement de la fonction d'alerte tactique intégrée et évaluation d'attaque du NORAD au North-Com représentait une charge indésirable. Ce déménagement aurait obligé le Canada et les États-Unis à réorganiser le NORAD à un moment où les deux pays étaient en pleine période de négociations sur la gestion étendue des conséquences et la coopération au chapitre de la défense côtière. En outre, les États-Unis devaient encore structurer le NorthCom et sa relation avec le StratCom sur les questions de défense antimissile. L'ajout de l'alerte tactique intégrée et évaluation d'attaque au mandat du NorthCom aurait compliqué inutilement une fonction organisationnelle déjà complexe. En conséquence, laisser la fonction d'alerte tactique intégrée et évaluation d'attaque au NORAD s'avérait la solution la plus simple. Ainsi, en autorisant l'envoi des données recueillies par l'alerte tactique intégrée et évaluation d'attaque au commandement et contrôle de la BMD, Ottawa donnait satisfaction à Washington. En retour, ceci eut pour effet de réduire la pression exercée sur le Canada en vue de sa participation à la BMD au niveau du commandement et des opérations.

Un second facteur qui a contraint Ottawa à reporter sa décision au chapitre de la BMD était les élections présidentielles américaines. Les membres du gouvernement Martin croyaient que si John Kerry, candidat démocrate à l'élection présidentielle, était élu président des États-Unis, le dilemme du Canada en matière de défense antimissile serait atténué[65]. Martin et ses conseillers étaient de cet avis pour deux raisons. Premièrement, il est possible qu'une administration Kerry ralentisse ou freine la construction du système de défense antimissile. Deuxièmement, même si l'administration Kerry allait de l'avant avec la BMD, les officiels de l'entourage de Martin croyaient que le public canadien serait plus ouvert à une participation au système si un démocrate était à la Maison-Blanche. En outre, il est possible qu'une administration Kerry soit plus conciliante s'il advenait que le Canada refuse une participation dans la BMD. En ayant ces possibilités à l'esprit, Ottawa a reporté l'étude approfondie d'une participation à la défense antimissile jusqu'après les élections américaines.

Le 2 novembre 2004, George W. Bush était réélu président et les espoirs du gouvernement Martin de pouvoir collaborer avec une administration américaine plus cordiale furent anéantis. En fait, il était bientôt évident que l'administration Bush devenait de plus en plus impatiente devant les tergiversations de Martin à l'égard de la BMD. Au cours de sa visite du mois de novembre à Halifax, Bush a pris le gouvernement Martin par surprise en réclamant que le Canada participe à la défense antimissile.

Si l'intention de Bush était de pousser Martin à clarifier sa position à l'égard de la BMD, il s'est trompé. Les commentaires du président ont produit encore plus de réponses évasives. Ne voulant pas donner l'impression qu'il s'inclinait devant les demandes américaines, Martin commença à critiquer la BMD. En s'appuyant sur les preuves solides des critiques et les simulations ratées, il déclara aux journalistes qu'il ne croyait pas que le système antimissile actuel soit fonctionnel[66]. Plus important encore, Martin posa ensuite trois conditions pour une participation canadienne à la BMD[67]. Premièrement, Martin déclara que le Canada ne se joindrait pas à la BMD sauf si les États-Unis garantissent que la défense antimissile ne mènera pas à l'arsenalisation de l'espace. Deuxièmement, il stipula que le Canada ne contribuerait pas au financement du système ni de permettrait que des intercepteurs soit installés en territoire canadien. Enfin, pour qu'Ottawa accepte de participer à la BMD, il faut que des membres des FC soient stationnés au commandement et contrôle de la défense antimissile et qu'ils aient voix au chapitre sur la façon d'opérer le système. Au moment de la rédaction de ce document, ces conditions tenaient toujours et aucune décision n'avait été prise quant aux liens du Canada avec la BMD.

Fondamentalement, les trois conditions de Martin représentent un retour aux tactiques canadiennes classiques du « c'est selon ». Compte tenu qu'Ottawa ne peut plus se servir de son appui au traité ABM pour justifier son hésitation à prendre part à la BMD, on utilise maintenant le spectre de l'arsenalisation de l'espace. De la même façon, tandis que le Canada fait ce qu'il doit en vue de s'assurer que le NORAD conserve les fonctions d'alerte tactique intégrée et évaluation d'attaque, Ottawa ne veut pas participer au financement ni permettre le déploiement en territoire canadien du système qui recevra les données de l'alerte tactique intégrée et évaluation d'attaque. Et bien qu'Ottawa croie que le Canada devrait avoir son mot à dire dans les décisions qui touchent à la défense stratégique de l'Amérique du Nord, le gouvernement canadien ne veut pas faire les choix impopulaires à propos de la BMD qui donneraient au Canada un droit de parole dans tous les aspects de la défense stratégique continentale. Que ce soit par prudence ou indécision, il s'agit de nouveau de l'approche du « c'est selon ».

CONCLUSION : LE CHOIX DE MARTIN

On ne sait pas vraiment si le gouvernement Martin pourra poursuivre encore longtemps une approche du « c'est selon » en matière de défense antimissile. Il est vrai que la coopération sélective et l'ambiguïté ont été les éléments de base des politiques canadiennes en matière de défense stratégique pour plus de cinquante ans. Depuis le début des années 50, Ottawa a travaillé étroitement avec les États-Unis au chapitre de la défense stratégique de l'Amérique du Nord sans pour autant sacrifier les intérêts nationaux des Canadiens ni accepter de propositions non populaires auprès de la population canadienne. Les gouvernements successifs ont été en mesure de réaliser ceci parce qu'en majeure partie les conditions étaient favorables. L'administration Johnson s'est montrée distante à propos de l'inclusion par Ottawa de la clause ABM dans le renouvellement du NORAD de 1968 ; le traité ABM de 1972 procura au Canada une représentation symbolique de la consécration de la MAD et de la stabilité stratégique ; l'IDS n'a jamais progressé au-delà de la phase de recherche ; l'administration Clinton a partagé avec le gouvernement Chrétien le désir de préserver le traité ABM ; enfin, en vertu de l'amendement à l'accord du NORAD d'août 2004, les États-Unis ont obtenu la concession la plus importante en matière de défense antimissile demandée par Washington, la transmission des données recueillies par l'alerte tactique intégrée et évaluation d'attaque au commandement et contrôle de la BMD.

Toutefois, dès le début de 2005, les conditions favorables auxquelles le Canada était habitué s'amenuisaient. Un jour après que Martin eut annoncé ses trois conditions en vue d'une participation canadienne à la BMD, Paul Cellucci, ambassadeur des États-Unis au Canada, informait la presse que Washington était prêt à garantir que la défense antimissile ne mènerait pas à l'arsenalisation de l'espace[68]. Si les États-Unis acceptent les autres conditions du premier ministre, on s'attendra à ce que le gouvernement Martin engage le Canada envers la BMD. L'action contraire exposerait les libéraux de Martin à des accusations de déloyauté et de tergiversations de la part des trois plus importants journaux anglophones du pays ; ceux-ci ont tous publié des éditoriaux en faveur d'une participation canadienne à la défense antimissile[69]. Il est probable que Washington serait aussi contrarié. Étant donné que le gouvernement américain a fait tout ce qu'il pouvait pour aborder les préoccupations du Canada à propos de l'arsénalisation de l'espace, de l'utilisation du territoire canadien, d'une contribution financière du Canada, et de la place du Canada au commandement et contrôle de la défense antimissile, l'administration Bush s'attendait en retour à ce que le Canada s'engage dans la BMD. S'il advenait qu'Ottawa ne s'engage pas en retour, cela entacherait la réputation de Martin à Washington.

Toutefois, un gouvernement libéral minoritaire devait aussi tenir compte du coût national relié à un consentement à la BMD. Même si Washington a garanti que la défense antimissile ne mènera pas à l'arsenalisation de l'espace, le NPD et le BQ s'opposaient à une participation à la défense antimissile. Un important désaccord entre les partis NPD, BQ et libéral compliquerait les choses en ce qui concerne la capacité du gouvernement Martin à gouverner et aliénerait encore une fois les libéraux de gauche et les bases au Québec au moment des prochaines élections fédérales. Ces deux possibilités inquiétaient les libéraux de Martin.

Une troisième possibilité, celle de continuer avec une politique d'ambiguïté, promettait d'exaspérer toutes les parties en cause. Ni les critiques ni les partisans de la BMD n'approuveraient le gouvernement Martin si Ottawa reportait encore sa décision sur la défense antimissile. Les critiques auraient présenté l'ambiguïté comme une incapacité des libéraux de Martin à affronter Washington ou à prendre une décision de principe, alors que les partisans de la BMD auraient déclaré que les actions d'Ottawa nuisent aux relations entre le Canada et les États-Unis et esquivent les responsabilités de longue date du Canada en matière de défense stratégique et continentale. De toute façon, le leadership et la respectabilité de Martin auraient souffert.

Afin d'éviter les conséquences de ce scénario, le gouvernement Martin a pris une décision. Ottawa a choisi de refuser une participation canadienne dans le bouclier antimissile, un choix qui a été applaudi par le BQ et le NPD, mais qui a également frustré Washington. Face à l'opposition nationale, les relations Canada – États-Unis ont dû être sacrifiées par le gouvernement libéral minoritaire.

La conclusion est que, même si les politiques ambiguës ont servi les intérêts canadiens dans le passé, le temps était venu pour Ottawa de faire un choix concret sur les liens du Canada envers le système BMD américain. Malheureusement, au lieu de rappeler aux États-Unis et aux partisans canadiens de la défense antimissile qu'Ottawa a accepté d'autoriser une transmission des données recueillies par la fonction d'alerte tactique intégrée et l'évaluation d'attaque du NORAD par le commandement et le contrôle de la BMD, la contribution la plus importante que le Canada peut faire à la défense antimissile, le gouvernement Martin a seulement choisi de mettre l'accent sur le refus. Ottawa a même déclaré que les États-Unis n'avaient pas le droit d'intercepter un ICBM qui est dans l'espace aérien canadien sans la permission du Canada – une demande qui n'est ni pratique, ni réaliste et ni sympathique aux intérêts vitaux des États-Unis. Au moment de la rédaction de ce document, l'effet que ces décisions et attitudes auront sur l'avenir des relations Canada – États-Unis est désormais spéculatif.

NOTES

*   Candidat aux études de doctorat Carleton University

1.   Tom Blackwell, « "Open mind" on role in missile plan : McCallum aide », *National Post*, 27 janvier 2003.

2.   George Lindsey, « Canada, North American Security and NORAD », *International Insights* 2, 2004, p. 4 ; Elinor Sloan, « The Road from 11 September : Canada-United States Defence Relations in the Terrorist Era », dans David Carment, Fen O. Hampson and Norman Hillmer, ed., *Canada Among Nations 2004 : Setting Priorities Straight*, Montréal, McGill-Queen's University Press, 2005.

3.   Canada, Ministère des Affaires étrangères et du Commerce international, *La non-arsenalisation de l'espace* ; disponible à l'adresse http://www.dfait-maeci.gc.ca/arms/outer3-fr.asp

4.   Pour une évaluation critique du traité SORT, voir Philippe Lagassé, « The SORT Debate : Implications for Canada », *IRPP Working Paper Series n° 2003-01*, Montréal, Institut de recherche en politiques publiques, 2003.

5.   Ministère de la Défense nationale, la Direction Histoire et patrimoine, « Canadian-United States joint appreciation and basic security plan ; comments thereon by the Chiefs of Staff », 15 juillet 1946, dossier 112.1 (D178)

6.   Documents relatifs aux relations extérieures du Canada : 1946, « Working Papers for Use in Discussions with the United States », 6 décembre 1946, p. 1702.

7.   David Cox, *Canada and NORAD, 1958-1978 : A Cautionary Retrospective*, Ottawa, Canadian Centre for Arms Control and Disarmament, 1985, p. 7.

8.   Joseph Jockel, *No Boundaries Upstairs*, Vancouver, University of British Columbia Press, 1987, p. 82.

9.   *Ibidem.*, p. 3.

10.   Colin S. Gray, « Canada and NORAD : A Study in Strategy », *Behind the Headlines,* 31 (juin 1972), p. 11-15.

11.   Joel Sokolsky, « The Bilateral Security Relationship : Will "National" Missile Defense Involve Canada ? », *American Review of Canadian Studies*, été 2000, p. 231-233.

12.   Canada, Ministère de la Défense nationale, *Livre blanc sur la Défense*, Ottawa, 1964.

13.   David A. Rosenberg, « The Origins of Overkill : Nuclear Weapons and American Strategy, 1945-1960 », *International Security*, 1983.

14.   Joseph Jockel et Joel Sokolsky, « Canada's Cold War Nuclear Experience », dans David G. Haglund, ed., *Pondering NATO's Nuclear Options*, Kingston, Queen's Quarterly, 1999, p. 117.

15.   *Ibidem.*, p. 108-109.

16.   Andrew Richter, *Avoiding Armageddon*, Vancouver, UBC Press, 2002, p. 133-145.

17.   Sean M. Maloney, *Canada and UN Peacekeeping*, St. Catherine's, Vanwell Publishing Ltd., 2002.

18.   B. Bruce-Briggs, *The Shield of Faith*, New York, Simon and Schuster, 1988, p. 105.

19.   *Ibidem.*, p. 157-161.

20.   John Newhouse, *War and Peace in the Nuclear Age*, New York, Knopf, 1989, p. 200-201.

21.   *Ibidem.*, p. 206.

22.   Bruce-Briggs, *Shield of Faith*, p. 292.

23.   Lawrence Freedman, *The Evolution of Nuclear Strategy*, New York, St. Martin's, 1997, p. 253.

24. Greg Donaghy, *Tolerant Allies : Canada & the United States, 1963-1968*, Montréal, McGill-Queen's University Press, 2002, p. 113.

25. *Ibidem.*, p. 114.

26. Gray, « Canada and NORAD », p. 4.

27. Donaghy, *Tolerant Allies*, p. 113-120.

28. Cité dans Canada, Chambre des communes, *NORAD 1986 : Report of the Standing Committee on External Affairs and National Defence*, Ottawa, février 1986, p. 18.

29. Newhouse, *War and Peace*, p. 215.

30. *Ibidem.*

31. John Newhouse, *Cold Dawn : The Story of SALT*, New York, Holt, Rinehart and Winston, 1973, p. 2.

32. En 1974, Richard Nixon ratifiait le National Security Decision Memorandum 242 (NSDM-242). Connu sous le nom de doctrine Schlesinger, le NSDM-242 introduisait des options plus souples pour les représailles nucléaires, dont des frappes limitées et sélectives. La directive présidentielle 59 (PD-59) de 1980 du président Jimmy Carter proposait que les États-Unis devraient être prêts à combattre pour gagner une guerre nucléaire prolongée. La PD-59 mettait aussi un accent plus prononcé sur les stratégies de choix des objectifs de contre-forces et de domination progressive.

33. Jockel and Sokolsky, « Canada's Cold War Nuclear Experience », p. 120.

34. Douglas A. Ross, « SDI and Canadian-American Relations : Managing Strategic Doctrinal Incompatibilities », Lauren McKinsey and Kim Richard Nossal, ed., *America's Alliances and Canadian-American Relations*, Toronto, Summerhill Press, 1988, p. 149.

35. Jockel and Sokolsky, « Canada's Cold War Nuclear Experience », p. 123.

36. Canada, Ministère de la Défense nationale, *Letter from the Minister of National Defence to U.S. Secretary of Defense*, 7 septembre 1985.

37. *NORAD 1986 : Report of the SCEAND*, p, 63-64.

38. *Ibidem.*

39. Canada, Ministère de la Défense nationale, *Défis et engagements. Une politique de défense pour le Canada*, Ottawa, 1987, chapitre 4.

40. Cité dans David P. Auerswald, « The President, the Congress and American Missile Defense Policy », *Defence Studies*, 1, 2001, p. 70. [traduction]

41. Sokolsky, « The Bilateral Security Relationship », p. 228.

42. George W. Bush, « New Leadership on National Security », discours prononcé à Washington, DC, 23 mai 2000 ; disponible à l'adresse http://www.nuclearfiles.org/redocuments/2000/0523newleadershipbush.html

43. *Ibidem.* [traduction]

44. Andrew Richter, « A Question of Defense : How American Allies are Responding to the US Missile Defense Program », *Comparative Strategy*, 23, 2004, p. 155.

45. États-Unis, Department of Defense, *Findings of the Nuclear Posture Review*, 9 janvier 2002 ; disponible à l'adresse http://www.defenselink.mil/news/Jan2002/g020109-D-6570C.html

46. États-Unis, Senate, *Treaty on Strategic Offensive Reduction : The Moscow Treaty*, Hearing and submissions, 107th Congress, 2nd session, 9 au 23 juillet et 12 septembre 2002.

47. Pour une description détaillée du mandat du NorthCom, consulter Philippe Lagassé, « Le Northern Command et l'évolution des relations de défense canado-américaines », *Revue Militaire Canadienne*, printemps 2003 et Adrian A. Erckenbrack and Aaron Scholer, « The DOD Role in Homeland Security », *Joint Forces Quarterly*, 35, 2004.

48. Lagassé, « NorthCom », p. 20.

49. Michael Byers, *Canadian Forces Under U.S. Command*, Vancouver, Simons Centre, 2002.

50. Joseph Jockel, « Four Commands and A Country : NorthCom, NORAD, SpaceCom, StratCom and Canada », *IRPP Working Paper Series n° 2003-03*, Montréal, Institut de recherche en politiques publiques, 2003, p. 6.

51. Remarques du lieutenant-général Kenneth Pennie, Chef d'état-major canadien de la Force aérienne, Carleton University, 28 novembre 2004.

52. *Ibidem.*

53. Blackwell, «"Open mind'».

54. Canada, Ministère des Affaires étrangères et du Commerce international, *Notes pour une allocution de l'honorable Bill Graham devant la Chambre des communes à l'occasion du débat sur la défense contre les missiles balistiques*, 15 mai 2003.

55. Lloyd Axworthy, « Say no to missile defense », *Globe and Mail*, 29 avril 2003.

56. *Ibidem.*

57. Bruce M. DeBlois, *et al.*, « Space Weapons », *International Security* 29, automne 2004.

58. Canada, Ministère de la Défense nationale, *Lettre du Ministre Pratt au Secrétaire Rumsfeld*, 15 janvier 2003.

59. Allison Dunfield, « Pratt says NDP is fear-mongering », *Globe and Mail*, 23 février 2004.

60. Oliver Moore, « Martin tries to stop missile defense speculation », *Globe and Mail*, 30 avril 2004.

61. Canada, Ministère de la Défense nationale, *Le Canada et les États-Unis amendent l'accord sur le NORAD*, 5 août 2004.

62. *Ibidem.*

63. Alec Castonguay, « Le bouclier sera-t-il aussi canadien ? » *Le Devoir*, 4 septembre 2004

64. Philippe Lagassé, *Canada and Ballistic Missile Defence*, document présenté au Woodrow Wilson International Center for Scholars & Université du Québec à Montréal à la Canada-US security relations conference, Montréal, QC, 26 mars 2004

65. James Travers, « Martin, missiles and Kerry », *Toronto Star*, 28 octobre 2004.

66. « Canada won't fund missile shield : PM », *Windsor Star*, 15 décembre 2004.

67. Graham Fraser, « Missile defense debate haunts PM », *Toronto Star*, 19 décembre 2004.

68. Susan Delacourt, « No space weapons, envoy says », *Toronto Star*, 16 décembre 2004.

69. « Martin needn't fret about missile defense », *Globe and Mail*, 17 décembre 2004 ; « Canada's interest in missile defense », *Toronto Star*, 9 décembre 2004 ; « A new missile threat », *National Post*, 6 août 2004.

CHAPITRE 5

LES DERNIÈRES ANNÉES DE L'ÈRE CHRÉTIEN : UNE GOUVERNE DIVISÉE ET INCERTAINE À PROPOS DE L'IRAK

Albert Legault, Marilou Grégoire-Blais et Frédéric Bastien[*]

INTRODUCTION

On sait depuis Pascal que le cœur et la raison ne font pas toujours bon ménage. Ainsi en est-il des rapports interétatiques, surtout lorsque les capacités entre deux États sont parfaitement asymétriques. L'image de l'éléphant et de la souris illustrant les États-Unis et le Canada jadis évoquée par Pierre Elliott Trudeau, qui était alors premier ministre du Canada, est toujours aussi pertinente aujourd'hui qu'à cette époque. Les relations canado-américaines ont connu des hauts et des bas, variables selon les époques et les circonstances. N'empêche que les dernières années du règne de Jean Chrétien ont été particulièrement marquées par une vive animation entre Washington et Ottawa.

L'éternelle attirance-répulsion qui caractérise les relations canado-américaines tient à plusieurs facteurs, dont les plus importants sont sans doute la personnalité des chefs ainsi que la culture politique de ces deux pays. Un bref exposé des différentes étapes qui ont déterminé l'évolution des rapports canado-américains nous permettra de démontrer comment l'ambiguïté est une caractéristique presque constante de la stratégie canadienne à l'endroit de Washington, et ce, surtout lorsque les deux États étaient confrontés à des points d'achoppement importants. Dans cet ordre d'idées, la lutte anti-terroriste et la décision ou non-décision de participer à la guerre en Irak constituent deux événements déterminants des dernières années du règne de Jean Chrétien où la culture stratégique de l'ambiguïté est en effet aux premières loges. Afin de bien illustrer ce qui vient d'être avancé, nous analyserons les positions du gouvernement Chrétien, des partis politiques et des parlementaires, ainsi que celles développées par la communauté épistémique dans le cadre d'un modèle d'analyse présenté par l'équipe Donneur/Roussel/Legault[1]. Nous conclurons enfin sur les différents facteurs les plus susceptibles d'expliquer la marge de manœuvre du Canada depuis les événements du 11 septembre 2001.

L'AMBIVALENCE HAINE-AMOUR

Dans *Séduction : la femme cruelle,* la cinéaste allemande Monika Treut met en relief le fantasme masochiste de la femme chez Sacher-Masoch[2] : « Chacun a besoin d'un être qu'il tourmente. Les uns ont un chien, moi j'ai un amoureux[3]. » Cette « perversion idéaliste » qui consiste à magnifier un être tout en le rejetant n'est pas très loin de la relation ambiguë haine-amour que l'Autriche a entretenue dans le passé vis-à-vis de l'Allemagne, ou encore de l'anti-américanisme bon teint de bon nombre de Canadiens à l'endroit des États-Unis. Ce pays est tout à la fois aimé et détesté, admiré et dénigré, vénéré et dénoncé. À tort ou à raison, les Canadiens estiment que ce sont les valeurs fondamentales de la société canadienne qui distinguent le Canada des États-Unis, tout comme John A. Porter a tenté de le démontrer dans son best-seller *The Vertical Mosaic*[4].

L'attirance-répulsion d'un pays vis-à-vis de l'autre s'est manifestée au cours du temps de différentes façons et notamment par des épisodes historiques bien connus. Durant la guerre froide, les États-Unis devaient avoir accès aux grands espaces nordiques afin d'assurer leur sécurité, et de disposer d'une base avancée pour projeter leurs forces contre l'ex-URSS, et pour se prémunir contre la menace de ses bombardiers. La crainte que Terre-Neuve ne devienne un véritable porte-avions américain est d'ailleurs ce qui a amené Ottawa à faire preuve de beaucoup de vigilance pour faire entrer ce territoire dans la Confédération canadienne. Ce fut sans doute l'âge d'or des relations canado-américaines. La menace balistique supplantant celle du bombardier, l'importance stratégique du Canada devint moindre, mais elle connut un nouvel essor avec le renouvellement du NORAD en 1981 dont le nom original *North American Air Defense* devint subitement *North American Aerospace Defense*. Les dés étaient jetés ; le Canada dès cette époque continuait de s'engager dans l'espace et il risque aujourd'hui de s'y commettre de plus en plus si le système de défense antimissiles envisagé par le président Bush fils devait voir le jour.

Dans l'ensemble, sauf durant la période Diefenbaker, les questions de défense ont plutôt réuni que divisé nos deux pays. Cependant, en matière de politique étrangère, de nombreux épisodes ont mis à rude épreuve la fidélité de l'allié canadien. Pour les Canadiens, il s'agissait de penser différemment et de dire les choses autrement. Ils s'y sont risqués et à plusieurs reprises le Canada a tenté de faire entendre sa voix à Washington. Dans certains cas, Washington a accusé le coup. Mais, en maintes occasions, Washington a fait savoir à Ottawa qu'elle ne voyait pas les choses du même angle. Ainsi, en pleine guerre du Vietnam lors de la visite de Lester B. Pearson, alors premier ministre du Canada, aux États-Unis, le président Lyndon B. Johnson le pria de bien vouloir cesser d'« uriner sur son tapis ». Lester B. Pearson en fut d'autant plus mortifié qu'il raconte dans ses Mémoires qu'il « s'était senti comme Schussnigg (sic) devant Hitler quand l'Allemagne avait exigé l'Anschluss avec l'Autriche »[5]. Cette citation illustre bien le bagage historique que Pearson avait conservé des événements ayant mené à la Seconde Guerre mondiale, mais aussi l'immense différence de capacités existant entre les États-Unis et le Canada. Washington pouvait, si besoin était, dicter ses conditions au Canada.

Les relations entre le président John F. Kennedy et le premier ministre Diefenbaker n'étaient pas au beau fixe non plus. Lors de la visite du président Kennedy à Ottawa, son attaché de presse, Ted Sorensen, nous apprend qu'on avait retrouvé dans une corbeille à papier les notes personnelles que Kennedy avait préparées pour cette rencontre. Le premier ministre Diefenbaker y était désigné par la formule crue « s.o.b. » (son of a bitch !). Diefenbaker le lui rendait bien aussi, car il ne répondait pas aux lettres de Kennedy ou, s'il le faisait, c'était après les avoir laissés dormir sous son matelas durant des mois[6]. Durant la période Trudeau, les choses s'envenimèrent au point que Richard Nixon n'hésita pas, en privé, à traiter le premier ministre de « trou de c... »[7]. Quant au premier ministre Chrétien, un membre de la haute administration Bush, en réalité Paul Wolfowitz, éprouva un malin plaisir à le qualifier de « canard boiteux », manière de dire par la même occasion qu'il se réjouissait de la fin de son règne.

Les Canadiens ont été plus prudents dans leurs commentaires, sauf durant les dernières années du règne Chrétien où des propos désobligeants ont fusé de toutes parts. À commencer par le malheureux incident d'une session de l'OTAN où le premier ministre Chrétien fut surpris par un microphone indiscret à se vanter de son anti-américanisme auprès de son vis-à-vis belge Jean-Luc Dehaene : « J'aime me tenir debout devant les Américains, c'est populaire, les gens aiment ça »[8]. Ensuite, en novembre 2002, la responsable des communications au bureau de Jean Chrétien, Mme Françoise Ducros, est captée à son insu lors d'un sommet de l'OTAN à Prague, en train de qualifier George Bush de « crétin » (« moron » en anglais), déclaration pour laquelle Jean Chrétien va refuser sa démission pour s'y résigner ensuite. Puis, en février 2003, le ministre Herb Dhaliwal accuse George Bush d'être « un homme d'État manqué », tandis que la députée d'arrière-ban Carolyn Parrish fait état de sa haine des Américains, peuple qu'elle qualifie de « bâtard ». Toutes ces incartades finiront par rendre insupportable l'atmosphère déjà tendue entre Washington et Ottawa. Dans ces conditions, l'élection de Paul Martin au Canada a été interprétée comme une bouffée d'air pur par Washington.

Les relations canado-américaines n'ont donc pas toujours été au beau fixe. Elles ont connu divers soubresauts, des périodes critiques, plus particulièrement à la fin des années cinquante, et aussi une ère de ressentiments profonds de part et d'autre vers la fin du mandat Chrétien. C'est qu'en matière de paix et de guerre les États-Unis aiment bien être suivis docilement, ce que le Canada a refusé de faire durant la guerre d'Irak.

LA CULTURE DE L'AMBIGUÏTÉ

L'attirance-répulsion qu'éprouve le Canada à l'égard des États-Unis explique en grande partie l'un des principes fondamentaux de la politique étrangère du Canada : la culture savamment entretenue de l'ambiguïté. Cette politique n'est pas nouvelle :

> *Nos deux pays auront inévitablement des vues différentes sur les enjeux internationaux de temps à autre. Le premier ministre et le président ont souligné l'importance pour chaque pays de faire montre d'égard pour la vision de l'autre lorsque les attitudes diffèrent.*

Ce communiqué n'a pas été émis à la suite d'une visite à Washington de Jean Chrétien ou de Paul Martin. Il ne date pas de 2003 au moment où le premier ministre libéral et le président républicain échangeaient des critiques publiques de part et d'autre de la frontière. Cet énoncé remonte en fait à 1963, lors d'une visite de Lester B. Pearson au président Kennedy[9]. Pour le Canada, le problème n'est pas nouveau et il a généralement consisté en la recherche d'avantages économiques que procure la proximité des États-Unis, tout en tentant de conserver le plus possible son indépendance comme pays[10].

Depuis le 11 septembre, toutefois, et surtout depuis la guerre d'Irak, le Canada a adopté une stratégie politique de propension à l'ambivalence calculée[11] pour à la fois affirmer les volontés politiques du Canada et ne pas trop froisser son plus proche et « hyperpuissant » allié que sont les États-Unis. Pour Nelson Michaud[12], « le Canada a en effet milité très fortement et posé des gestes concrets », aux lendemains du 11 septembre, « pour resserrer sa sécurité, en conformité avec les souhaits exprimés par le gouvernement américain ». Cela est particulièrement vrai de la guerre contre le terrorisme et des mesures intérieures prises par la suite pour rendre nos frontières plus « intelligentes ». Les événements d'Irak allaient cependant chambarder l'un des fondements de la diplomatie canadienne axée sur le respect des institutions internationales et la pratique du multilatéralisme. D'ailleurs, dès le 17 septembre 2001, Lloyd Axworthy rappelait le Canada à ses devoirs. Pour cet ancien ministre du Parti libéral, la diplomatie, le droit international et la coopération « sont les seules options valables pour contrer les défis à la sécurité nationale et internationale après la guerre froide[13] ». En matière de coopération, « les nations qui appuient le terrorisme devraient être identifiées, jugées, blâmées et sanctionnées »[14]. En février 2003, dans un discours prononcé devant le Chicago Council on Foreign Relations, Jean Chrétien restera ferme sur ses principes :

> *Les institutions multilatérales jouent un rôle indispensable dans notre monde de plus en plus intégré – que ce soient les Nations unies, l'Organisation mondiale du commerce, l'OÉA ou l'OTAN, pour ne nommer que celles-là. [...] C'est particulièrement vrai à l'heure où nous sommes confrontés à un danger commun, le danger que représente Saddam Hussein. Nous le considérons comme une menace à la paix dans sa région. Nous avons participé à la guerre du Golfe. Nous avons fermement appuyé les sanctions de l'ONU. Nous reconnaissons et respectons le leadership que démontrent les États-Unis en contraignant Saddam Hussein à se conformer aux résolutions des Nations unies[15].*

En deux mots, il s'agit de soutenir la position de Washington à l'ONU, sans lui livrer un chèque en blanc pour ce qui est d'une intervention unilatérale en Irak. Ce sera d'ailleurs la position de Lloyd Axworthy qui n'hésitera pas à soutenir le premier ministre sur cette question :

> *Le premier ministre a raison d'indiquer que sa solidarité [avec les États-Unis] ne constituait pas un blanc-seing en faveur d'une intervention militaire. Sa prudence doit prévaloir. Le Canada ne devrait participer à une intervention militaire rapide que s'il existe un mandat clair, accordé de bonne foi par la communauté internationale, contre une cible coupable bien identifiée[16].*

Une intervention canadienne en Afghanistan n'a jamais manqué de légitimité, même si plusieurs incidents ont rendu difficile la coordination des opérations entre les commandements canadiens et américains. À telle enseigne que quatre soldats canadiens sont morts sous le feu fratricide d'un pilote de chasse américain et que plusieurs interrogations ont subsisté sur le sort à réserver aux talibans faits prisonniers par des forces canadiennes[17]. Il n'en reste pas moins que le Canada ne s'est jamais fait prier pour épauler son allié du Sud en Afghanistan. L'histoire a cependant plus d'un tour dans son sac et les événements d'Irak allaient rendre la position du Canada particulièrement difficile.

Face à la menace d'armes de destruction massive invoquée par les États-Unis pour solliciter une action internationale, le premier ministre déclare à la Chambre des communes qu'une seconde résolution du Conseil de sécurité spécifiquement destinée à autoriser l'entrée en guerre de l'ONU contre l'Irak est

« hautement désirable », mais non essentielle. Il confirme de plus l'appui du Canada aux États-Unis dans leur demande à l'OTAN de fournir une assistance militaire à la Turquie, afin de protéger ce pays contre des attaques de missiles irakiens. Mais Jean Chrétien a tout de même réaffirmé que jamais le Canada ne participerait à une guerre qui pourrait être contournée grâce aux efforts diplomatiques (inspections) déjà mis en branle, et ce, surtout depuis qu'Hans Blix a déclaré (le 21 février 2003) que ces inspections pourraient porter fruit si plus de temps était accordé à sa mission. Les difficultés pour le Canada sont d'autant plus aiguës qu'il dispose déjà de forces militaires présentes dans la région – des forces navales, voire peut-être des forces spéciales – sans que personne ne sache si oui ou non elles étaient mises à contribution dans le cadre des préparatifs militaires américains.

Pour Julian Beltrame[18], la présence militaire canadienne dans les golfes Persique et d'Oman, en plus de la nomination du commodore Roger Girouard au poste de commandant de la Task Force 151, démontre bien que le Canada n'était pas entièrement contre une intervention unilatérale américaine. De plus, 25 militaires canadiens sous commandement américain ont été déplacés de Tampa au Qatar, prêts à intervenir s'il y avait nécessité. Jean Chrétien tempère toutefois ce fait : « Il n'y a pas de quoi fouetter un chat », déclare-t-il, « car ils font le même travail qu'ils faisaient à Tampa. Ces personnes ont tout simplement été déplacées[19] ». Pourtant, d'autres commentateurs avertis, dont John Nobble, n'hésitent pas à dire que nos forces auraient pu être affectées aux deux missions simultanément, tout comme l'étaient sans doute les forces navales américaines dans la région[20]. Le journal *La Presse* déclarait le 28 novembre 2003 que le Canada avait offert d'envoyer entre 600 et 800 soldats pour prendre part à la guerre en Irak[21]. Joel Sokolsky, doyen au Collège militaire du Canada à Kingston, abonde aussi en ce sens[22]. Cette entente de principe aurait été plus ou moins confirmée lors de la visite du ministre de la Défense John McCallum à son homologue Donald Rumsfeld au début de l'année 2003. Mais, lorsqu'on demanda au ministre McCallum si le Canada irait de l'avant en l'absence d'une nouvelle résolution du Conseil de sécurité[23], ce dernier resta prudent et qualifia ses propos sur un mode conditionnel.

En réalité, le Canada ne voulait pas devoir choisir. L'idéal aurait été que les Nations unies puissent s'entendre, ce qui explique les efforts déployés par l'ambassadeur canadien à l'ONU, Paul Heinbecker, afin de développer un consensus sur un nouveau projet de résolution. Or les choses se sont vite gâtées. Le 18 février 2003, Jean Chrétien annonce à la Chambre des communes que le Canada n'allait aucunement participer à la guerre en Irak, mais plutôt prendre les commandes de la mission de maintien de la paix sous les auspices de l'ONU en Afghanistan. Notons que cette décision suivait de peu le discours prononcé par le premier ministre Chrétien devant le Chicago Council on Foreign Relations. Par ailleurs, le premier ministre n'a pas jugé bon d'informer au préalable Washington de sa décision, ce qui, de l'avis de plusieurs, est la goutte d'eau qui fit déborder le vase de la patience américaine. Mais cette décision tirait une épine du pied du gouvernement canadien, dans la mesure où Ottawa pouvait ensuite prétendre qu'il n'avait pas suffisamment de forces disponibles pour participer à une éventuelle opération militaire en Irak[24]. Julian Beltrame l'a souligné en rappelant les propos du député libéral John Bryden : le Canada disposait désormais d'une couverture diplomatique pour justifier son absence en Irak par une présence militaire ailleurs[25].

A *posteriori*, la décision du premier ministre paraît être ce qu'elle a été : une décision du premier ministre. D'autant que le ministère de la Défense avait déjà proposé l'envoi de troupes pour participer à une coalition avec les États-Unis et que le ministre des Affaires étrangères Bill Graham avait, de notoriété publique, appuyé l'objectif américain de renverser le régime de Saddam Hussein[26]. Sur le plan des principes, Jean Chrétien est resté fidèle à ce qu'Allan Gotlieb, ancien ambassadeur du Canada à Washington, a qualifié de « Doctrine Chrétien[27] ». Autrement dit, sans l'aval des Nations unies, donc sans légitimité internationale, il est exclu que le Canada devienne un pays « mercenaire » à la solde des États-Unis. C'était oublier que le Canada avait décidé de participer aux opérations au Kosovo, dans le cadre de l'OTAN, pour des raisons humanitaires, il est vrai, mais sans le feu vert des Nations unies. Ce que plusieurs commentateurs n'ont d'ailleurs pas manqué de relever[28].

UNE DÉCISION SAINE MAIS CONTROVERSÉE

Le refus du premier ministre Chrétien de participer à la guerre en Irak reposait sur des bases solides. Ni les Russes, ni les Français, ni les Allemands, ni les Chinois n'ont d'ailleurs suivi les États-Unis sur ce chemin. Si l'on peut comprendre la « grande déception » exprimée par l'ambassadeur américain Paul Celluci à l'endroit du Canada[29], il n'en reste pas moins que le premier ministre est constamment resté au-dessus de la mêlée, convaincu que l'histoire lui donnerait raison. On ne peut donc le critiquer sur ce point. Là où le bât blesse, ce sont les interminables atermoiements de la diplomatie canadienne, les louvoiements constants pratiqués à l'endroit des États-Unis, et surtout la façon dont la décision a été annoncée, sans que les États-Unis en aient été informés au préalable. Mais il y a plus. En réalité, Jean Chrétien en voulant s'élever au-dessus de la mêlée a eu recours à une vieille tactique pratiquée par l'ancien premier ministre Pierre Elliott Trudeau à la fin des années soixante, alors que celui-ci avait décidé coûte que coûte de retirer nos troupes d'Europe. Antimilitariste dans l'âme et par raison, il est à peu près certain que le premier ministre avait décidé à toutes fins utiles de ne pas participer à cette guerre sans un feu vert de l'ONU. En la matière, la position canadienne reste cohérente. Mais, en laissant ses troupes s'exprimer librement sur le sujet, Jean Chrétien a probablement perdu une partie du contrôle qu'il exerçait sur le caucus libéral, d'autant qu'il s'était entouré d'un « Bureau politique privé », ce qui eut pour effet de reléguer au second rang tous les ministres directement concernés par cette crise d'une ampleur internationale exceptionnelle[30]. En réalité, la position même du premier ministre était minée de l'intérieur dans l'attente d'un nouveau leadership, tandis que les partis d'opposition s'en donnaient à cœur joie pour critiquer les tergiversations des libéraux. En outre, l'opinion publique était largement défavorable à une intervention militaire, ce qui a permis à Jean Chrétien de se présenter à la nation comme un pur multilatéraliste.

Il n'est pas inutile de revenir ici sur les différentes conceptions de la politique étrangère du Canada que nous avons eu l'occasion de développer dans une publication antérieure[31]. Pour les besoins de la cause, rappelons les grandes distinctions retenues :

1) Il y a d'abord les multilatéralistes purs qui diront toujours « oui, si », c'est-à-dire si l'ONU sanctionne la mise en œuvre d'une opération ;

2) Les continentalistes purs qui diront toujours « oui » aux États-Unis ;

3) Les souverainistes purs qui diront toujours « non » aux États-Unis ;

4) Les intégrationnistes de convenance ou les « partenaires à coopération sélective » qui diront peut-être « oui » aux États-Unis », mais à la condition que tous y trouvent leur compte. En définitive, c'est « selon ».

Le schéma ci-joint résume bien ces quatre modèles qui représentent des archétypes plutôt que la réalité qui n'a pas l'habitude de se laisser enfermer dans des cadres aussi rigides :

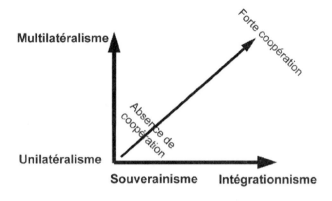

La politique étrangère du Canada
Quatre modèles de base

Coopération multilatérale seulement 1	Très forte coopération 2
Refus de coopération 3	Accords sélectifs et recherche de complémentarité 4

1 Les multilatéralistes purs :   **C'est oui, si...**
2 Les continentalistes fervents :   **C'est oui**
3 Les souverainistes purs :   **C'est non**
4 Les intégrationnistes de convenance
   ou les partenaires à coopération sélective **C'est selon...**

LES CLIVAGES AU SEIN DU PARTI LIBÉRAL

Selon certains analystes et journalistes[32], la position canadienne est longtemps restée floue. Il y a donc beaucoup de vérités dans ce qu'avance Andrew F. Cooper :

> *Si une image confirmait la tendance d'une concentration de l'autorité [dans le caucus libéral], une autre reflétait le modèle de la fragmentation dans lequel un nombre plus élevé d'acteurs disposaient d'une présence et d'un droit de parole dans le processus de prise de décision[33].*

Une forte majorité de députés libéraux appuient la décision de ne pas participer à la guerre en Irak sans l'aval du Conseil de sécurité[34] et la déclaration de Jean Chrétien le 18 février 2003 abonde dans ce sens : « Nous n'avons pas été sollicités et nous n'avons pas l'intention de participer à un groupe de volontaires ». En même temps, Bill Graham, ministre des Affaires étrangères, continuait les pressions pour que l'équipe d'inspection de Hans Blix ait tout le temps nécessaire pour effectuer son travail en Irak. Mais, malgré tous ces signes qui semblaient clairement confirmer le camp que choisirait le gouvernement Chrétien, plusieurs membres du Parti libéral, tels le ministre de la Défense, John McCallum, et le vice-premier ministre et ministre des Finances, John Manley, avaient par la suite nuancé les propos tenus par Jean Chrétien, en précisant que le Canada gardait ouvertes toutes les options[35]. Quant à Paul Martin, on sait depuis mars 2003 qu'il estimait un mandat de l'ONU « absolument crucial » et qu'il était satisfait de la façon dont le premier ministre et le ministre des Affaires étrangères, Bill Graham, avaient mené le dossier[36].

Selon Claude Denis, Manley, McCallum et Martin – quoique ce dernier soit relativement plus modéré – font partie de l'aile « conservatrice », pro-américaine du Parti libéral. Manley et McCallum pensent que l'intérêt national passe avant tout par des relations privilégiées avec les États-Unis, alors que Martin est resté plus prudent, sachant que le Congrès à l'investiture du Parti libéral allait venir bientôt.

> *En tout cas, pour ces libéraux, l'intérêt national passe avant tout par une relation privilégiée avec les États-Unis, un maximum d'ouverture de l'économie et des frontières, etc. Ainsi à choisir entre la fameuse tradition multilatéraliste canadienne et une opinion publique très réticente à la guerre unilatérale, d'une part, et la solidarité avec notre allié américain d'autre part, McCallum et Manley étaient prêts à suivre George Bush. On aurait pensé que Martin connaîtrait la même tentation. Il n'y a pas succombé. Mais cela aurait-il été la même chose si le Congrès à l'investiture libérale avait eu lieu, disons, le mois dernier [c'est-à-dire en février 2003][37] ?*

Pour l'aile « centriste » du Parti libéral où l'on retrouvait Sheila Copps et Alan Rock, il était tout à fait naturel de choisir l'ONU. De fait, Mme Copps a affirmé dans un discours prononcé le 28 février 2003 à l'Université de Toronto : « En Affaires étrangères, je crois qu'il faut traiter les amis en amis, pas en patrons[38]. » En outre, elle estimait que « l'un des défis de l'après-11 septembre était d'assurer que […] nous ne nous trouvions pas associés à une stratégie sur laquelle nous n'avions pas un contrôle indépendant »[39].

Encart 1 : Portraits rapides de quelques ministres libéraux

John MANLEY

Rejetant la majorité, sinon l'ensemble, des principes de la politique étrangère d'Axworthy, John Manley a voulu différencier sa stratégie en se démarquant comme étant un intégrationniste de convention, avec un certain biais à recentrer l'attention sur les États-Unis et les relations d'État à État en général. Andrew F. Cooper qui étudie la question du périmètre de sécurité rajoute que « ce clivage dans les orientations de politiques est tel que Manley fera dorénavant d'un rapprochement avec les Américains, l'un des quatre objectifs qu'il se donne au cours de son mandat. »

En plus de se démarquer de son prédécesseur aux Affaires étrangères, « Manley s'est démarqué de la position de consensus axée sur l'ambivalence calculée. Mettant la crise à profit – afin de se distinguer non seulement des autres ministres libéraux, mais aussi de son prédécesseur –, Manley s'est fait l'avocat d'un engagement important (et politiquement risqué) ». (Cooper, *op. cit.*)

Bill GRAHAM

Le successeur de John Manley a voulu se démarquer de son prédécesseur en centrant son action sur la recherche d'accords multilatéraux, n'étant prêt à appuyer les États-Unis seulement si le Canada y trouvait ses intérêts. Il s'agit donc d'un multilatéraliste avec un fort penchant pour la recherche d'accords très sélectifs avec Washington.

Le 1er octobre 2002, il précise sa position : « Je peux assurer la députée – bien que je crois qu'elle le sache très bien – que la politique de ce gouvernement a toujours été d'agir par le biais des Nations unies. Nous appuyons les Nations unies ; nous avons appuyé le président Bush lorsqu'il est venu aux Nations unies ; et nous continuons d'appuyer une solution à cette grave crise par le biais d'un moyen multilatéral. C'est la politique de notre gouvernement. »

John McCALLUM

McCallum accepte que le Canada participe à la création d'une force de déploiement rapide de l'OTAN, parce que cette initiative est une réponse multilatérale à la proposition unilatérale américaine. Le ministre croit le Canada prêt à participer avec l'ONU à une intervention militaire, si nécessaire : « Nous avons dit que la diplomatie était le premier choix. Mais, dans l'éventualité d'une autorisation de l'ONU, nous avons la capacité, si telle est la décision du gouvernement, d'envoyer des forces militaires. C'est simple. »

David PRATT

Le 17 mars 2003, M. Pratt et son collègue David Price sont restés assis lorsque le caucus libéral a acclamé le premier ministre à la Chambre des communes, pour sa décision de ne pas appuyer une action militaire non autorisée par l'ONU. « Ce n'est pas que je veuille absolument être en désaccord avec le gouvernement et en faire une cause célèbre, a déclaré M. Pratt samedi [22 mars 2003]. Mais je pense que, parfois, il vous faut suivre votre instinct et prendre la décision qui vous paraît la plus juste, et c'est ce que j'ai fait. » « Le Canada aurait dû se joindre aux Américains proclament deux députés libéraux », *Le Droit*, le 24 mars 2003, p. 15.

Quelques déclarations de McCallum ayant semé la confusion

• 9 janvier 2003

Après une rencontre avec le secrétaire de la Défense américain Donald Rumsfeld, le ministre de la Défense nationale, John McCallum, déclarait que le Canada préférerait intervenir en Irak suite à un mandat des Nations unies mais qu'il était possible de participer également à une opération exclusivement américaine. Il affirmait du même coup que des discussions concernant la nature de la contribution canadienne étaient en cours entre les planificateurs militaires canadiens et le Commandement central des États-Unis.

• 15 janvier 2003

À l'émission d'information *Le Point* présentée par Radio-Canada, McCallum avouait qu'il serait étonnant que le Canada participe à une guerre en Irak sans l'aval des Nations unies.

• 10 février 2003

McCallum prédisait que le Canada pourrait faire une contribution « assez importante » à l'intervention américaine, déclaration que Jean Chrétien s'est empressé de nuancer en soulignant que cette contribution était envisagée seulement en cas de résolution des Nations unies.

• 27 février 2003

Le ministre de la Défense expliquait que c'était l'engagement du Canada en Afghanistan qui faisait obstacle à une participation du pays en Irak, puisque les limites des ressources militaires canadiennes ne permettaient pas le déploiement important de troupes en plusieurs endroits simultanément.

Dans l'ensemble, si des clivages existent au sein du caucus libéral (voir encart 1 ci-dessus), ils se situent entre la position ferme de Jean Chrétien rejetant toute intervention multilatérale qui ne soit pas sanctionnée par l'ONU et ceux qui souhaitaient accommoder les États-Unis tout en protégeant les intérêts canadiens. Le premier ministre est en quelque sorte un souverainiste de bon aloi, prêt à coopérer pour autant que la communauté internationale pense comme lui, tandis que la plupart de ses ministres recherchent des accords de complémentarité avec les États-Unis, le tout afin de sauvegarder d'excellents rapports avec le puissant voisin du Sud. La tendance est particulièrement évidente dans le domaine de la lutte antiterroriste et dans la mise en œuvre de frontières intelligentes. En ce sens, le choix canadien d'opter en faveur d'une participation à la Force de stabilisation en Afghanistan a sans doute été le compromis le plus élégant qui ait permis au Canada de faire contre mauvaise fortune bon cœur, même si la chose s'est faite aux dépens des conseils fournis par l'état-major canadien[40].

Enfin, notons que la position du premier ministre n'a pas toujours été exempte de contradictions. Lors de la première guerre du Golfe, sous la houlette de son nouveau leader Jean Chrétien, le Parti libéral, qui était alors dans l'opposition, avait soumis à la Chambre des communes une motion suivant laquelle le Canada n'irait pas au combat. Le soir même la guerre commençait et, immédiatement, le chef libéral changeait son fusil d'épaule, affirmant désormais qu'il fallait appuyer nos filles et nos fils qui se battaient dans le Golfe. De fait, le PLC votait finalement pour une motion qui donnait le feu vert à une opération armée de l'ONU, même si, disait le chef de l'opposition, son parti n'était toujours pas content de la façon dont l'organisation new-yorkaise avait traité l'affaire[41]. Vu *a posteriori*, on peut se demander si, en 2003, le premier ministre ne pensait pas la même chose qu'en 2001 : l'ONU n'aurait été qu'un alibi pour les États-Unis. Autrement dit, sachant pertinemment que les États-Unis iraient seuls en guerre, s'ils en décidaient ainsi, il était alors facile pour le Canada de dire qu'il ne s'y joindrait pas, sachant qu'un accord à l'ONU était très improbable. Il y a dans tout cela une bonne part de cynisme, mais il n'est pas exclu que beaucoup de pays européens aient pensé la même chose... Ce qui n'enlève rien à la valeur de l'argument que les États-Unis n'auraient jamais dû aller en guerre sans l'accord de leurs alliés.

L'OPPOSITION PARLEMENTAIRE

À Ottawa, plusieurs députés de la Chambre des communes réclamaient un vote concernant la participation canadienne à une éventuelle intervention militaire en Irak. Les partis d'opposition se sont montrés divisés sur la question :

- L'Alliance canadienne préconisait la participation du Canada à une intervention militaire américaine, même si celle-ci n'était pas entérinée par les Nations unies ;

- Le Bloc québécois s'y opposait si l'intervention n'est pas autorisée par l'ONU ;

- Le Nouveau Parti démocratique écartait pour sa part toute participation du Canada à une guerre, qu'elle ait lieu ou non sous mandat onusien.

L'Alliance canadienne

Selon Stephen Harper, chef de l'Alliance canadienne, la conception libérale de la politique étrangère qui vise à utiliser le multilatéralisme comme une façon de faire frein et contrepoids au pouvoir des États-Unis, pour ralentir l'intégration économique nord-américaine, et pour miner les visées du gouvernement sur le plan de la planification industrielle, est une vision stratégique défendue par des hommes dans la soixantaine et qui s'accrochent à de vieilles idées : « Ils sont devenus les luddites du multilatéralisme de la vieille école »[42].

Favorisant le « partenariat à coopération sélective » et non pas un « multilatéralisme pur », Harper rajoute que :

> Les processus internationaux traditionnels ne peuvent répondre à la nouvelle demande et à la nouvelle réalité des relations internationales. [...] Le concept de la « coalition des partenaires pour une même cause » deviendra de plus en plus commun. [...] Le Canada doit plutôt élaborer des critères cohérents pour se joindre aux coalitions afin de réagir de façon opportune aux menaces rapidement changeantes pour la sécurité internationale et les droits de la personne. Nous avons besoin de méthodes plus flexibles et plus vigoureuses pour promouvoir nos intérêts et nos valeurs dans le monde[43].

Conséquemment, l'Alliance canadienne affirme qu'il est de la responsabilité du gouvernement d'appuyer les États-Unis dans le conflit irakien, et ce, même sans le consentement des Nations unies :

> Le moment est venu pour le Canada de s'engager auprès de la coalition grandissante, incluant la Grande-Bretagne, l'Australie et les États-Unis, déterminée à bien faire comprendre à Saddam Hussein que le refus de se conformer à un programme d'inspection inconditionnelle, comme le précisent les résolutions nouvelles ou existantes de l'ONU, justifierait des actes visant à assurer la sécurité des millions de personnes de la région contre les armes de destruction massive que posséderait l'Irak[44].

Faisant flèche de tout bois et sur la base d'un rapport erroné du Pentagone identifiant trois avions militaires canadiens comme participant à la guerre en Irak, Stockwell Day, porte-parole de l'Alliance canadienne pour les Affaires étrangères, déclare :

> *Si le Canada participait effectivement à la guerre, alors on pourra reprocher à Ottawa d'omettre, par hypocrisie, de reconnaître la bravoure de ses propres soldats* [45].

La position de l'Alliance par ailleurs n'est pas dépourvue de contradictions[46], mais dans l'ensemble elle est plutôt fermement continentaliste, sinon intégrationniste, et d'une certaine façon loyaliste à outrance. À l'endroit des États-Unis bien sûr !

Le Bloc québécois

Le Bloc québécois utilisera aussi certains des arguments tendancieux développés par l'Alliance canadienne. Ainsi, le porte parole du Bloc québécois en matière de défense, Claude Bachand, n'hésitera pas à s'adresser à Paul Martin pour lui demander de se prononcer sur la présence militaire canadienne en Irak :

> *Malgré toutes ces oppositions [manifestation de plus de 250 000 personnes], il appert qu'une trentaine de militaires canadiens, participant à un programme d'échanges avec les Britanniques et les Américains, ont tout de même pris part, à divers degrés, au conflit en Irak, une situation maintes fois dénoncée par le Bloc québécois. Or là c'est le comble ! Avec la nomination du gén. Natynczyk à un poste aussi important dans la chaîne de commandement des opérations militaires en Irak, le Canada s'impliquera plus que jamais dans ce conflit. Comment se fait-il qu'après avoir affirmé que le Canada resterait en dehors de l'Irak, on autorise une telle participation aujourd'hui* [47] ?

Fondamentalement, le Bloc québécois est un parti pacifiste et antimilitariste, à préoccupations sociales, et soucieux de présenter une image positive de la société québécoise. Dans l'ensemble, le chef du Parti, Gilles Duceppe, a invité le gouvernement à un large débat démocratique sur le sujet de la guerre en Irak. Toute intervention, selon Duceppe, serait contraire au droit international et constituerait un dangereux glissement vers l'anarchie, puisqu'elle créerait une « situation internationale plus explosive encore »[48].

S'appuyant tout à la fois sur des données britanniques et sur une déclaration de l'ambassadeur Cellucci, Gilles Duceppe ira jusqu'à demander le retrait des bateaux canadiens dans le golfe Persique et que la trentaine de militaires canadiens qui sont dans des bataillons américains ou britanniques (officiers à bord des avions-radars américains AWACS et les hommes au sein du commandement unifié basé au Qatar) soient ramenées au pays[49]. Et il ajoutera :

> *Le premier ministre doit avoir la décence d'admettre que, contrairement à son engagement, le Canada participe à la guerre en Irak sans l'aval des Nations unies et qu'il doit par conséquent retirer les militaires canadiens et le matériel militaire de la région [golfe Persique]. [...] Plusieurs sources militaires britanniques ont en effet indiqué que des militaires canadiens au sein d'unités étrangères font la guerre en Irak[50].*

La question de la double affectation de forces militaires canadiennes à deux théâtres d'opérations différents, voire le détachement de forces spéciales en Irak – qui relève par définition du secret d'État – n'a jamais été réglée à la satisfaction de quiconque. L'ironie de la situation, se plaisait à souligner l'ambassadeur Paul Cellucci, « c'est qu'en raison de la présence de ses navires dans le golfe Persique, le Canada apporte indirectement plus de soutien militaire dans cette guerre en Irak que ne le font la majorité des 49 pays membres de la coalition »[51]. La remarque de l'ambassadeur visait-elle à jeter de l'huile sur le feu ou tout simplement à forcer la main des Canadiens qui pourtant n'éprouvaient aucune difficulté à faire la différence entre l'Irak et l'Afghanistan ? Chose certaine, le Bloc a eu le mérite d'avoir une position cohérente du début à la fin du conflit, allant même jusqu'à inviter ses partisans à descendre dans la rue pour protester contre la guerre. Le tout afin d'envoyer un message clair « aux États-Unis, comme au gouvernement canadien »[52].

Et pour terminer sur une note de Jeffrey Simpson, la position du Bloc est venue à point nommé renforcer les convictions personnelles du premier ministre. Les bloquistes argumentent que la position des Québécois contre la guerre en Irak est la preuve que la province est fondamentalement différente du reste du Canada. Peut-être, mais le premier ministre n'allait jamais donner une telle opportunité à ses adversaires, d'autant plus que la majorité de l'opinion publique canadienne ainsi que de son caucus l'appuyait solidement dans sa décision de ne pas entrer en guerre[53]. Joel Sokolsky pense également que la décision de Jean Chrétien a été largement influencée par des considérations de politique intérieure. Au vu de ce qui a été dit ci-dessus, l'argumentation reste discutable. Le premier ministre n'a probablement jamais eu l'intention de faire quoi que ce soit pour suivre les États-Unis dans leur aventure périlleuse.

Le Nouveau Parti démocratique et le Parti progressiste conservateur

Dès les événements du 11 septembre, les néo-démocrates manifestent leurs inquiétudes à l'endroit des Américains, d'autant que l'« intransigeance américaine exacerbée depuis lors pourrait balayer sous le tapis les préoccupations liées à la souveraineté canadienne, surtout si le processus ne comprend pas une phase de consultation avec la population canadienne »[54]. En fait les néo-démocrates n'aiment guère la lutte antiterroriste ni le fait que 750 soldats canadiens participent à des opérations de sécurité et de combat en Afghanistan. Pour Alexa McDonough, chef du NPD, c'est là la meilleure façon que le Canada soit « soumis aux volontés unilatérales des États-Unis plutôt qu'aux efforts de maintien de la paix ». Pour Svend Robinson, « il est d'une importance capitale que le Canada se prononce très clairement contre toute possibilité d'intervention militaire unilatérale qui pourrait avoir des répercussions désastreuses sur les habitants de l'Irak et sur toute cette région »[55]. En réalité, avec ou sans les Nations unies, le NPD se prononce contre toute forme d'intervention, fidèle en cela à sa longue tradition antimilitariste. En outre, tout comme le Bloc québécois, Jack Layton, demandera la publication des journaux de navigation des trois avions cités dans un rapport du Pentagone comme participant aux opérations en Irak, « pour prouver que le gouvernement canadien ne mentait pas aux Canadiens et à la Chambre des communes »[56].

Dans l'ensemble, le NPD est probablement le seul des partis politiques canadiens qui conjugue la triple marque d'une croisade antiaméricaine poussée, d'un pacifisme et d'un antimilitarisme avéré, et de la culture d'un nationalisme incontestable. En réalité, ce sont sans doute, selon notre terminologie, les derniers souverainistes du Canada, si nous nous fions au schéma présenté ci-dessus.

Quant au Parti progressiste conservateur, il réclame, tout comme le Bloc québécois et le Nouveau Parti démocratique, un plus grand engagement des parlementaires, de plus larges discussions sur le sujet, et une prudence élémentaire dans la recherche d'un compromis sur la question d'Irak. Le député Bill Cassey sera d'ailleurs ferme sur le sujet :

> *Nous affirmons qu'il ne faut pas nécessairement recourir à la force à moins que cela ne s'avère absolument nécessaire. Cependant, il faut d'abord explorer toutes les possibilités sur les plans diplomatique et politique pour éviter ne serait-ce qu'une seule perte de vie*[57].

De son côté, l'ancien chef du Parti conservateur, Joe Clark, a soutenu la politique canadienne de se tenir à l'écart du conflit tout en recommandant au gouvernement de préparer la reconstruction de ce pays sous l'égide de l'ONU. Joe Clark s'alarma même du peu d'initiative du Canada : « Il fut un temps où le Canada avait pour politique de faire autre chose que d'attendre que d'autres pays prennent l'initiative[58]. » Par ailleurs, entre deux maux, c'est-à-dire entre Stephen Harper, le nouveau leader de l'Alliance canadienne, et Paul Martin, le successeur de Jean Chrétien, Joe Clark penchera en faveur du second estimant qu'il s'agissait là d'« un moindre mal ». Le leader parlementaire des conservateurs, John Reynolds, s'empressa de répliquer : « Quiconque affirme que Paul Martin vaut mieux que Stephen Harper est un traître »[59].

LA COMMUNAUTÉ ÉPISTÉMIQUE

La communauté épistémique, prise dans son sens large, implique tous les acteurs capables de fournir une opinion et des avis sur des débats publics, éclairant ainsi les dilemmes auxquels sont confrontés les pouvoirs publics. « Comme les décideurs politiques sollicitent leurs avis et leur délèguent des responsabilités, les membres de la communauté épistémique dominante deviennent des acteurs forts au niveau national comme au niveau international », fait remarquer Stéphane Engueleguele[60]. En réalité, cette communauté englobe les analystes et les spécialistes, les universitaires, les critiques et tous ceux qui contribuent d'une façon ou d'une autre à la formation de réseaux d'opinions. La presse et les médias informent le public, mais ils façonnent et structurent souvent l'opinion publique, dans la mesure où plusieurs médias ont développé des politiques éditoriales fermes sur la question irakienne notamment. Ces réseaux créent entre eux un processus concurrentiel où chaque acteur espère laisser sa « marque déterminée »[61].

Ce n'est donc pas le fruit du hasard si dans les années qui ont suivi la fin de la guerre froide une multitude d'organismes et de centres d'information sur la politique étrangère du Canada et les questions de défense ont vu le jour. La venue au pouvoir à Washington de l'administration Bush a provoqué des débats houleux sur un plan international et le Canada, bien sûr, n'y a pas échappé. L'étendue des sujets abordés par la communauté épistémique est considérable. Nous avons donc dû faire un choix et nous limiter à l'essentiel. Les rapports que doit entretenir le Canada avec les États-Unis ainsi que la place du Canada dans le monde sont les deux sujets qui ont soulevé le plus grand nombre d'interrogations.

Les rapports du Canada avec les États-Unis

Pour nombre d'observateurs, le Canada n'a plus la place qu'il avait au sein du système international et de ses alliances traditionnelles, tout simplement parce que le monde a changé. Alors qu'il s'est évertué pendant quarante ans à vouloir diversifier ses relations avec l'Europe et l'Asie – pour ne point parler des autres régions –, les États-Unis restent le pilier central de notre commerce et de notre diplomatie. Joel Sokolsky abonde en ce sens : c'est de ce côté-ci (over here) et non ailleurs que se décideront les questions déterminantes des rapports canado-américains, principalement dans le domaine de la lutte antiterroriste et de la sécurité des frontières[62].

Si tout le monde s'entend sur l'importance commerciale de notre voisin du Sud, le débat entre les multilatéralistes et les continentalistes est loin d'être épuisé. Les événements du 11 septembre et l'imposition de contrôles sévères aux frontières ont provoqué un important ralentissement du commerce entre les deux pays, avec toutes les conséquences que l'on sait et les remèdes qui y ont été apportés. En réalité, pour assurer sa sécurité, Washington tente de reporter le plus loin possible ses frontières, en faisant supporter aux autres les coûts des mesures de sécurité améliorées. Le Canada l'a fort bien compris, tout comme les pays européens d'ailleurs. Il y a donc un prix à payer pour commercer avec les États-Unis.

Somme toute, l'image qu'ont les Canadiens des États-Unis est plutôt celle d'un pays frère, riche et puissant, que celle d'un ennemi. Mais les Canadiens supportent mal l'image d'une puissance dont les comportements relèvent d'un empire plutôt que de rapports égaux librement entretenus entre États. Pourtant, la vision multilatéraliste du Canada fait qu'en 1991, 62 % de l'opinion canadienne s'est rangée derrière l'ONU et les États-Unis dans leur décision d'intervenir au Koweït[63]. La perspective d'une seconde guerre dans la région du Golfe en 2002-2003 a cependant rapidement évolué au fur et à mesure que les Canadiens se sont rendu compte des véritables objectifs de la politique américaine. En l'espace de 10 mois, soit de mars 2002 à janvier 2003, Andrew Parker note qu'au Canada le taux d'approbation d'une éventuelle intervention militaire américaine en Irak est passé de 52 % à 36 %, tandis qu'une éventuelle participation des Canadiens aux côtés des États-Unis, qui en mars 2002 recueillait 44 % de l'assentiment de la population canadienne, tombait subitement à 35 % dix mois plus tard[64]. C'est donc dire que l'opinion publique canadienne s'est largement rangée derrière le discours du premier ministre Chrétien, même si en janvier 2003 la majorité de la population, soit 62 %, était encore prête à soutenir une action de l'ONU, dut-elle avoir lieu. Et comme le souligne encore Andrew Parker du Centre de recherche et d'information sur le Canada (CRIC), sondages à l'appui, ce n'est pas parce que les Canadiens pensent différemment des États-Unis qu'ils deviennent pour autant anti-Américains[65].

Les éditorialistes et les médias en général ne sont pas non plus tombés dans le panneau de la propagande américaine. Alors qu'au Québec les journaux sont unanimes à s'opposer à la guerre en Irak, dans le reste du Canada (ROC) les critiques sont particulièrement vives au sein des continentalistes :

> *Parmi ceux qui appuient la guerre et critiquent le choix du gouvernement*
> *Chrétien de ne pas y participer, le* National Post *se distingue. Hier [le 21*

mars], il déplorait que le Canada n'ait pas un leader «de la trempe de Tony Blair» pour guider le pays en cette époque troublée. Nul grand discours passionné ici, déplore le Post en éditorial (alors que Blair a livré une allocution «de 5000 mots»), seulement de petits discours préformatés à la Chambre des communes ou dans les couloirs, devant les journalistes. Avec sa position en retrait, le Canada «devient une autre nation européenne larmoyante» transplantée en Amérique. À un moment critique de l'histoire, le Canada préfère s'en tenir à ce qu'il est : un «fournisseur de pétrole et de pièces d'autos». La position du Canada à propos de l'Irak n'en est pas vraiment une, déplore le Post[66].

Au Québec, *La Presse*, *Le Devoir* et *Le Soleil* se sont unanimement prononcés contre toute guerre en Irak. Déjà en août 2002, l'éditorialiste de *La Presse* commet un article intitulé «La guerre, no sir!» où le directeur du journal informe ses lecteurs qu'il n'y a qu'un message à livrer: «faire clairement savoir à Washington qu'il [le Canada] s'oppose à une attaque unilatérale contre l'Irak»[67]. Alain Dubuc dans les pages du journal *Le Soleil* partage la même opinion: «Une guerre déclenchée unilatéralement par les États-Unis et ses proches alliés, sans caution internationale, n'a pas de légitimité et ouvre la porte à un ordre mondial où régnera l'arbitraire. Ce sont ces valeurs que *Le Soleil* a également défendues dans ses pages»[68]. *Le Devoir* n'a pas cédé sa place non plus et ses nombreux chroniqueurs se sont fait un plaisir de dénoncer les incohérences de la politique canadienne certes, mais aussi le caractère aventuriste de la politique américaine (voir encart 2).

Encart 2 : Quelques analyses des médias

LES DÉLIRES D'UN FRANCTIREUR Cité dans Antoine Robitaille, « M. Bush, après l'Irak, implantez donc la démocratie au Canada ! », Idées et opinions, Revue de presse, *Le Devoir*, 8 mars 2003, p. B4.	« Le Canada aussi a besoin d'un "changement de régime" », clamait Michael Jenkinson, chroniqueur du *Edmonton Sun*, dans une lettre ouverte factice à George Bush. Il incarne cette frange de l'opinion albertaine qui rêve en son for intérieur d'un rattachement aux États-Unis. Au fond, la vraie raison, continue Jenkinson, c'est que le chef du gouvernement, Jean Chrétien, « est une arme de destruction massive ». En effet, « il a "massivement" détruit son propre parti en s'accrochant à son poste. "Massivement" détruit la valeur du dollar canadien. "Massivement" détruit le niveau de vie des Canadiens en taxant lourdement les citoyens et en les endettant excessivement. » Envahir le Canada, ce ne devrait pas être très difficile, argue enfin Jenkinson : « Quelques milliers de soldats et un vieux tank l'emporteront facilement sur notre armée en décomposition. » En plus, « il y a de bonnes chances que les habitants du Québec, étant Français d'origine, se rendent immédiatement. Autrement, ils se sépareront. Peu importe, en fait. » Il faut aussi compter sur les quelques propriétaires d'armes qui restent au Canada, qui « se rangeraient aux côtés des forces américaines en moins de temps qu'il n'en faut pour prononcer les mots "le droit de porter des armes" ». Bref, M. Bush, « oubliez la démocratie au Moyen-Orient. Nous voulons la démocratie ici, sur le continent nord-américain ! »
Manon Cornellier sur la confusion gouvernementale « Le prix de la confusion », *Le Devoir*, 9 avril 2003, p. A5.	Le gouvernement, qui avait l'appui de la population, soutenait qu'il était possible, entre amis, d'afficher un désaccord mais qu'il fallait, pour cela, le faire avec respect. Cette stratégie n'a pas tenu 48 heures, le ministre des Ressources naturelles, Herb Dhaliwal, mettant en doute publiquement les qualités d'homme d'État du président américain George W. Bush. Après avoir souligné le mérite de la décision de Jean Chrétien le 17 mars dernier (2003) que le Canada ne participera pas à la guerre avec les États-Unis et la Grande-Bretagne contre l'Irak, Mme Cornellier s'attriste de « constater combien le gouvernement ne s'était pas préparé à la défendre avec solidité au fil des semaines ni à en assumer les retombées, ce qui l'a rendu vulnérable sur tous les fronts. Tant américain que canadien. »
Alain Dubuc sur la reconstruction en Irak « Lutter contre l'impuissance », *Le Soleil*, Éditorial, le samedi 22 mars 2003, p. D6.	« Pays relativement peu puissant, le Canada a toujours réussi à s'imposer sur la scène internationale par ses valeurs, par son engagement pour la paix, et par sa capacité d'établir des ponts entre les pays et les continents. Les tâches qui attendent la communauté internationale dans l'après-guerre lui donneront l'occasion de renouer avec ses traditions. »

Antoine Robitaille sur d'éventuelles représailles américaines « Leur vengeance sera terrible », Éditorial, Revue de presse, *Le Devoir*, 29 mars 2003, p. B4.	Cette crainte, exprimée ici de façon presque caricaturale, transpirait dans plusieurs textes. Douglas Fisher, du *Ottawa Sun*, prédisait par exemple mercredi une « catastrophe économique » pour le Canada. D'autres ont adopté un ton plus « moral ». Andrew Coyne par exemple, dans le *National Post*, s'indigne : « Alors que les États-Unis se battent pour leur vie, le Canada a choisi de les narguer. » Coyne qualifie d'« extraordinaire » le discours de l'ambassadeur américain, notamment parce que ce dernier ne s'en est pas tenu à la langue de bois. Cellucci, par exemple, n'a pas hésité à comparer la réaction molle du gouvernement canadien aux propos « antiaméricains » de plusieurs libéraux à la dénonciation prompte de l'initiative du premier ministre albertain, Ralph Klein, lorsque ce dernier a fait parvenir une lettre d'appui à George Bush (par l'entremise de Cellucci, notons-le). Coyne estime que le monde est « en train de se redéfinir » mais que le « Canada n'y participera pas ». Coyne affirme ne pouvoir imaginer rien de mieux pour l'instant qu'un monde unipolaire centré sur les États-Unis. Or, fait valoir le chroniqueur, un tel contexte unipolaire américain « comporte des avantages potentiels énormes pour le Canada ». Et nous voilà que nous décidons de les rejeter, déplore-t-il. « Nos alliés historiques, les Anglais et les Australiens, se battent, avec les Américains, avec une coalition de plus de 40 pays. » Et quelle voie avons-nous choisie ? « De suivre les Français et, comme Brian Mulroney l'a bien dit, "nos nouveaux amis" : les Russes, les Chinois et les Allemands. » Coyne méprise la position du gouvernement du Canada, qui prétend malgré tout pouvoir maintenir l'amitié canado-américaine. Nous venons de dire aux Américains : « Vous pouvez bien mourir tout seuls dans le sable. Mais on reste bons copains, hein ? »

C'est cependant au sein des universitaires que la bataille a été la plus vive. Les réactions vont d'un appui ferme à la politique américaine, au nom d'un certain loyalisme qui n'a jamais été défini, au refus total de toute participation canadienne à une guerre en Irak, en passant par la crainte viscérale que les États-Unis pénalisent économiquement le Canada pour sa désinvolture consciente ou inconsciente. Jack Granatstein, historien proche des milieux militaires, n'a jamais caché son indignation face à la position canadienne. « Les Américains, aujourd'hui, sont furieux plus que jamais à l'endroit du Canada, et lorsque la poussière retombera sur l'Irak, ils se vengeront », conclut Granatstein dans un article intitulé « L'empire contre-attaque » paru dans le *National Post*. Or, « lorsqu'un membre de la famille se conduit mal, les parents infligent des punitions. Aujourd'hui, malheureusement, c'est le tour du Canada »[69]. D'autres historiens restent plus modérés. Ainsi, pour Donald Cuccioletta, cette vision des choses va du « ridicule » au « sublime » :

> Le National Post *et même le* Globe and Mail *nous prédisent un scénario de « fin de monde » en ce qui a trait aux relations économiques canado-américaines. Le débat est passé du ridicule (la déclaration de Don Cherry lors de la soirée Hockey Night au Canada) au sublime, depuis le moment où J. L. Granatstein, en dépit de ses déclarations passées nationalistes, a fustigé le gouvernement libéral qui refuse d'envoyer des troupes en Irak pour répandre la démocratie*[70].

Cuccioletta note à raison que le commerce est dicté principalement par des intérêts communs et secondairement par la politique. Il y a tant d'acteurs différents touchés par des intérêts si variés que les hommes d'affaires, estime-t-il, « finiront toujours par trouver un moyen pour dépasser ces malheureuses foucades »[71]. En outre, comme nous l'avons déjà souligné au début de cette étude, bien que les rapports interpersonnels entre les chefs d'État n'aient pas toujours été du meilleur cru, l'approfondissement de la coopération canado-américaine s'est régulièrement poursuivi au fil des ans, la question des « frontières intelligentes » constituant la dernière pierre ajoutée à cet édifice.

Le milieu des affaires n'a d'ailleurs pas été le plus véhément des groupes protestataires canadiens. Certes, il existe plusieurs réactions individuelles qui n'ont pas été des plus éclairées, telle celle de Derek Burney, directeur exécutif de la Canadian Aviation Electronics (CAE), qui ne s'est pas privé pour dénoncer l'attitude canadienne. « J'aurais préféré », déclare-t-il, devant la Chambre de commerce du Montréal métropolitain, « voir le Canada prendre place dans la coalition des États de bonne volonté, aux côtés des États-Unis, du Royaume-Uni et de l'Australie. Cela aurait été en accord avec nos traditions et nos intérêts »[72]. Le fait que les États-Unis représentent 30 % du chiffre d'affaires de la CAE n'a sans doute pas été étranger à cette préférence personnelle relevant du loyalisme le plus absolu... D'autres organisations, telle l'Association des manufacturiers canadiens, ont plutôt mis l'accent sur la fuite possible des capitaux ou des investissements. Ainsi, pour le directeur de cette association, Thomas d'Aquino :

> *La question à court terme est de savoir si la décision canadienne de rester en dehors du conflit irakien va entraîner des dommages aux intérêts du secteur des affaires canadiennes... Le risque va au-delà d'un recul économique temporaire causé par une fermeture de la frontière comme en automne 2001. La plupart des investissements par des multinationales impliquent des opérations qui desservent des clients à travers l'Amérique du Nord... Toute perception d'un risque important de fermeture de la frontière constitue un incitatif puissant à investir au sud de la frontière*[73]...

Le président de Goldcorp, Robert McEwen, exprimera aussi des réserves à l'endroit de la politique canadienne, « de peur de froisser notre puissant voisin, et que notre frontière commune se ferme aux produits canadiens[74] ». Mais on trouve aussi dans ce milieu des déclarations modérées, à telle enseigne qu'en réponse à un article de l'ex-ambassadeur du Canada à Washington, Allan Gotlieb[75], paru dans la revue *MacLean's* l'ancien président et directeur exécutif de la foresterie Noranda, Adam Zimmerman, ira jusqu'à prendre la plume pour lui répondre. Contrairement à ce que pense l'ambassadeur Gotlieb, déclare

Zimmerman, « je suis fier de la décision du premier ministre Chrétien ». C'est là une « décision raisonnée » et un « geste populaire » qui ont permis au Canada de se montrer tel qu'il est[76]. Et Zimmerman d'ajouter : « Il faut constater que le Mexique a pris exactement la même décision, un fait que les continentalistes se sont empressés de balayer sous le tapis ». On aurait pu aussi parler de la position quasi unanime des principaux alliés européens, même si la plupart des pays candidats à une adhésion de l'OTAN ont opté en faveur de la position américaine, comme quoi les questions d'argent et de sécurité ne sont jamais très éloignées de ce que tous et chacun éprouvent du fond du cœur...

D'ailleurs, pour Marshall McLuhan et Daryl Copeland, la décision du Canada de ne pas joindre la coalition américano-britannique dans la guerre en Irak est un respect de ses propres intérêts et valeurs. Nous devrions tout mettre en œuvre aujourd'hui « pour rétablir de bonnes relations continentales avec nos voisins », tout en redoublant d'efforts « pour diversifier notre dépendance par le développement de nouvelles formes de partenariat ailleurs dans le monde »[77]. C'est sans doute là l'une des thèses les plus classiques que nombre d'auteurs défendent pour assurer l'avenir de notre politique étrangère. Cette thèse rejoint encore les propos de Richard Gwyn qui estime que l'âge d'or de la diplomatie canadienne appartient désormais au passé. Ce rôle, conclut-il, ne sera jamais plus une marque distinctive internationale du Canada[78].

La place du Canada dans le monde

Pour Bill Dymond et Michael Hart, le fait que nos hommes politiques soient confinés à devoir choisir entre les États-Unis et des institutions internationales plus ou moins révolues est un non-sens. Selon eux, « notre politique étrangère des dix dernières années ressemble aux villages en trompe-l'œil du maréchal Potemkine », ce qui amène les Canadiens à multiplier les déclarations creuses sur les « valeurs canadiennes »[79]. David Cohen, auteur du livre à succès *While Canada slept : How we lost our place in the World*[80], est aussi fort sévère à l'endroit de la politique extérieure du Canada, qui souffre d'une absence de stratégie claire et cohérente. La même chose peut être dite de la politique militaire canadienne. Dans l'esprit de Dymond et de Hart, le Canada doit donc renforcer sa coopération bilatérale avec les États-Unis, d'autant que « des relations fructueuses avec le reste du monde dépendront de nos relations productives avec les États-Unis »[81]. Selon Scot Robertson de l'Institute for Defence Resources Management du Collège militaire du Canada, notre politique de défense est désuète et reste inapte, de surcroît, à promouvoir les intérêts stratégiques canadiens[82]. Le vrai défi consiste selon lui à :

> Redéfinir les structures de l'appareil décisionnel chargé de répondre aux questions sécuritaires du gouvernement, ou même, de façon plus appropriée,

à créer un appareil essentiellement dévoué aux questions de sécurité nationale. De cette façon, Martin sera en mesure de créer un consensus au sein
des différents décideurs en matière de politique de défense. Il est important
que le premier ministre élabore une définition claire et précise des intérêts
nationaux du Canada pour favoriser une réponse compréhensive et responsable de l'appareil décisionnel chargé de répondre aux questions de la
défense [83].

Un ancien général commandant nos troupes en Bosnie ne cache pas sa
déception face aux tergiversations du gouvernement Chrétien. Lewis Mackenzie a en quelque sorte honte d'être un Canadien :

> Voyons clairement les choses en face ! Notre gouvernement annonce qu'il
> n'appuie pas les États-Unis dans leur volonté de débarrasser le monde d'un
> maniaque génocidaire ; il offre plutôt de prendre la direction d'une mission
> de l'ONU en Afghanistan. Il s'agit là d'un écran de fumée, car nous savons
> très bien que nous ne pouvons remplir cette mission, et nous avons ridicu-
> lisé un général [il s'agit du général Cam Ross qui a d'ailleurs démissionné
> de son poste sur cette question] qui s'est permis de mettre en relief les fai-
> blesses du plan adopté. Nous avons fini par céder à d'autres le leadership de
> cette opération [c'est-à-dire aux Britanniques] et nous sommes engagés à
> envoyer dans un théâtre d'opérations 3 000 soldats pour un an, d'où nous en
> avons retiré 900 il y a 9 mois, parce que nous ne pouvions trouver personne
> pour les remplacer. La politique étrangère d'un pays n'est-elle pas censée
> constituer une source d'orgueil national pour un pays [84] ?

Néanmoins, le public canadien continue d'appuyer vigoureusement le recours aux forces militaires pour la défense du territoire canadien et la lutte au
terrorisme :

> Dans une proportion de deux pour un, les Canadiens préfèrent que les
> troupes continuent de jouer leur rôle traditionnel de maintien de la paix
> plutôt que de prendre part à des initiatives d'imposition de la paix, ce qui
> pourrait se traduire par la nécessité de combattre aux côtés des forces des
> Nations unies. On observe ainsi que l'appui est beaucoup moins marqué
> lorsqu'il est question de missions visant à mettre fin à des guerres civiles ou
> exigeant le recours à la force pour restaurer la paix dans des régions déci-
> mées par la guerre. On constate notamment qu'un Canadien sur quatre est
> opposé à l'imposition de la paix par le recours à la force [Pollara, 2001. Son-
> dage commandé par le ministère de la Défense nationale en vue d'étudier les
> attitudes des Canadiens au sujet des forces militaires et de la sécurité] [85].

Quels que soient les événements qui aient affecté la place du Canada dans
le monde, un constat s'impose : le Canada est une puissance déclinante ! Telle

est en substance la conclusion qu'a tirée l'Institut canadien des affaires internationales (CIIA) de Toronto, lors de l'organisation de sa *National Policy Conference* en 2003. Le bilan est lourd :

> *Le Canada est une puissance déclinante parce que la puissance internatio-
> nale est surtout centrée sur les ressources et nous avons raté les occasions
> d'investir dans nos capacités. À la fin de la seconde Guerre mondiale, le Ca-
> nada était la quatrième puissance militaire du monde. Les capacités de ce
> pays sont désormais sous-financées et se situent parmi les plus faibles du
> monde industriel. Nous ne dépensons que 1,1 % de notre PNB pour nos for-
> ces militaires, ce qui nous place au 17ᵉ rang des 19 pays de l'OCDE et au 153ᵉ
> rang dans le monde. Le sous-financement de nos forces a réduit notre capa-
> cité d'effectuer des opérations de maintien de paix. Alors qu'à une époque
> nous fournissions 10 % des soldats de paix déployés dans le monde, nous en
> sommes aujourd'hui au 31ᵉ rang. De la même façon, notre capacité d'aide
> étrangère a diminué. Nous n'imputons plus que 0,22 % de notre PNB à ce
> volet, ce qui nous place au 19ᵉ rang des 22 pays contributeurs de l'OCDE.
> C'est là notre plus faible contribution en 37 ans, et l'aide est saupoudrée sur
> beaucoup trop de pays à la fois. La diplomatie canadienne n'est plus non
> plus ce qu'elle était. Le diplomate canadien est peu payé, son moral est bas,
> et l'avancement dans la carrière n'est plus conforme aux talents du corps
> diplomatique canadien* [86].

Ce message n'est guère différent du jugement que portait John Manley sur
la diplomatie canadienne, aux lendemains des attentats du 11 septembre :
« Nous vivons encore sur une réputation construite il y a plus de deux généra-
tions et plus », constatait-il. Après avoir déploré que le Canada n'ait pas persé-
véré dans cette voie, il souligna que nous ne pouvons pas continuer de siéger au
sein du G-8 et « prétexter que nous devons aller aux cabinets lorsque survient
le temps de payer la note ». Si nous voulons jouer un rôle, même comme un
membre petit du G-8, « il y a un coût à payer ! » [87], concluait-il. David Cohen, de
son côté, estime que le Canada souffre d'une « conscience historique décrépite »
de ses capacités diplomatiques d'antan [88].

Trois constats doivent être faits ici. Le premier, c'est la nostalgie du passé
dont semblent souffrir les décideurs de la politique étrangère du Canada et, soit
dit en passant, la communauté épistémique canadienne. L'accent est mis sur la
diminution des ressources du Canada en matière de défense et de politique
étrangère. Et indirectement sur la négligence des gouvernements antérieurs à
les renouveler. Peut-être ! Mais la véritable question qui se pose est celle de savoir si en augmentant nos capacités nous ne risquons pas de devenir des « mer-
cenaires » à la solde des États-Unis ou si au contraire nous y gagnerons en

influence auprès de Washington ? Sur ce dernier point, rien n'est moins sûr. En pleine guerre froide et durant les événements de la guerre de Corée, les contingents canadiens se firent tailler en pièces par les forces ennemies communistes nord-coréennes. Plus de 25 % du budget fédéral était alors affecté à l'entretien de nos troupes. Cependant, là où la plupart des critiques ont raison, c'est la rapidité avec laquelle notre influence a diminué sur la scène internationale. Selon Joel Sokolsky, le Canada n'est même plus sur la carte. Pour les États-Unis, nous ne « faisons pas partie de l'univers du monde, voire même du système solaire »[89]. Peut-être, mais comme le souligne un organisme américain, le Canada ne deviendra jamais « la fournaise ardente d'où l'avenir sera forgé »[90]. Tout ce que Washington demande, c'est que le Canada fasse preuve de plus de cohérence dans ses pratiques diplomatiques.

Le deuxième constat fait aussi l'unanimité. Aujourd'hui, la définition des intérêts canadiens passe d'autant plus par Washington que les questions de commerce et de sécurité sont désormais intimement liées. En la matière, beaucoup de progrès ont été faits[91]. Si les Canadiens sont conscients des valeurs communes qui les réunissent, il n'en reste pas moins qu'ils ont tendance à toujours se définir par opposition aux États-Unis, ce qui est un comportement normal dans le cadre de partenariats asymétriques. La relation haine-amour que nous évoquions au début de cette étude ne disparaîtra pas dans l'avenir. Ce qui manque aux Canadiens, c'est la capacité de se définir des « niches claires et précises », ce qui ne semble pas aller de soi. D'autant que les Canadiens se sont à raison glorifiés de leurs audaces sous la houlette du ministre Lloyd Axworthy, alors que la situation internationale le permettait et qu'elle ne s'y prête plus aujourd'hui. Du moins, pas pour l'instant, car rien n'indique que l'administration Bush sera réélue. Il n'y a donc pas lieu de désespérer. Un retour à la diplomatie multilatérale, au renforcement des institutions internationales et à l'État de droit entre les nations reste nécessaire et fait toujours partie de l'ordre des possibles. Même si le monde d'aujourd'hui n'est plus ou ne sera plus celui d'hier.

En dernier et troisième lieu, les Canadiens souhaitent conserver leur gâteau et le manger en même temps. Le fait qu'ils s'opposent viscéralement à ce que font les États-Unis en Irak mais qu'ils continuent de coopérer étroitement avec eux sur la question des « frontières intelligentes » relève de deux facteurs fondamentaux : protéger leur souveraineté et continuer de l'affirmer dans les faits ; et s'assurer que les biens, services et marchandises continuent de circuler librement entre les deux pays. Washington reste au centre de toutes les préoccupations et tous se heurtent à ce problème, peu importe qu'il s'agisse des gens d'affaires, des critiques, des universitaires ou des journalistes. Herman Kahn, dans les années soixante, parlait du Canada comme d'un pays sans « région ».

Cette vérité est toujours aussi irrévocable : le Canada ne peut sortir de son carcan nord-américain, au contraire des pays européens qui peuvent toujours s'appuyer sur l'Europe ou d'autres institutions régionales pour se tailler un rôle politique à la mesure de leurs ambitions. Bref, la véritable question est : que faire avec les États-Unis ?

DES CONTEXTES STRUCTURELS DIFFÉRENTS

Il existe, bien sûr, des contextes structurels différents à l'intérieur desquels les États-Unis et le Canada ont su faire évoluer positivement leurs rapports, ou au contraire les faire s'envenimer. Il nous apparaît sensé de ne retenir ici que quelques facteurs de différentiation susceptibles d'affecter la nature des rapports canado-américains. Ce sont le type d'hégémonie pratiqué par les États-Unis, le leadership des chefs d'État, l'attitude des partis politiques, le rôle de l'opinion publique et, dans certains cas, le rôle de la communauté épistémique.

Sur ce dernier point, il est rare de trouver une communauté épistémique aussi divisée que celle que le Canada connaît aujourd'hui. La faiblesse ou la force de cette communauté ne tient pas tant à sa virulence ou à son degré de persuasion, mais au fait qu'elle puisse parvenir à utiliser ses réseaux pour transposer sur un plan politique les conseils qu'elle prodigue. Or, en ce domaine, nous l'avons vu, il existe un consensus élevé sur la diminution de la puissance canadienne ou de son rôle dans le monde. Le Canada, en fait, est en perte de vitesse. Mais la communauté épistémique reste très divisée sur la façon ou la manière de redresser cette situation. En réalité, le débat entre les intégrationnistes et les continentalistes de convenance est toujours aussi vif[92]. Là où la différence est nette, c'est entre les questions à caractère économique et/ou sécuritaire, et les questions touchant au rôle des États-Unis dans le monde. Il faut ici savoir que la marge de manœuvre du Canada diminue d'autant que les États-Unis pratiquent une politique de puissance. Si l'hégémonie américaine poursuit une politique extérieure militairement active, comme elle l'a fait au Vietnam ou encore comme elle la pratique en Irak, les relations canado-américaines atteignent nécessairement un degré d'alerte élevé dans la gamme possible d'une détérioration des rapports bilatéraux. Nous l'avons souligné au début, cette situation a existé sous la gouverne des chefs d'État Lyndon B. Johnson et Lester B. Pearson, essentiellement à cause de la guerre du Vietnam. Le contexte n'a guère été différent en ce qui concerne les opérations en Irak. Le Canada, les Églises canadiennes[93] et l'opinion publique canadienne ne partageaient pas la façon de voir et de faire américaine.

Le leadership des chefs d'État est également important, tant dans les relations du Canada avec les États-Unis qu'au sein de la gouverne exercée sur le parti au pouvoir. Deux exemples sautent aux yeux. Lors des grands débats canadiens sur la question de doter ou non le Canada d'armes nucléaires au sein de l'OTAN, le premier ministre John Diefenbaker fut incapable d'arbitrer les vives querelles entre le ministre de la Défense de l'époque, Douglas Harkness, et son ministre des Affaires extérieures, Howard Green. Le premier ne jurait que par le nucléaire et le second que par le désarmement. Pour la première fois dans l'histoire canadienne, un gouvernement tomba sur des questions de défense. Lester B. Pearson qui prit la relève assura les États-Unis que le gouvernement donnerait suite à ses engagements, c'est-à-dire qu'il doterait ses forces en Europe d'armes nucléaires[94]. Sous le règne Chrétien, il est manifeste que le contrôle exercé par le premier ministre sur son caucus libéral était infiniment plus développé que celui pratiqué par Diefenbaker à l'intérieur de son propre parti. À telle enseigne que plusieurs ministres ayant des affinités différentes sur les questions étrangères se sont rapidement succédé à la tête du MAECI (Ministère des Affaires étrangères et du Commerce international), les divergences les plus évidentes se situant entre John Manley et Bill Graham. Bien que le Parti libéral ait été divisé sur les mesures à prendre pour répondre aux souhaits américains, le premier ministre n'en laissa pas moins ses ministres s'exprimer librement sur le sujet – recourant en cela à une tactique développée par Pierre Elliott Trudeau à la fin des années soixante. Ceci étant dit, le premier ministre s'est toujours réservé à lui-même le privilège de prendre et d'annoncer en temps opportun sa décision finale.

Ce n'est pas l'absence de leadership du premier ministre qui a créé d'énormes problèmes pour la diplomatie canadienne, mais bien la manière ou la façon dont les choses ont été menées par Jean Chrétien, alors que ses ministres soufflaient le chaud et le froid. Plusieurs commentateurs l'ont relevé : le premier ministre a retardé sa décision jusqu'à la dernière minute, espérant qu'un événement inattendu lui éviterait d'avoir à prendre une décision[95]. Il est vrai que le leadership du premier ministre a été sévèrement contesté, tant par les médias que par des membres de la communauté épistémique. En outre, il donnait l'image d'un parti usé, surtout depuis qu'il avait annoncé sa décision de se retirer de la politique dès que seraient terminés les travaux menant à une élection à la chefferie. Il n'est pas exclu, non plus, qu'à travers le scandale des « commandites » plusieurs informations aient été « coulées » à la presse et aux médias par des membres mêmes du clan Martin. Jean Chrétien a donc quitté la politique, en quelque sorte abandonné par une frange importante du Parti libéral.

Néanmoins, lui seul a annoncé la décision du Canada de ne pas participer à une guerre en Irak. Est-ce à dire que les choses auraient été différentes si Jean Chrétien avait eu recours à des mécanismes décisionnels autres ou qu'il s'en était remis à une décision de la majorité des membres de son cabinet ? Il est permis d'en douter. Nous avons déjà comparé sa position en 2003 à celle qu'il avait adoptée en 1991, alors qu'il était dans l'opposition. Pour Chrétien, l'ONU n'était qu'un alibi pour Washington. La guerre pour la libération du Koweït n'était pas une guerre de l'ONU mais une guerre de l'Amérique. Jean Chrétien a toujours été un homme « entêté », avec tous les défauts et toutes les qualités qu'un tel trait de caractère peut impliquer. Il aura fallu dix ans au Parti libéral pour réparer un autre entêtement de Jean Chrétien : son refus de renouveler l'hélicoptère Sea King pour les destroyers et frégates canadiens. Un des premiers gestes de son successeur fut de rendre visite au Quartier général de la Défense nationale à Ottawa, « un déplacement que Jean Chrétien n'a pas fait en dix années de pouvoir »[96]. Pour une fois, cependant, son entêtement sur l'Irak a porté fruit. C'est là sans doute le meilleur legs de son règne.

CONCLUSION

Cette étude porte sur la marge de manœuvre du Canada en matière de politique étrangère, notamment depuis les événements du 11 septembre 2001. Quelles conclusions pouvons-nous rapidement en retirer ?

L'analyse que nous venons de faire des contextes structurels différents apporte déjà quelques réponses aux questions posées. Pour des raisons qui tiennent tout à la fois aux traits dominants de la culture politique canadienne et à l'absence d'un passé colonialiste, le Canada reste crédible sur le plan international, mais son importance relative dans le monde a fondu comme neige au soleil. Les Canadiens ne devraient pas en éprouver de honte. Plusieurs autres pays font ou tentent de faire ce que le Canada faisait dans le passé, plus particulièrement dans le domaine du maintien de la paix. Comme les conflits cessent essentiellement d'être interétatiques et qu'il a de plus en plus d'États « affaissés », la donne est nouvelle. Le maintien de la paix traditionnel est remplacé par des opérations de consolidation ou de stabilisation de paix, infiniment plus dangereuses et qui impliquent, souvent, pour leur réussite, le recours à la coercition. Les Canadiens n'en ont cure, car ces opérations relèvent davantage des traditions d'empire que de la démocratie. En outre, le Canada s'est toujours défini comme un pays à vocation multilatérale. Ce trait dominant de notre politique, est-il besoin d'insister, a toujours eu pour but d'échapper à l'influence envahissante de son voisin du Sud ou d'éviter par la même occasion, comme ce fut le cas lors de la création de l'OTAN, que celui-ci ne retombe dans l'isolationnisme.

Or, pour que cette fonction s'exerce pleinement, l'empire doit éviter d'avoir une politique militaire active sur un plan extérieur. Sinon, les États-Unis s'exposent aux critiques canadiennes, qu'ils ignoreront de toute façon, s'ils estiment qu'il y va de leurs intérêts d'agir de la sorte. Ils l'ont fait au Vietnam et en Irak et le referont sans doute un jour ailleurs. L'élément essentiel à retenir est qu'il ne peut y avoir de coopération multilatérale avec les États-Unis que si l'empire fait preuve d'une hégémonie coopérative, c'est-à-dire ouverte à tous les membres de la communauté internationale, sur la base du respect des droits et de règles du jeu universellement acceptées.

Par ricochet, le Canada n'a jamais donné sa pleine mesure dans l'aide militaire qu'il aurait pu apporter à son allié. L'ère de la guerre froide est terminée, mais cela ne dispense pas pour autant le Canada d'assumer ses responsabilités. Le gouvernement canadien a fait son *mea culpa* : il a augmenté considérablement son budget de la défense et accru et multiplié temps et argent dans le domaine de la lutte antiterroriste. S'il est un principe que le Canada a toujours suivi dans ses relations avec les États-Unis, c'est celui de ne jamais mettre en danger leur sécurité. À la limite, ce qui a gouverné la politique d'Ottawa, ça été de faire le moins possible tout en évitant de s'attirer les affres de Washington. Il est regrettable en quelque sorte que ce soit les États-Unis, voire les événements du 11 septembre, qui aient rappelé à l'ordre le Canada. En la matière, il y a eu négligence canadienne. Ottawa en paie le prix[97], mais il n'est pas le seul. Tous les pays européens, même s'ils refusent de l'avouer, sont aux prises avec le même problème.

Sur un plan plus conceptuel, les tensions entre les intégrationnistes purs et les intégrationnistes de convenance vont se prolonger dans l'avenir. Parce que la question des « frontières intelligentes » et de la libre circulation des biens et services entre nos deux pays relève de part et d'autre d'un intérêt commun bien compris. Les accords de coopération sont donc susceptibles de s'accroître dans l'avenir, tout comme les mécanismes de gestion et de mise en œuvre de politiques communes en la matière. Le Canada et les États-Unis entrent en ce domaine dans une ère de « sécurité organique[98] » nouvelle. Curieusement, les politiques communes développées de part et d'autre ont certes donné lieu à certaines critiques, notamment sur les questions des droits de la personne, mais n'ont jamais véritablement affecté la capacité de la souveraineté canadienne[99].

Sur un plan plus international, les mesures de coordination annoncées par le gouvernement Martin permettront sans doute de mieux cerner le problème « Que faire avec les États-Unis ? » Il n'existe pas de solution miracle aux impatiences américaines ou au nombre de demandes pressantes que Washington pourrait adresser au Canada. Toutefois, s'il fallait faire un pari entre les ressources qui seront consacrées dans l'avenir à la sécurité continentale et celles qui pourraient être dévolues à la création de nouveaux éléments de maintien de paix dans le monde, comme par exemple l'addition d'une nouvelle brigade de combat, il est probable que le Canada s'en remettra au premier choix. Ce sont sans doute là les options les plus importantes entre lesquelles le Canada devra choisir dans l'avenir. Peut-il vraiment répondre complètement tout à la fois à ses obligations continentales et à ce qu'on attend de lui sur un plan international? En définitive, tout cela est une question de coûts et de volonté politique.

Enfin, l'opinion publique et les questions d'unité canadienne ont toujours joué un rôle important dans l'élaboration de la politique étrangère du Canada. Il est ironique de constater ici que l'allié le plus naturel de Jean Chrétien durant toute la crise irakienne n'a pas été les membres du Parti libéral, mais bel et bien l'attitude ferme développée par le Bloc québécois. Il n'en reste pas moins que l'entêtement personnel du premier ministre Chrétien est sans doute le facteur le plus important dans l'explication de sa décision finale, venant avant l'influence relative que l'on pourrait attacher à l'opinion publique au Canada. Souvenons-nous que même le premier ministre Trudeau avait dû accepter de mettre de l'eau dans son vin en permettant aux États-Unis de tester leurs missiles de croisière au-dessus du sol canadien, en dépit d'une opinion publique canadienne qui y était fortement opposée. Comme quoi les traits personnels des décideurs et leur type de leadership ont encore un rôle à jouer...

NOTES

* Albert Legault est titulaire d'une chaire de recherche du Canada au Département de science politique de l'Université du Québec à Montréal. Mme Marilou Grégoire-Blais est aux études supérieures au même département, tandis que Frédéric Bastien est titulaire d'un doctorat de l'Université de Genève et chargé de cours au Département d'histoire de l'UQAM. Les auteurs remercient Karin Prémont pour sa contribution à la recherche des matériaux de cet article.

1. Voir Albert Legault (dir.), *Le Canada dans l'orbite américaine : la mort des théories intégrationnistes ?* Québec, P.U.L., 2004.

2. Du nom de l'œuvre du romancier et conteur galicien Leopold von Sacher-Masoch (1835-1895).

3. Voir www.editions-verdier.fr/allemagne/titres/amour_platon.htm.

4. Publié en 1965 aux Presses de l'Université de Toronto. Déjà en 1938, John Murray Gibbon avait publié *The Canadian Mosaic*, où la diversité culturelle de la mosaïque canadienne était jugée supérieure à l'amalgamation due au « melting pot » américain.

5. Il s'agit de Schuschnigg. Lester B. Pearson, *Memoirs*, vol. 3, Toronto et Buffalo, University of Toronto Press, 1975, p. 134.

6. Voir à ce propos Albert Legault et Michel Fortmann, *Une diplomatie de l'espoir : le Canada et le désarmement, 1945-1988*, Québec, Les Presses de l'Université Laval, 1989, p. 34.

7. Robert Bothwell et Jack Granatstein, *Pirouette : Pierre Trudeau and Canadian Foreign Policy*, Toronto, University of Toronto Press, 1990, p. 50.

8. Laurence Martin, *Iron Man, the defiant reign of Jean Chrétien*, Viking Canada, Toronto, 2003, p. 193.

9. Lester Pearson, Memoirs, vol. 3, *op. cit.*, p. 119. (Traduction libre)

10. Voir John J. Nobble, « In foreign, defence and trade policy, it's all about managing relations with Uncle Sam », dans *Policy Options*, 6 (24), juin-juillet 2003, p. 41.

11. Termes repris du texte d'Andrew Cooper : « La politique étrangère du Canada après le 11 septembre. Une analyse préliminaire », dans Jean-Sébastien Rioux (sous la direction de), « Les défis de la politique étrangère du Canada depuis le 11 septembre 2001 », *Études internationales*, 4 (33), décembre 2002.

12. Nelson Michaud, « Souveraineté et sécurité. Le dilemme de la politique étrangère canadienne dans l'« après 11 septembre » », dans Jean-Sébastien Rioux (sous la direction de), « Les défis de la politique étrangère du Canada depuis le 11 septembre 2001 », *Études internationales*, 4 (33), décembre 2002.

13. Lloyd Axworthy, « Make sense, not war », *Waging Peace*, le 17 septembre 2001 : www.wagingpeace.org/articles/2001/09/17_axworthy_make-sense.htm.

14. *Ibidem*

15. Jean Chrétien, « Discours du premier ministre canadien, Jean Chrétien, devant le Chicago Council on Foreign Relations », *Documents officiels du Canada*, le 13 février 2003 : www.gulfinvestigations.net/print228.html

16. Lloyd Axworthy, *« Make sense, not war »*, *op. cit.* Le texte anglais se lit comme suit : « But, Prime Minister Chrétien got it right when he indicated that this solidarity was not a blank cheque for quick military intervention. His prudence should prevail. Only if there is a *bona fide* international mandate and a clear, culpable target, should Canada join in any military action ».

17. Nelson Michaud avance ici : « De plus, en envoyant des soldats canadiens en Afghanistan, le Canada a placé ses forces armées à la disposition du commandement militaire américain en zone de haute volatilité, certains événements nous ayant même appris que les gestes de militaires canadiens (capture de prisonniers) étaient sanctionnés par le processus américain (de reconnaissance des droits et de garde de ceux-ci), « alors que juristes et capitales étrangères s'inquiètent » [Manon Cornellier, « Le roi est nu «, *Le Devoir*, 1er février 2002, p. A1] et que le Canada est « un des rares pays à demander à ses soldats de remettre aux Américains les combattants [...] qu'ils font prisonniers » [Manon Cornellier, « Statut des prisonniers talibans et d'al-Qaïda : Ottawa prie Washington d'éclairer sa lanterne », *Le Devoir*, 6 février 2002, p. A4]. Selon le ministre de la Défense de l'époque, Art Eggleton, la seule garantie alors obtenue avait d'abord été « un accord, mais pas dans le sens d'un document écrit, mais dans le sens d'une entente dans laquelle les Américains nous assurent qu'ils respecteront les lois internationales et les accords de Genève » [Gilles Toupin, « L'opposition réclame la démission d'Eggleton », *La Presse*, 1er février 2002, p. A5], « précision » qui devait exiger d'importants efforts de coordination du message de la part d'Ottawa. », Voir Michaud, Nelson, *op. cit.*

18. Julian Beltrame, « Brilliantly Machiavellian », *Maclean's*, le 24 février 2003 : www.macleans.ca/topstories/world/article.jsp ?content=80145.

19. « No big deal », insisted Chretien. « Qatar is the same work we were doing in Tampa. It's just that they've moved the people ». Cité dans Julian Beltrame, *ibidem*.

20. « Canada has a sizeable number of troops in the Gulf as part of a multinational naval task force in the battle against terrorism, which could have been double tasked without any difficulty, as undoubtedly the US Navy vessels in that same task force are. » Voir John J. Nobble, « Canada-US relations in the post-Iraq-war era : stop the drift toward irrelevance », *Policy Options*, mai 2003, p. 19.

21. Voir : « Irak : Ottawa avait dit oui à Washington », *La Presse*, 28 novembre 2003, page A8.

22. « Mais le premier ministre les a rapidement transférés vers l'Afghanistan voyant que les États-Unis optaient pour un changement de régime en Irak et non pas pour l'adoption de nouvelles résolutions au Conseil de sécurité ». Voir Joel J. Sokolsky, « Realism Canadian Style : The Chrétien Legacy in National Security Policy and the Lessons for Canada-U.S. Relations », Notes for a talk to *The Canadian Institute at the Woodrow Wilson Center*, Washington D.C., 14 January 2004.

23. Voir www.radio-canada.ca/nouvelles/special/nouvelles/irak/irak/point-can.shtml

24. Hypothèse confirmée par le ministre de la Défense de l'époque, John McCallum : [Il affirme] que le Canada dispose de navires déjà présents dans la région du golfe d'Oman et qu'« en théorie, ces navires pourraient être une partie d'une mission si le gouvernement décidait de faire cela et s'il y a un besoin. » Le destroyer Iroquois devrait rejoindre trois autres bâtiments canadiens qui participent à la Force opérationnelle navale 151 dirigée par le Canada dans le golfe d'Oman. Cette coalition maritime, à laquelle participent quatre autres pays, est dédiée à la lutte au terrorisme dans le cadre de l'opération Apollo. Le ministre de la Défense ne rejette toutefois pas un apport militaire canadien, dans l'optique d'une participation à une éventuelle guerre : « Cela ne veut pas dire que nous ne serons pas en Irak, si toutefois il y avait une guerre et que ce gouvernement décidait d'y participer, mais pas par l'entremise de nos troupes terrestres. » Propos cités dans *Le Droit*, vendredi le 28 février 2003, p. 3.

25. Julian Beltrame, *op. cit.*

26. Cité dans Paule des Rivières, «Agacement», *Le Devoir.com*, éditorial du 27 mars 2003 : www.ledevoir.com/2003/03/27/24104.html

27. «But Chretien has given us more than a hint of what he thinks about Canada's participation. His message : we're multilateralists – we support the UN, not America. Multilateralism for the Prime Minister has evolved from a process to a goal, from a preference to a condition of legitimacy. No UN sanction, no Canadian involvement. It's as simple as that. Call it the Chretien Doctrine.» Voir Allan Gotlieb, «The Chrétien Doctrine», *Macleans Essay*, le 31 mars 2003. Jeffrey Simpson du *Globe and Mail* pense de la même façon : «He [Chrétien] could only play for time, hoping that something would turn up. In nailing Canada's colours to the Security Council, he found a mildly plausible way of delaying opposition to the U.S. until the very last minute». Voir Jeffrey Simpson, «The difference between them and us», *The Globe and Mail*, mercredi le 19 mars 2003, p. A 23. Donald Cuccioletta défend le même argument dans «Globalization and a Unipolar World : Canada and U.S. relations at the beginning of the 21st century», *Canadian-American Public Policy*, le 9 janvier 2003, p. 4.

28. Selon Joel Sokolsky, la décision canadienne est d'autant plus surprenante qu'elle rompt avec la tradition canadienne d'antan et renvoie même le Canada à une forme d'isolationnisme. «The decision not to participate in the Iraq war was all the more surprising because, contrary to much of the current wisdom, it stood in start contrast to the behaviour of the Chrétien government, both before and after September 11, 2001. It was, moreover, largely at odds with the traditional Canadian approach to important world events and crises. Whatever its idiosyncrasies and inconsistencies, Canadian realism has not often afforded the country the luxury of isolationism. [...] The popular view is that after the end of the Cold War, Canada abandoned its traditions of internationalism both in the realm of collective security and collective defence.» Voir Joel Sokolsky, *op. cit.*

29. Il a également trouvé «bizarre» que «le Canada ne soit pas à nos côtés alors que nous menons une guerre, perdons des hommes et que nos soldats sont faits prisonniers de guerre». Propos cités dans Guy Taillefer, «Le Canada et la guerre contre l'Irak – Cellucci blâme encore le Canada», *Le Devoir*, 8 mars 2003, p. B4. Aux États-Unis, le résultat de la décision du gouvernement Chrétien a été un renforcement de l'idée voulant que le Canada soit un allié peu fiable et pas toujours loyal, comme en atteste Michael Kergin, ambassadeur canadien à Washington : «Il y a une déception aux États-Unis. Cela ne veut pas dire que nous avons pris une mauvaise décision. Mais dans cette situation où il y tant de troupes engagées... les Américains ont senti qu'en cette occasion, le Canada aurait dû être avec eux... Je pense que les Canadiens sous-estiment le sentiment de vulnérabilité, de transgression qui s'est produit à Manhattan... Pour nous c'était horrible, mais pour ceux qui vivaient là, ceux qui composent la fibre de la société, ça a été un événement viscéral.» Propos cités dans Paul Cellucci, «We are a family», *Policy Options*, mai 2003, p. 6.

30. Particularité intéressante d'ailleurs déjà notée par Andrew F. Cooper, «La politique étrangère du Canada après le 11 septembre. Une analyse préliminaire», dans Jean-Sébastien Rioux (sous la direction de), «Les défis de la politique étrangère du Canada depuis le 11 septembre 2001», *Études internationales*, vol. XXXIII, 4, décembre 2002.

31. Voir Albert Legault (dir.), *Le Canada dans l'orbite américaine : la mort des théories intégrationnistes ?*, Québec, les Presses de l'Université Laval, 2004, notamment la section «présentation» de l'ouvrage.

32. Notamment David Cohen, Robert Bercuson, Paule des Rivières, Margaret Wente, Jeffrey Simpson et Manon Cornellier.

33. Andrew Cooper, *op. cit.*

34. Certains expriment même leur désaccord avec l'attitude américaine d'une façon gênante pour le premier ministre : «Oui, au cours des dernières semaines, certains députés de ce côté-ci de la Chambre ont dit des choses à propos de la guerre avec lesquelles je suis complètement en désaccord. Nous préférerions tous qu'elles n'aient pas été dites», a déclaré monsieur Chrétien en faisant allusion aux propos hostiles de son ministre des Ressources naturelles, Herb Dhaliwal, qui a soutenu que George Bush n'avait pas l'étoffe d'un homme d'État, et ceux de la députée libérale Carolyn Parrish, qui a dit «détester» ces «maudits Américains (bastards).» Propos cités dans Bellavance, Joël-Denis, «Chrétien dit toujours non à la guerre», *La Presse*, 9 avril 2003, p. A7.

35. «Le point de vue du Canada», *Radio-Canada*, dernière mise à jour : avril 2003 : www.radio-Canada.ca/nouvelles/special/nouvelles/irak/irak/point-can.shtml.

36. Selon Claude Denis, dans «Mieux vaut tard que... tôt», *La Presse*, 23 mars 2003, p. A10. (L'auteur est professeur invité au département de science politique à l'Université d'Ottawa et professeur agrégé à la Faculté Saint-Jean de l'Université de l'Alberta.)

37. *Ibidem.*

38. Claude Denis, *ibid.* Suite aux débats suscités lors de l'investiture libérale entre Martin, Copps et Manley concernant la politique étrangère du Canada, Bill Dymond et Michael Hart considèrent qu'avec Martin l'intérêt national du pays sera enfin mieux défendu : «During the Liberal leadership campaign, attacks by contenders Sheila Copps and John Manley on Paul Martin to the effect that he was prepared to abandon the UN and become a

US today failed to resonate. The new Prime Minister will no doubt manœuvre carefully, but his statements suggest that he will lead foreign policy away from an outdated an dysfunctional preoccupation with form over substance and embrace an approach based on the national interest. Hopefully, we can then send Canada's Potemkin village to the museum of historical oddities. » Voir Bill Dymond et Michael Hart, « The Potemkin village of Canadian Foreign policy », *Policy Options*, décembre 2003 – janvier 2004, p. 43.

39. Cité dans Nelson Michaud, *op. cit.*

40. « Major-General Cam Ross who was responsible for preparing options for the government's consideration for both Iraq and Afghanistan resigned, indicating that Canada was not capable of taking on the Afghanistan peacekeeping leadership role. » Propos cités dans Lewis MacKenzie, « Afghanistan was never an option », *National Post*, 24 avril 2003.

41. Voir le *Toronto Star*, 23 janvier 1991. Une semaine après cette première volte-face, le futur premier ministre demandait un cessez-le-feu sans rien exiger de l'Irak en retour, décision qu'il reniait la journée même en apprenant que Saddam Hussein avait attaqué Israël. Le constat que porta Jean Chrétien sur l'ONU est révélateur de son attitude. Cette guerre est une guerre des États-Unis, précisa-t-il, et non celle de l'ONU, tout en ajoutant que, si son prédécesseur Lester B. Pearson avait été aux affaires, « il aurait téléphoné au président américain pour lui dire de ne pas aller en guerre ». Propos cités dans le *Toronto Star* du 17 janvier 1991.

42. Stephen Harper, « Allocution sur les relations Canada États-Unis et la guerre en Irak », Allocution de Stephen Harper, député chef de l'Alliance canadienne, chef de l'opposition officielle, Chambre des communes, le jeudi 3 avril 2003.

43. *Ibidem.*

44. M. Ben Harper, 37ᵉ Législature, 2ᵉ Session, Hansard révisé, n° 2, le mardi le 1ᵉʳ octobre 2002 : www.parl.gc.ca/37/2/parlbus/chambus/house/debates/002_2002-10-01/han002_2225-F.htm.

45. « Des preuves que le Canada n'a pas participé en Irak demandées », *Le Droit*, lundi le 16 juin 2003, p. 22.

46. Nelson Michaud, *op. cit.*, en fait la description paradoxale suivante : « Brian Pallister reproche au gouvernement à la fois l'engagement rapide en Afghanistan et la dépendance canadienne des ressources militaires américaines. Elle provient aussi du manque de fonds accordés aux questions de défense et de sécurité. Ces deux facteurs se conjuguent pour inciter les décideurs américains à intervenir au besoin afin de satisfaire leurs propres exigences. Par ailleurs, son collègue Monte Solberg perçoit que le Canada tient à conserver une distance vis-à-vis des États-Unis, ce qu'il déplore. Quant à John Reynolds, chef intérimaire du parti, il réclame à la fois degré d'autonomie et assurance d'une collaboration soutenue avec les Américains, une opposition qu'il voit se résoudre dans l'obtention de fonds accrus pour donner la marge de manœuvre voulue aux forces armées canadiennes. »

47. « Le Bloc québécois demande à Paul Martin de confirmer immédiatement qu'aucun Canadien ne fera la guerre en Irak », le 20 novembre 2003 : www.bloc.org/2004/fr/presse_detail.asp ?ID=9956274.

48. Aile parlementaire du Bloc québécois, « Le Bloc québécois dit non à la guerre, oui à la diplomatie et oui à la paix », (Gilles Duceppe), le 14 février 2003.

49. Gilles Toupin, « Chrétien reste ambigu sur le rôle de la flotte canadienne dans le golfe Persique », *La Presse*, mercredi le 19 mars 2003, p. A4.

50. « Irak : le premier ministre doit admettre qu'il a trahi son engagement », *Le Bloc québécois*, le 28 mars 2003 : www.bloc.org/2004/fr/presse_detail.asp ?ID=9956054.

51. *Ibidem.*

52. Aile parlementaire du Bloc québécois, « Le Bloc québécois dit non à la guerre, oui à la diplomatie et oui à la paix », (Gilles Duceppe), *op. cit.*

53. Jeffrey Simpson, « The difference between them and us », *The Globe and Mail*, le 19 mars 2003, A 23.

54. Nelson Michaud, *op. cit.*

55. M. Svend Robinson, 37ᵉ Législature, 2ᵉ Session, Hansard révisé, n° 2, le mardi 1ᵉʳ octobre 2002 : www.parl.gc.ca/37/2/parlbus/chambus/house/debates/002_2002-10-01/han002_2225-F.htm.

56. « Des preuves que le Canada n'a pas participé en Irak demandées », *op. cit.*

57. M. Bill Casey, 37ᵉ législature, 2ᵉ session, Hansard révisé, n° 2, le 1ᵉʳ octobre 2002 : www.parl.gc.ca/37/2/parlbus/chambus/house/debates/002_2002-10-01/han002_2225-F.htm.

58. Voir : www.parl.gc.ca/37/2/parlbus/chambus/house/debates/072_2003-03-18/han072_1425-f.htm.

59. « Pour Joe Clark, Paul Martin est un moindre mal que Stephen Harper », *Le Devoir.com*, le 26 avril 2004 : www.ledevoir.com/2004/04/26/53045.html

60. Voir de cet auteur : « Comment les "idées" passent dans "l'action" » à l'adresse : www.polis.sciencespobordeaux.fr/vol5n1/arti13.html.

61. *Ibidem.*

62. Joel Sokolsky, *op. cit.*

63. Voir Andrew Parkin, « Pro-Canadian, anti-American or anti-war ? Canadian public opinion on the eve of war », *Policy Options*, avril 2003, p. 5-8.

64. *Ibidem.*

65. *Ibidem*, p. 6.

66. Voir Antoine Robitaille, « Le ROC fissuré par la guerre », Éditorial, Revue de presse, *Le Devoir*, le 22 mars 2003, p. B4.

67. André Pratte , « La guerre, no sir ! », *La Presse*, le 10 août 2002, p. A12.

68. Alain Dubuc, « Lutter contre l'impuissance », *Le Soleil*, Éditorial, le 22 mars 2003, p. D6.

69. Propos cités dans Antoine Robitaille, « Leur vengeance sera terrible », Éditorial, Revue de presse, *Le Devoir*, le 29 mars 2003, p. B4.

70. Donald Cuccioletta, « Globalization and a unipolar world : Canada and U.S. relations at the beginning of the 21st century », *Canadian-American Public Policy*, le 9 janvier 2003, p. 5. Le texte anglais est comme suit : « The National Post and even the Globe and Mail predicted an economic doomsday scenario for Canadian trade relations with the U. S. The debate went from the ridiculous (i.e., the Don Cherry declaration on Hockey Night in Canada) to the sublime when J. L. Granatstein, despite his earlier well-known Canadian nationalist utterance, chastised the Liberal government for not sending Canadian troops in Iraq to spread democracy. »

71. « Trade in many ways is dictated by non-political factors and always implemented by so many different players that the economic self-interests of business people will always override national and international political spats. » Cuccioletta, *op. cit.*

72. Cité dans Michèle Boisvert, « Questions de principes », *La Presse*, le 21 mars 2003, p. A14.

73. Thomas d'Aquino, « Coaxing the Elephant : can Canada best support multilateralism by cozying up to the United States », *Policy Options*, mai 2003, p. 38.

74. Cité dans Thomas d'Aquino, *ibidem.*

75. Allan Gotlieb, « The Chretien doctrine : By blindly following the UN, the Prime Minister is hurting Canada », *MacLean's*, 31 mars 2003.

76. Adam Zimmerman responds to Allan Gotlieb, « Why the PM is right ? », *Maclean's*, le 14 avril 2003. Le texte anglais se lit comme suit : « Unlike Allan Gotlieb, I was proud of Prime Minister Jean Chretien's decision on Iraq. It was a reasoned, popular move which showed Canada as its own self. It's notable that the other U.S. neighbour, Mexico, made the same decision (a fact that Canadian continentalists sweep under the rug). »

77. McLuhan, Marshall et Daryl Copeland, « Bubble, bubble, toil and trouble : thoughts on the changing nature of Canada's world », Bout de papier (in press), *DSC*, le 8 juillet 2003 : www.couch.ca/history/2003/bubblebubble.pdf.

78. Richard Gwyn, « Canada's Place in the World : From One Prime Minister to the Next », *Policy Options*, décembre 2003-janvier 2004, p. 52 et sq.

79. Voir Bill Dymond et Michael Hart, « The Potemkin Village of Canadian Foreign Policy », *Policy Options*, décembre 2003 – janvier 2004, p. 43.

80. Toronto, McClelland & Stewart, 2003.

81. Le texte en anglais se lit comme suit : « More productive relations with the rest of the world require productive relations with the United States ». Dymond et Hart, *op. cit.*, p. 45.

82. Scot Robertson, « Finding a way : national security and defence policy for a new liberal leadership », *Policy Options*, décembre 2003 – janvier 2004. « Similarly, a defence policy based on the myth of peacekeeping will be equally insufficient, particularly since the gap between the pervasive cliché and the reality of peace enforcement operations of the past decade has become a unbridgeable chasm. Perhaps more discomfiting, Canada's *ad hoc* national security policy-making apparatus seems unable to bring policy coherence to the various departments

and agencies with an interest in security affairs. » Douglas Bland de l'Université Queen's a développé des arguments similaires dans la plupart de ses derniers ouvrages.

83. Scot Robertson, « Finding a way : national security and defence policy for a new liberal leadership », *Policy Options*, décembre 2003 – janvier 2004.

84. Le texte anglais se lit comme suit : « So let's get this straight : Our government announces no support for the United States in ridding the world of a genocidal maniac ; it offers to lead a UN mission in Afghanistan (Kabul) as a smoke screen knowing full well that we won't be able to do the job ; we ridicule the general(s) that pointed out the flaws in the plan ; we quietly abdicate the UN mission's leadership role to someone else and agree to send 3,000 troops over one year to a theatre of operations where we withdrew 900 some nine months ago because we couldn't find replacements. Isn't foreign policy supposed to be a source of national pride ? » Voir Lewis MacKenzie, « Afghanistan was never an option », *National Post*, 24 avril 2003.

85. Evan H. Potter, « Le Canada et le monde : Continuité et évolution de l'opinion publique au sujet de l'aide, de la sécurité et du commerce international, 1993-2002 », dans Jean-Sébastien Rioux (sous la direction de), « Les défis de la politique étrangère du Canada depuis le 11 septembre 2001 », *Études internationales*, 4 (33), décembre 2002.

86. Le texte anglais se lit comme suit : « Canada is a fading power because international power is primarily about resources, and we have failed to invest in our own foreign policy capabilities. Canada boasted the world's fourth largest military at the end of World War Two. It is now underfunded and amongst the weakest in the industrialized world. We spend 1.1 per cent of gross domestic product on the military, which ranks us 17 out of 19 OECD countries and 153rd in the world. Underfunding has reduced our capacities to act as peacekeepers. When once we supplied over ten per cent of the world's peacekeepers, we now provide less than one per cent. When once we ranked 1st in the world in the number of deployed peacekeepers worldwide, we now rank 31st. Similarly, the present state of our foreign aid capabilities has suffered from a lack of resources. Canada allocates 0.22 % of GDP to foreign aid, placing us 19th out of 22 donor countries in the OECD. This is our lowest allocation of resources to foreign aid for 37 years, and it is distributed across too many countries. Nor is Canada the diplomat it once was ; low pay, low morale, and slow career advancement detract from the abilities of the diplomatic corps. » Un résumé de la Conférence est disponible en ligne à l'adresse : www.ciia.org/proceedings/FPC2003.pdf.

87. Cité dans David Cohen, *op. cit.*, p. 4.

88. Voir, ci-dessus, le résumé de la Conférence nationale de l'ICAI de Toronto, en ligne.

89. Sokolsky, *op. cit.*

90. Voir Karl Zinsmeister, « Old and In the Way », American Enterprise Institute, Online, 20 May 2003 : www. theamericanenterprise.org/taedec02a.htm.

91. Voir les travaux d'André Donneur et Valentin Chirica sur la question des frontières intelligentes dans ce même ouvrage.

92. Le résultat des dernières élections fédérales démontre encore que les partisans les plus farouches du continentalisme n'ont pas été suivis par la majorité de la population. L'Alliance canadienne en fait a ou bien mal saisi l'opinion publique canadienne ou encore mal interprété jusqu'où les Canadiens étaient prêts à aller pour suivre les États-Unis dans leurs projets.

93. Sur la position des Églises, voir la lettre adressée au premier ministre Jean Chrétien par plusieurs primats et évêques d'Églises du Canada, en date du 28 février 2003 : www.united-church.ca/justice/news/iraq/french/030228.shtm. Le passage le plus important de la lettre se lit comme suit : « Une fois de plus, nous vous pressons donc, vous et le Conseil de sécurité des Nations unies, de dire un "non" sans ambiguïté à la guerre et un "oui" très clair à la poursuite du processus en cours. Repousser du revers de la main des réalisations chèrement acquises pour opter pour la guerre représenterait un travesti de justice et une tragédie aux proportions alarmantes. »

94. Pour plus de développement sur cette question, voir Albert Legault et Michel Fortmann, *Une diplomatie de l'espoir : le Canada et le désarmement 1945-1988*, Québec, PUL, 1989.

95. Voir Jeffrey Simpson, « The difference between them and us », *The Globe and Mail*, 19 mars 2003, A 23.

96. « Martin promises specific military investment », *Canadian Press*, 2 février 2004.

97. Déjà sous le règne Chrétien, le gouvernement a annoncé d'importantes augmentations du budget consacré à la défense et à la lutte antiterroriste. Voir notamment « Le Canada annonce des mesures d'aide à l'Afghanistan », Communiqué n° 83, 10 juin 2003 : www.webapps.dfait-maeci.gc.ca/minpub/Publication.asp?FileSpec=/Min_Pub_Docs/106235.htm&Language=F

98. Que nous nous sommes efforcés de définir plus longuement dans Albert Legault (dir.), *Le Canada dans l'orbite américaine...*, *op. cit.*

99. Voir *ibid*, André Donneur et Valentin Chirica, « Immigration et sécurité frontalière : les politiques canadienne et américaine et la coopération bilatérale après le 11 septembre », chapitre 1.

CONCLUSION

Une conclusion est toujours provisoire, surtout dans la conjoncture actuelle.

Alors que le gouvernement minoritaire de Paul Martin est aux prises avec des difficultés intérieures sérieuses, le nouvel énoncé de politique étrangère, après moult consultations et colloques, a été encore une fois remis sur le métier et enfin présenté au Parlement le 19 avril 2005. Cet *Énoncé de politique internationale du Canada*, sous-titré *Fierté et influence : notre rôle dans le monde*, est un document ambitieux qui a pour objectif de définir les priorités internationales globales du gouvernement. Il est accompagné de quatre documents annexes sur la diplomatie, la défense, le commerce et la coopération au développement. On s'explique le long délai avant sa publication par cette volonté d'avoir pour la première fois un document synthèse pour l'ensemble de la politique internationale du Canada et, pour la toute fin, par l'apport externe de Jennifer Welsch.

Beaucoup d'éléments de cet énoncé ont déjà été annoncés. Ainsi, on retrouvera l'annonce que les Forces armées régulières seront augmentées de 5 000 militaires et la Réserve de 3 000, le renforcement des frontières avec les États-Unis ou la création du Corps canadien pour ne citer que quelques exemples. Mais il faut reconnaître la volonté de se donner les moyens de mettre en œuvre une politique cohérente, diversifiée et bien intégrée.

Paul Martin voulait que le Canada soit un « catalyseur » à l'échelle internationale. Il rêvait de lui donner une place importante au sein d'un L20 qui remplacerait le G20 ou le compléterait. Son expérience de ministre des Finances l'avait convaincu qu'une coopération des grands pays industrialisés avec les puissances en plein développement comme la Chine, l'Inde ou le Brésil permettrait une meilleure gouverne politique et économique du monde et permettrait de compléter l'action d'organismes à objectifs plus limités, et surtout plus restreints et moins représentatifs, comme le Conseil de sécurité et le G8 ne pourraient le faire.

On retrouve dans l'Énoncé cette volonté de faire systématiquement rayonner le Canada sur le plan multilatéral, tout en recentrant son activité avec des moyens appropriés à son action. Ainsi dans l'aide au développement en la concentrant sur un certain nombre de pays, particulièrement ceux qui en ont le plus besoin, même si d'ici 2010 on n'aura pas atteint l'ancien objectif de 0,7 %.

Il est évident que ce jeu ou ce rôle du Canada à l'échelle mondiale, comme celui dans les multiples organismes multilatéraux auxquels il participe déjà, n'allait pas sans une politique renforcée et amicale avec les États-Unis. Il est certain qu'un autre style diplomatique s'est imposé. Le premier ministre a eu l'occasion de rencontrer plusieurs fois le président des États-Unis d'une manière bilatérale directe et lors de réunions multilatérales. Il faut en particulier relever la rencontre trilatérale du 23 mars 2005 à Waco avec le président du Mexique, troisième partenaire nord-américain. Le développement d'un partenariat nord-américain a été affirmé à cette occasion.

Cependant, une relation plus amicale, plus détendue sur le plan de la diplomatie au sommet n'enlève en rien magiquement les irritants, voir les différends concrets : le bois d'œuvre et le bœuf sur pied restent des questions non complètement réglées et le Canada a imposé des droits de douane sur des produits américains en rétorsion des mesures restrictives sur ses importations d'acier. De même, on parle de partenariat, voire de communauté nord-américaine, mais on renforce unilatéralement la sécurité aux frontières entre partenaires. L'Énoncé entend améliorer le mécanisme de règlement de ces différends, mais c'est loin d'être acquis.

Plus fondamentalement, les idées de communauté n'intéressent pas les États-Unis réellement. Ils veulent une coopération sur des objectifs spécifiques conformes à leurs intérêts. Sur le plan de la défense, par exemple, ils s'attendent à ce que le Canada assume sa part dans la mesure de ses moyens. Il y a dans l'Énoncé une volonté, déjà annoncée antérieurement, d'augmenter cette part. Le bouclier antimissile est leur projet et c'est un appui avant tout moral qu'ils attendaient ou, si l'on a bien suivi l'analyse de Philippe Lagassé, qu'ils attendent à plus long terme.

Sur la question énergétique, pour le pétrole et le gaz, comme Albert Legault l'a montré dans *Le Canada dans l'orbite américaine*, dans un marché nord-américain intégré, les États-Unis ont des besoins croissants qui tendent à diminuer la part canadienne dans leurs importations, alors que le Canada pourrait aussi s'interroger sur son avenir énergétique.

Dans ce sens, les accords et arrangements spécifiques tels que préconisés par Stéphane Roussel auraient des chances d'aboutir à condition que les États-Unis y soient intéressés et qu'il existe sur chaque domaine un appui suffisant en se référant aux valeurs décelées par Nelson Michaud, et surtout une volonté au sein du gouvernement canadien.

Le Canada a tardé à se donner un nouvel Énoncé de politique étrangère après le 11 septembre. À trop peser le pour et le contre, à rechercher la meilleure orientation possible, on a eu l'impression de stagner. En effet, la conjoncture internationale évolue vite et chaque jour il y a des décisions à prendre. Et quelle que soit la composition du gouvernement, dans l'avenir, si proche soit-il, il aura à agir. L'ensemble des textes qui constituent l'Énoncé seront de toute façon très utiles.

À sa situation de « solidarité organique », d'interopérabilité avec les États-Unis que nous avons présentée dans le premier ouvrage (*Le Canada dans l'orbite américaine*), s'ajoutent les répercussions pour le Canada de sa politique avec le reste du monde. Nous espérons modestement avoir encore une fois éclairé la route.

INDEX

MEMBRE DU GROUPE SCABRINI

Québec, Canada
2005